向美而行

艺术、文创与生命观

向勇 著

華文出版社
SINO-CULTURE PRESS

图书在版编目（CIP）数据

向美而行 ：艺术、文创与生命观 / 向勇著. -- 北京 ：华文出版社，2023.11
(北京大学艺术学文丛. 中华文化传承与创新智库丛书)
ISBN 978-7-5075-5541-7

Ⅰ. ①向… Ⅱ. ①向… Ⅲ. ①文化产业－中国－文集
Ⅳ. ①G124-53

中国国家版本馆CIP数据核字(2023)第026197号

向美而行：艺术、文创与生命观

作　　者：向　勇
责任编辑：杨艳丽
出版发行：华文出版社
地　　址：北京市西城区广安门外大街 305 号 8 区 2 号楼
邮政编码：100055
网　　址：http://www.hwcbs.cn
电　　话：总编室 010-58336210　编辑部 010-58336191
发行部 010-58336267　010-58336202
经　　销：新华书店
印　　刷：三河市航远印刷有限公司
开　　本：710mm × 1000mm　1/16
印　　张：19.75
字　　数：380 千字
版　　次：2023 年 11 月第 1 版
印　　次：2023 年 11 月第 1 次印刷
标准书号：ISBN 978-7-5075-5541-7
定　　价：78.00 元

目　录

导　言

阐释、批判与建构主义：文化产业研究范式的立场解释

文化产业的实践发展迫切要求文化产业研究范式的建设，文化产业研究范式是文化产业理论成熟的标志。文化产业研究范式包括阐释主义、批判主义和建构主义等三种立场选择。阐释主义文化产业研究是一种基于历史文本的活态阐释，表现为对话式的公共阐释、侧重行动姿态的互动阐释。建构主义文化产业研究指向知识建构、审美建构和智力建构。批判主义文化产业研究以批判性思维进行价值批判和文化批判，但区别于文化批判主义。批判性建构主义文化产业研究可以作为当前文化产业研究范式的一种选项，具有批判性反思、情境主义和实践建构特征。不同的研究范式选择取决于知识分子的社会角色和身份认同的认定。

引言

文化生活是现代人渐渐习以为常的生活风景。由文化主导的诸多议题，不仅活跃于经济领域和社会领域，也频繁现身于政治领域和科技领域。文化通过文化生产进入现代秩序。文化产业构成当代性的文化与产业双重融合的复杂命题，而这个命题又涉及学术探索与产业实践两个层面。其中，文化的命题包括价值、审美和意义，产业的命题包括资本、市场和效率。到目前为止，文化产业学还不是一个以文化产业理论为学科归属的专属领域，而是一个以文化产业实践为连接对象的“超级联盟”。文化产业研究的理论迷思，似乎亟须一套包括规范的符号体系和逻辑性的结构推理范式来证明自己的合法性与成熟性。在托马斯·库恩看来，范式正是特定的学术研究共同体从事科学研究所必须遵

循的公认模式，是一个学术共同体理论成熟的标志。① 在范式构建的学术共同体内，参与其中的知识人遵循统一的学科规则、话语体系和伦理规范，从而实现学术研究的交流与理论知识的演进。同样，文化产业研究的理论成熟也要表现为文化产业学术共同体的行动者自觉践行所达成的某种学术范式。

西方文化产业繁荣与发展的实践历程刚刚百余年，中国文化产业的勃兴之史也不过短短二十余年。产业实践的时间积累反映出理论反思的学术沉淀，然而不深邃的历史土壤无法生长出深邃的理论之花。对产业现代化演进与文化价值向度的共同关注，成为中国文化产业理论界的学术共识。于是，如何审视“文化”（灵魂）与“产业”（肉体）及其相互关系，也就成为考问文化产业研究者的“精神十字架”。难道，文化产业在审美自由主义和市场功利主义之间、文化至上主义和经济至上主义之间不得兼顾，只能取其一吗？“文化产业原罪论”和“文化产业救赎论”的研究立场与价值预设，成为西方与中国文化产业学术界隐秘的精神归因，进而表现出不同的文化产业研究范式。纵横奔驰于文化产业学术狩猎场的学术猎手，不管是老猎人，还是新猎手，或身怀绝技，或“初生牛犊不怕虎”，让猎场喧嚣四起，热闹非凡。现实世界不是一个非黑即白的简单游戏空间，而是一个色彩斑斓的生命世界。职业的文化产业学者需要习惯多元的文化产业研究视野，发展出符合自身学术气质的学术立场和研究范式。

一、主流理论的范式论述

人类文化实践的历史很长，伴随着人类文明的始终。文化理论的研究更是汗牛充栋，广布于中外思想家的经典文献之中。文化产业实践史虽然很短，却在多个国家和地区创造出经济奇观，成为政治治理和大众传播的时髦话语，也成为理论界研究的热门领域。有学者将这些文化产业理论的研究范式概括为“释义范式”、“文化范式”和“经济范式”，涉及如何解释、评价和发展文化产业的核心观念，提出应跳脱“文化”与“产业”、“精神”与“物质”、“精

① ［美］托马斯·库恩：《科学革命的结构》，金吾伦、胡新和译，北京：北京大学出版社，2012 年版。

英”与“大众”的二元思维，探索“文化”与“产业”范式的平衡与融合[①]。文化产业研究的理论滋养来自文化哲学、文化社会学、文化经济学、文化管理学、文化创意学和文化技术学等诸多学科领域的贡献，文化产业研究的多学科视角和跨学科立场所催生的文化产业学术研究的“无限可能性”，也滋长了文化产业学术研究的现实尴尬感。甚至有人认为，许多文化产业学者看起来“不纯粹”，没有持之以恒坚守的学术阵地，充斥了太多的“学术投机”行为。这种批评虽然有苛责之嫌，却不乏警醒之意。文化产业研究范式的规范，是文化产业研究学术自觉和学术成熟的标志。

“文化”与“产业”之间的关系不是简单的“文化 + 产业”的算术求和关系，而是文化的演进与产业的演进之间动态的复杂统合体系。约翰·哈特利和贾森·波茨把文化产业研究分为三种模式 / 流派，分别是文化产业经济学派、文化产业批判学派和文化产业复杂理论学派，提出“文化科学”的文化产业研究的全新路径。[②]虽然在文化价值与经济价值、文化权利与文化权力、文化权力与经济权力等诸多对立概念的理性思考中，文化产业研究的诸多结论远未形成共识，但综观文化产业研究的理论历程与学术现实，我们可以大致梳理出阐释主义、建构主义和批判主义等三种倾向性立场的文化产业研究范式。

阐释学，又称诠释学、解释学或释义学，是一种基于文本的学术技术，旨在把文本隐晦的意涵、文字之外的意义呈现出来，被广泛应用于哲学、宗教学、法学、语言学、心理学和社会学等领域的研究。张江把阐释学分为强制阐释和公共阐释两类，认为强制阐释是从文本而不是从实践出发，具有场外征用、主观预设、非逻辑性证明和混乱的认识路径等流弊，[③]而基于公共行为的公共阐释是一种理性、澄明性和公度性阐释，可以通过相互倾听、彼此协商、平等交流而达成共识。[④]阐释主义有依托文本的考据型阐释主义和超越文本的

① 蒋述卓、宗祖盼：《文化产业研究范式的嬗变及其启示》，载于《福建论坛》2017 年第 4 期。

② ［澳］约翰·哈特利、贾森·波茨：《文化科学——故事、亚部落、知识与革新的自然历史》，何道宽译，北京：商务印书馆，2017 年版。金元浦、［澳］约翰·哈特利：《全球创意产业理论研究的模式与流派分析——金元浦教授与约翰·哈特利教授之对话》，载于《同济大学学报（社会科学版）》2017 年第 1 期。

③ 张江：《强制阐释论》，载于《文艺争鸣》2014 年第 12 期。

④ 张江：《公共阐释论纲》，载于《学术月刊》2017 年第 6 期。

开放型阐释主义两种倾向。苏珊·桑塔格反对过度阐释，认为阐释的产生意味着意义的缺失。① 阐释学具有约束与开放、有限与无限、确定性与非确定性的释义特点②。阐释学是文艺理论研究的经典方法，也逐渐引入文化产业的文本研究之中。然而，文化产业阐释研究范式意义上的文本，既有中外文化理论研究的经典文本，也有文化产业政府治理的政策文本，更有文化产业企业运营的产品文本。经典阐释的学术意义毫无疑问，而学者从事政策阐释和实践阐释是否有学术价值？由于文本的开放性与阐释者的主观性同时存在，文化产业研究的阐释者应该遵循哪些阐释逻辑？这些都需要阐释主义的文化产业研究范式进一步厘清的阐释难题。

“建构”的字面意思是建立、构造，引申为一套关涉知识建构、社会建构、技术建构、学习建构和国际关系建构等学科领域和社会关系的理论和方法。文化哲学层面上的建构主义区别于结构主义（过于静态化的系统关系）和解构主义（过于破坏性的结构粉碎），源于现代语言哲学的转向，指倡导基于共识、共有观念而得以建构起社会事实③；文化社会学层面上的建构主义区别于本质主义和实用主义，具有拒绝绝对意义的、无条件的普遍本质，强调文化的历史性和地方性的生产机制，积极推动文化理论与知识话语的建构④。文化教育学层面的建构主义由瑞士儿童教育学家让·皮亚杰为论证“认知结构论”而提出的理论框架，认为认识起因于主客体之间的相互作用，包括“同化”和“顺应”两个过程。⑤ 无论是皮亚杰的主体建构主义还是国际政治领域的社会建构主义，建构主义者均不是先验主义者，也不是纯粹的经验主义者。文化建构主义是文化主义与建构主义的某种交汇，具有人类普遍文化、多元文化和个体文化的多层次统一性。⑥建构主义者认为，文化产业是一个动态实践的过程，文化产业研究也是一个动态建构的过程。

---

① ［美］苏珊·桑塔格：《反对阐释》，程巍译，上海：上海译文出版社，2003 年版。
② 张江：《阐释的有限与无限》，载于《探索与争鸣》2019 年第 10 期。
③ ［美］尼古拉斯·G. 奥努弗：《建构主义的哲学渊源探析》，孙吉胜译，载于《世界经济与政治》2006 年第 10 期。
④ 陶东风：《反思社会学视野中的文艺学知识建构》，载于《文学评论》2007 年第 5 期。
⑤ ［瑞士］让·皮亚杰：《发生认识论原理》，王宪钿等译，北京：商务印书馆，2017 年版。
⑥ 金岱：《文化建构主义与再启蒙》，载于《华南师范大学学报（社会科学版）》2013 年第 5 期。

批判是一种理论思考的范式，批判主义的思想理念源于黑格尔的辩证法哲学和马克思的批判哲学，表现为对政治、经济、社会和文化的批判、揭露与反思。批判主义摈弃自然科学研究和实证主义的“价值中立”，在社会研究中采取哈贝马斯所谓“价值介入”的立场。文化产业的研究立场是对文化资源分配与消费过程中的价值分立。哈贝马斯认为：“社会现象的构成包括了相关的社会价值体系、理解者的演绎和价值判断，以及被理解者的主观感受。对理论的了解和应用理论去解释社会现象、解决社会问题等一系列活动必然会同时牵涉研究者、被研究者及其相关的社会规范和价值介入。”①批判主义，特别是现实批判主义和文化批判主义对社会现实和文化现象做出的批判主义警醒，往往是令人深思的传统审视甚至刺耳的现实反思，有利于文化理论系统的形成与完善，也是知识分子社会启蒙立场的身份彰显。“文化产业批判是知识分子社会角色和文化使命的当代版”②，批判主义者关注文化的意义世界和价值世界，注重文化产业实践的社会价值和伦理价值。

二、阐释主义：文化产业研究的现实释义与公共价值

中国社会科学杂志社副总编辑李红岩曾在一次公开的旅游学术论坛上呼吁建立文旅阐释学，“适应以中国经验说明中国理论，以中国理论阐释中国经验的现实需要”。蒋述卓、宗祖盼详细表述了阐释主义文化产业研究范式的操作路径，旨在寻找一条“文化价值”与“经济价值”之间的整合性释义平衡之路。③正如前文所述，比起其他研究领域，文化产业研究的文本意涵更为丰富，包括文化史料、文化政策和文化产品等类型构成的“泛”文本形态。

阐释主义文化产业研究范式是基于历史文本的活态阐释。文化产业的内

① ［德］尤尔根·哈贝马斯著：《哈贝马斯精粹》，曹卫东选译，南京：南京大学出版社，2004 年版。

② 单世联：《文化大转型——批判与解释：西方文化产业理论研究》，北京：中国社会科学出版社，2017 年版，第 1763 页。

③ 蒋述卓、宗祖盼：《文化产业研究范式的嬗变及其启示》，载于《福建论坛》2017 年第 4 期。

涵具有广义与狭义之分。如果将文化市场与文化交易视为文化产业的基本特征，那文化产业研究的文本史料可以上溯到唐宋时期①，甚至更早，可以追溯到人类历史上审美文化滥觞的源头②。文化史料型文化产业研究的文本阐释，不是静态的器物考据和文本释义，而是运用多元立体的学术视角，将史料文本尽量还原至历史情境、语境下的文化实践活动。比如，李渔是中国古代一位传奇的东方生活美学方式的践行者，以文学创作、理论研究、戏剧实践和园艺营造等多元化的方式给文化产业研究提供了丰富的文化史料。在文化产业视角下研究明末清初戏剧理论家和美学家李渔，不仅要研究其《闲情偶寄》里详述的戏曲、美食、园艺等领域的理论内容，还要考察他作为戏剧制作人，在改编戏剧和组织演出等方面的文化实践，并通过大量的往来书信、友人日志等文献探讨戏剧演出的受众反馈。

阐释主义文化产业研究范式表现为对话式的公共阐释。文化政策型文化产业研究的文本阐释，是一种公共性的阐释，是为了达成政策共识和良性治理而进行的一种工具性阐释。尽管中国 以“差序格局”的社会结构所形成的宗族共同体也曾进化出以无锡地方乡绅为代表的民间力量管理当地事务的个别模式③，但总体上还是缺乏哈贝马斯所谓的由俱乐部、咖啡馆、艺文沙龙、报纸杂志和行业协会等准公共空间构成的公共领域的现代主义传统④。文化政策的公共阐释在于公共语言和公共精神的塑造。文化产业具有天然的公共属性和社会责任，以媒体为代表的文化产业的公共性或准公共性与产业化之间并不矛盾，⑤文化政策的公共阐释试图在政府部门政策制定者、文化产业界从业者和文化大众消费者之间建立起一条信息畅通的对话通道和营造一种中间状态。文化政策的公共阐释者的阐释工作不仅是将宏观规范的政策术语转化为可操作的行业术语和感性化的日常术语，而且是要以一种平等的交流方式、协商式的话

① 范周：《中国文化产业十四年回顾与展望（1978—2018）》，北京：商务印书馆，2019年版，第1页。

② 李向民：《中国文化产业史》，长沙：湖南文艺出版社，2006年版。

③ 许倬云：《中国文化的精神》，北京：九州出版社，2018年版。

④ ［德］哈贝马斯：《公共领域的结构转型》，曹卫东、王晓珏等译，上海：学林出版社，1999年版。

⑤ 齐勇锋：《中国文化产业十家论集——齐勇锋集》，昆明：云南大学出版社，2016年版，第60—65页。

语立场去营造哈贝马斯式的公共领域。文化政策的公共阐释体现了一种柔性治理、大众参与、效益共享的现代公共意识。

阐释主义文化产业研究范式侧重行动姿态的互动阐释。文化产品型文化产业研究的文本阐释，不是停留在美学和艺术学学科意义上的审美批评和艺术评论，而是一种实践主义（实用主义）的美学立场。实践主义美学认为人是“活的生物”，关注文化产品、艺术作品对于日常生活的当下经验和活泼泼的生命意义，拒绝审美与实用之间存在利害冲突的单一思维模式。[①] 文化产品的多样性和丰富性及其对大众生活深度的浸入性，使得文化产品型文化产业研究的阐释主义立场具有强烈的现实性、包容性和生命感知。文化产品的文本阐释是多义性的内涵诠释，涉及基于产品文本所构成的利益相关者的艺术世界的多对关系，文化产品的文化阐释者是一个积极的实践主义美学的行动者，旨在全面系统地梳理产品文本与生产者、消费者、媒介渠道和社会网络等多元主体之间的价值生成、分配、交换和消费等环节的全过程的双向沟通及其综合效应。

尹鸿认为，文化产业学的学科体系包括文化产业经济学、文化产业管理学和文化产业发展及产业理论史等三部分。[②] 文化产业研究的阐释学派经由英国利维斯主义和伯明翰文化研究的消极阐释主义学派，已经发展到如今文化经济学和文化管理学视角下的积极阐述主义学派。正如实践主义美学家理查德·舒斯特曼所言，阐释主义者做的是一种把艺术与生活、审美与实践、高雅艺术与通俗艺术等联系起来的“桥梁性工作”。[③] 文化产业研究的阐释主义者在思维方式、言说方式、言说指向和研究对象上，也表现为一种孔德式的后实证主义者。无论是“文化客位”还是“文化本位”，阐释主义的立场在于对文化产业现有文本（无论是历史文本还是现实文本）的客观存在的无限解释的可能性，试图找寻文化产业与客观表象之下的内在联系。

---

① ［美］杜威：《艺术即经验》，高建平译，北京：商务印书馆，2005 年版。
② 尹鸿、孙俨斌、洪宜：《“文化产业学”的学科体系研究》，载于《民族艺术研究》2018 年第 5 期。
③ 高建平：《实用与桥梁——访理查德·舒斯特曼》，载于《哲学动态》2003 年第 9 期。

三、建构主义：文化产业研究的知识构建与实践价值

在米歇尔·福柯看来，知识的建构就是一种话语的实践活动，知识实践是社会实践有机的组成部分："知识通过话语实践形成，话语实践通过知识得到描述。"[①] 建构主义立场的文化产业研究指向文化产业理论和实践的知识建构，具有强烈的现实性和实践性。陶东风的建构主义立场是与"本质主义"相对立的一种文化研究观。他自视为严格的建构主义者，"强调文艺学知识（其实也包括其他人文社会科学知识）的建构性，特别是其中的历史性和地方性"，不是以信仰和意识形态的知识建构为旨归，而是以具有开放的反思和实践性的社会科学场域的知识建构为鹄的。[②]

建构主义的文化产业研究往往发生在特定的知识领地。借鉴建构主义在儿童教育心理学和国际关系学等知识领域的成熟运用，文化产业研究的知识场域也是由文化产业领域里的"机构、组织、团体和个人"等构成"话语、身份、规则、社会"等要素系统，"知识场域像一个由权力的轨迹体系组成的磁场。建构性的行动者或行动者系统，被描述为通过存在、对抗或组合的众多力量，以此决定知识场域在特定时代中的特定时刻的特定结构"[③]。当然，建构主义立场不是津津乐道于文化产业知识场域中不同行动者之间的权力斗争，并进行或保守或颠覆性的道义观察，而是希望实现继承性的知识生产。胡惠林等从中国近代历史出发，通过中外文化产业发生理论的梳理，希冀建构一套包括"文化生产主体、文化生产技术与工具、文化生产组织与文化生产制度的有机结合"在内的完整的文化生产方式叙事框架，以解决"物质与精神生产的物质和社会形式，也应考虑意识形态因素对文化生产的影响，即承认文化生产主体的能动性"[④]。在这里，建构体系的知识建构企图，往往显示了建构主义者所

---

① ［法］米歇尔·福柯：《知识考古学》，谢强、马月译，北京：生活·读书·新知三联书店，1998 年版。

② 陶东风：《反思社会学视野中的文艺学知识建构》，载于《文学评论》2007 年第 5 期。

③ Pierre Bourdieu. *Intellectual Field and Creative project*, in Knowledge and Control: New Direction for the Sociology of Education, ed.by M.F.D. Young, London: Collier-Macmillan, 1971, p.161.

④ 刘素华、胡惠林：《新文化生产方式——近代中国文化产业的发生范式》，载于《上海交通大学学报（哲学社会科学版）》2013 年第 6 期。

具有的整体主义和理念主义的双向情结。

建构主义的文化产业研究也特别注重审美的建构。建构主义的关键因素是文化身份的选择，文化产业研究的建构主义立场基于共有的知识和公认的观念，关注价值观念、身份认同和文化规则等文化身份的属性对文化主体的利益驱动与行动趋向之间的影响机制，并共同构成了文化产业知识场域的结构关系。文化身份表现在文化产业研究和文化产品的感知中，就是审美身份的显现。借用皮亚杰的认知建构主义理论框架，审美建构主义者希冀通过审美建构从而实现知识建构，以完形与构象的审美感知、生意与赋意的审美诠释，以及理解与体验的审美领域等层面实现审美建构的任务。[①]

实践性是建构主义文化产业研究的理论底色。因此，建构主义的文化产业研究往往导向一种兼顾实效和前瞻的智力建构。无论是从文化研究领域还是文艺美学研究领域的学术视野转换到文化产业的研究领域，在建构主义者的研究用语中，“未来性”“建设性”和“战略性”等趋向预测性的词汇频繁出现；“全球化”“后世博”“后奥运”等语词建构的时空观念，显示了文化产业研究建构主义者的视野和信心。总体而言，实践性建构主义的文化产业研究成为文化产业二十年发展历程的主流形式。尤其是对于高校文化产业研究者而言，如何区别于政府的政策研究室和社科院的对策研究机构的实践性建构主义研究立场，输出怎样的文本形态和写作风格的智库研究成果才符合自身的学术身份和学者立场，依然是一个实践性的挑战。

四、批判主义：文化产业研究的价值解构与伦理功能

权力和利益是文化产业主体的行动动力之一。与权力相对的是权利，与利益相对的是效益。对于文化权力与产业利益之间的价值撕扯，试图平衡二者争议的中庸主义立场似乎总因不得要领而并不讨好。此时，祭起批判主义的大旗、做振聋发聩之吼，刺耳之声往往能引发关注，甚至使批判者生发酣畅淋漓的快感。文化产业的批判主义研究范式承继了马克思主义、文化主义和解构

① 冀志强：《审美层次的建构主义分析》，载于《美育学刊》2020年第1期。

主义等批判理论的历史传统。这个批判理论的传统开始于维柯、赫尔德和卢梭的文化理论传统，承接了法兰克福学派的文化批判研究和伯明翰学派的文化研究[①]。大卫·赫斯蒙德夫认为，文化产业研究方法应遵循一种批判的政治经济学视角，尽管我们要“摒弃极度悲观主义，不代表沾沾自喜地大肆宣扬文化产业”。[②]批判是知识分子的职业素养，是现代知识人的思考方式和学术追求。在单世联看来，“言之成理”的批判理论不光有思想辩论、价值反思和文化结构，还应包括冷静的意义阐释、价值分析和效益评估。[③]

批判主义的文化产业研究基于理性的批判性思维。批判性思维是一种反思性和怀疑论的思考方式，起源于哲学上的证伪主义。怀疑论的理论基础源于勒内·笛卡尔、大卫·休谟的哲学论述，证伪主义的基本思想来自卡尔·波普关于科学发现的逻辑命题，不断冲击着知识疆域的边界。休谟指出，“理性不过是激情的奴仆”，人类要警惕理性，要建立基于常识的怀疑精神。[④]我们知道，一个学术命题的完备性和有效性在于逻辑自洽和实验可证。批判主义者的怀疑精神正是针对批判对象在逻辑和经验上出现的矛盾与问题而展开。而现实中的批判主义，往往轻于逻辑主义而重于经验主义，从而滑向一种主观主义。不可否认，“知识局限、价值差异、特殊心态和理想失落等原因确实培育、滋长了知识分子的批判精神”[⑤]。因此，我们要警惕这种因主观主义、经验主义、文化精英立场和艺术天才论立场而引发的不健康的文化产业批判风气，不要为了批判而批判，不要采取绝对的否定式的批判观念，避免误入批判主义的迷途。

批判主义的文化产业研究是一种伦理审视，不是政治审查，也不是道德审判，更不是人身攻击。文化产业研究的批判主义是一种现实批判主义。正如

---

① 单世联：《文化大转型——批判与解释：西方文化产业理论研究》，北京：中国社会科学出版社，2017 年版，第 1622 页。

② ［英］大卫·赫斯蒙德夫：《文化产业》，张菲娜译，北京：中国人民大学出版社，2007 年版，第 19 页。

③ 单世联：《文化大转型——批判与解释：西方文化产业理论研究》，北京：中国社会科学出版社，2017 年版，第 1813—1838 页。

④ ［英］大卫·休谟：《人性论》，北京：商务印书馆，2019 年版。

⑤ 单世联：《文化大转型——批判与解释：西方文化产业理论研究》，北京：中国社会科学出版社，2017 年版，第 1812 页。

单世联所言，文化产业研究的批判主义立场具有强烈的伦理价值，纠正文化资本主义的功利主义倾向，矫正处于婴儿期的文化产业理论的稚拙和粗糙。[①] 邓晓芒在分析如何继承和超越“五四精神”的文化遗产时提出新批判主义观，认为除了继承“五四”的怀疑和批判精神外，还要承续“五四”的自我忏悔精神。[②] 批判主义精神是一种可贵的人文精神，这种批判精神首先指向知识分子群体，指向批判者自我，而非专供知识分子投向他人、打击异己的特殊匕首。

文化批判主义曾在历史上与文化保守主义进行过激烈论战，而今又与资本/市场主义展开话语角逐。文化产业研究的批判主义立场不能简单挪用文化批判主义的话语逻辑和思维模式，仅偏重作为文本形态的文化产品的内容批判、价值批判、审美批判和道德批判。批判主义的文化产业研究是一种理性的批判主义立场，是对由数字技术、商业资本、大众文化和政府治理等手段所建构的现代文化社会环境对个体和社会造成的异化、唯利、媚俗和监控等不合理的社会现象的深刻揭示、理性鞭挞和思想警示。韩炳哲认为，工业化生产和现代技术的进化导致社会控制的权力从君主权力过渡到规训权力和规制权力，基于数字技术的规训技术超越了人的肉体，进入人的精神，进而推动生物政治学过渡到精神政治学。[③] 韩炳哲对现代数字信息时代人类精神境遇所进行的一系列思想批判和深刻洞察，给批判主义文化产业研究者提供了文化产业思想批判理论的借镜样本。

五、批判性建构主义：文化产业研究的批判思维与价值重建

阐释、建构和批判主义所代表的文化产业研究立场，基本反映了当前文化产业研究的范式倾向。从当前文化产业研究的总体面貌而言，阐释主义文化产业研究关注历史性文献的文本阐释较少，政策性文本阐释较多；建构主义文化产业研究更多关注智库建构，缺少知识建构和审美建构；批判主义文化

① 单世联：《文化大转型——批判与解释：西方文化产业理论研究》，北京：中国社会科学出版社，2017 年版，第 1822—1834 页。
② 邓晓芒：《新批判主义》，北京：作家出版社，2019 年版。
③ ［德］韩炳哲：《精神政治学》，关玉红译，北京：中信出版社，2019 年版，第 27—30 页。

产业研究注重现实主义的产品内容、资本 / 市场的价值批判，缺少系统性的制度、技术和社会的整体批判。当然，这三种范式倾向，具体体现在某位文化产业研究者身上，也不是截然分开、清晰可见，每位学者都或多或少体现了三种研究范式不同比例的组合。笔者认为，在三者的不同组合范例中，批判性建构主义文化产业研究范式是当前文化产业研究应倡导的一种方向。

批判性建构主义文化产业研究立场不是对批判主义和建构主义的简单调和，而是理性的批判主义与实践的建构主义的协调融合和整体依存，强调研究者的生活经验和个人感知，保有一种批判性思维、实证逻辑的理性气质以及知识建构与实践回应的现实责任。正如前文所述，文化产业的实践导致“文化叙事”与“产业叙事”之间诸多维度的二元对立。但是，“二分法是典型的西方思维方式。相反，东亚的思维方式则遵循互补的原则。支配存在的，不是刚性的对立，而是相互依存，彼此协调”[①]。在“文化叙事”与“产业叙事”之间，批判性建构主义文化产业研究就是超越二者对立的第三条叙事道路。

批判性建构主义文化产业研究重视批判性思维，将其置于文化产业研究的前提和核心。批判性建构主义者对文化产业的文本、实践、事件和现象作出有深度的理性反思。在这里，批判性建构主义中的批判性研究，不只是停留在一般意义上的命题质疑和逻辑证伪，而是深入文化产业研究对象的内在价值、文化内涵、精神特质及其架构的空间网络、社会体制中的技术美学、人文逻辑和商业伦理之中。批判性建构主义反映了一种充满理性逻辑和感性关怀的人文精神之光的映照。

批判性建构主义文化产业研究注重从研究者自身的生活世界和现实的文化实践出发，构建情境主义的研究场景。在批判性构建主义来看，情境的创设不只对学习者至关重要，对研究者也同样重要。文化产业研究者根植于开放活跃、丰富真实的日常生活的生命实践，以强烈的身体感知参与日常生活美学的行动与事件，对现实生活中的艺术与美观抱有深深的“形而下”的感动与“形而上”的同情。

批判性建构主义文化产业研究指导有目的的、主动性的知识建构、审美

① ［德］韩炳哲：《娱乐何为》，关玉红译，北京：中信出版社，2019 年版，第 66 页。

建构和智力建构。“哲学家们只是用不同的方式解释世界，问题在于改变世界”，马克思主义哲学观念宣布纯形而上学的“哲学的终结”，倡导一种实践论的哲学观。[①] 哲学研究如此，其他哲学社会科学研究也应如此。批判性建构主义文化产业研究具有深深的问题意识、现实关切和实践导向。文化产业研究不满足于解释文化世界、批判文化世界，更在于改变文化世界、改造文化世界。批判性建构主义者的情感基调是一种自始至终的忧虑、冷峻、理性和审慎的乐观主义的表情。

批判性建构主义文化产业研究可部分借鉴审美人类学的研究视野，采取普遍主义、相对主义与文化比较主义的研究方法。审美人类学是晚近兴起的一门跨文化和跨学科的研究领域，将对跨越不同时空的民族进行比较研究的人类学和研究艺术情感特征的美学进行统合，既研究作为人类整体意义的审美普遍性，又研究时间与空间视野下的审美相对主义，更是从艺术发展史的角度研究艺术活动的审美实践。[②] 批判性建构主义者可以借鉴人类学家的研究方法，文化产品、创作者、消费者的审美偏好，采用经验性的研究方法，将文化产业实践看作审美实践的现代社会中一种普遍的文化现象加以反思。

结语

文化产业是对现代性与市场化的选择性回应，文化产业研究是学科分野从“分析的时代”走向“综合的时代”的跨学科实践。文化产业研究的“学科间性”决定了文化产业研究范式的多元化，表现为一种超越知识藩篱的“学科、学术和话语”三大体系构建的理论决心。阐释主义文化产业研究对文本的强调和公共理念的关注，建构主义文化产业研究的审美观照和知识建构，批判主义文化产业研究的价值反思与批判思维，都是“知识和实践”的双重努力，都是文化产业研究范式的基本依存。无论是阐释主义、批判主义还是建构主义，其目标都是指向文化产业更好的学术建设与生产实践。

① 《马克思恩格斯选集》第 1 卷，北京：人民出版社，1995 年版，第 76 页。
② ［德］范丹姆：《审美人类学——视野与方法》，李修建、向丽译，北京：中国文联出版社，2015 年版。

文化产业研究范式的立场选择取决于知识分子自我身份的自觉设定与无意识的身份想象。在这些知识分子的身份认定中，有安东尼奥·葛兰西式的有机知识分子、爱德华·赛义德式的流亡知识分子、福柯式的普遍型知识分子和特殊型知识分子，有以赛亚·柏林为代表的狐狸型兼刺猬型知识分子，以及有齐格蒙特·鲍曼式为代表的立法型兼阐释型知识分子，等等。在这些知识分子的分类中，有阐释型知识分子，也有建构型知识分子，更有批判型知识分子；有小问题敏感型知识分子，也有大体系架构型知识分子。毫无疑问，文化产业研究者也有这样不同类别的知识分子。面对知识分子在身处当下的生命境遇中应有的角色担当和义务承担，文化产业研究者也有这样的责任担当和理论追求，在知识和实践中守望“信念伦理”和“责任伦理”相统一的理想之境。

上　篇

审美回归：文化创意的视野与根基

第一章　审美意象的美学溯源与当代建构

中国美学精神是一种“深沉静默地与这无限的自然、无限的太空浑然融化，体合为一”的精神。这种美学精神所启示的世界是一种“道法自然”、虽动而静的生命世界。在这种审美观照中，主体契合客体，与客体的律动同一，在自然顺应法则中表现一种深沉的静寂之美；这是“创化万物，明朗万物”的美学精神。这种美学精神揭示了客体的价值，即客体以其感性存在的特有形式呼唤并在某种程度上引导了主体的审美体验。这就是王阳明说的“我的灵明”与“天地万物”的欣合和畅、一气流通，也就是王夫之说的“吾心”与大地的“相值而相取”。

中国美学精神强调把意象作为审美体验的对象，关注的是活泼的生命世界，强调主体的审美体验，审美主体运用身心体验生命世界而得到意象，这时，美才得以以“意象”为存在形式最终呈现出来。正如宗白华先生所说，中国美学精神是生命的体系，强调“象”，以了解世界的意趣、意味和价值为旨趣。

在全球跨国文化的冲击下，我国城市的意象连续性、可识别性持续降低。从城市认知这一视角来看，北京的城市意象经历了传统文化的断裂和城市意象的碎片化，以及作为媒介景观的北京城市图景的多元和认同的变迁，形成了现代文明下怀旧与消费并驾齐驱的北京城市意象。通过城市文化主题的提炼和文化符号的塑造、多元文化背景下文化认同机制的建构、城市意象的媒体推广与全球营销、城市文化空间的打造等策略，可以实现北京城市意象的当代构建。

第一节　中国美学精神与石涛绘画理论的融合

美学精神是同科学精神、宗教精神相并列，并与之同属于人文精神的一个概念，特指在人类最深心灵与环境世界接触时，以一种审美眼光去观照世界，在主体与客体的交相感应中获得审美体验，达到审美享受的精神状态。不同民族和各个时代的美学精神是以它特有的哲学本体和人生情绪为深沉基础的。

西方美学精神经历了古希腊和文艺复兴两个时期的转变。在古希腊时期，人们所认识的世界是一个 cosmos（宇宙），即一个完整圆满的、和谐有序的宇宙体系。这个宇宙是寂静的、自足的，也可以说是有限的。人由于分享了宇宙的这种圆满、和谐与秩序，所以古希腊人的美学精神就表现在尽力模仿理念宇宙，追求和谐、统一和有序的审美享受。古希腊的雕塑充分展现了这种美学精神。文艺复兴使这个神的宇宙逐渐向人的宇宙过渡，无限成了这个宇宙的特征，和谐有序渐渐被混乱无序替代，人生的意义就在于"背负着苍茫无底的空间""向着无限的宇宙做无尽的挣扎"[①]。高耸入云的"哥特式"建筑风格、永不停息的浮士德式的焦虑正是这种美学精神的表现，这种美学精神到了近代，对于表现生命、渲染情绪更是情有独钟。总之，这种西方美学精神所把握的对象是与主体相对立、相割裂的客体，不管这个对象是有限圆满还是无尽苍茫。在某种程度上说，西方美学精神具有一种真理层面上的认识意义。这种对真理的认识具有一种征服意义上的快感，正如美学家普洛丁所宣扬的那样："心灵的伟大就在于对尘世事物的蔑视。"

中国美学精神与上述两种追逐世界的方式都不同。按照宗白华先生所说，中国美学精神是一种"深沉静默地与这无限的自然，无限的太空浑然融化，体合为一"的精神。这种美学精神所启示的世界是一种"道法自然"、虽动而静的生命世界，在这种审美观照中，主体契合客体，与客体的律动同一，在自然顺应法则中表现一种深沉的静寂之美；这是"创化万物，明朗万物"的美学精

① 宗白华：《艺境》，北京：北京大学出版社，1999 年版，第 88 页。

神，这种美学精神揭示了客体的价值，就在于客体以其感性存在的特有形式呼唤并在某种程度上引导了主体的审美体验，这就是王阳明说的“我的灵明”与“天地万物”的欣合和畅、一气流通，也就是王夫之说的“吾心”与大地的“相值而相驭”。中国的水墨山水画，尤其是清代艺术大师石涛的艺术创作和绘画理论更是把这种美学精神发挥到极致。

石涛作为17世纪中国绘画史上的艺术大师，与几乎同时代的曹雪芹一样，凭借自己的创作实践和艺术理论给后世馈赠了杰出的艺术珍品和理论成果。石涛，原名朱若极，是明宗室的后裔，清军入关，崇祯自缢，父亲被杀，石涛为躲避大难、保全性命而遁入空门，师承名僧旅庵本月，法名为超济、宏济、原济等，号甚多，有清湘老人、大涤子、湘源济山僧、苦瓜和尚、瞎尊者、小乖客、枝下叟、石道人、零丁老人等。石涛一生居无定所，颠沛流离，晚年移居扬州，曾受康熙召见，遍交权贵，很快又遁迹乡野。石涛复杂的身世、多难的境遇、受儒释道的影响，形成了复杂的绘画理论观。石涛的《苦瓜和尚画语录》是一部高度精练的绘画理论杰作，以“一画”论为核心线索，形成了一个完整的画学体系，蕴含了丰富的艺术哲理和审美价值，充分阐释了中国美学精神的特质。

中国美学精神强调所观照的世界是生命世界，这个生命世界是天人合一的世界。这个天人合一的生命世界在石涛那里立于“一画”。他说:“太古无法，太朴不散，太朴一散，而法立矣。法于何立？立于一画。一画者，众有之本，万象之根，见用于神，藏用于人，而世人不知。”当宇宙处于混沌质朴的原初状态，是不能称为生命世界的，只有当一画开天、凿破鸿蒙时，天地乃立，万物乃成，而“所以一画之法，乃自我立”，所以确立之初就是天人合一的生命世界。这个天人合一的生命世界正是中国美学精神的关注对象，具有天人同律互动的特征：“人能以一画具体而微，意明笔透”，“信手一挥，山川人物，鸟兽草木，池榭楼台，取形用势，写生揣意，运情摹景，显露隐含。人不见其画之成，画不违其心之用”。一画那人立，一画使天成，所以人能够达到“人不见其画之成，画不违其心之用”[①]的得心应手、无不如意的境地。

① 以上引自《苦瓜和尚画语录·一画章第一》。据知不足斋本为底本，参《昭代丛书》《清瘦阁读画十八种本》等校，下同。

中国美学精神所观照的生命世界是具有蓬勃生命力的、活泼泼的生命世界。早在春秋时期郑国子产就说："生，好物也，死，恶物也。好物，乐也，恶物，哀也。"宋代罗大经在《鹤林玉露·活处观理》写道："诗曰'鸢飞戾天，鱼跃于渊'……欲观其自得意，皆是于活处看，故曰'观我生，观其生'"。清代叶燮说："水之质，空虚明净，坎止流行，而后波澜生焉，方美观耳。若污莱之潴，溷厕之沟渎……曾是云美乎？"[①]活泼泼的生命、盎然的生机才能引起审美快感。石涛更强调生命世界的蓬勃活力，艺术创作要张扬一种旺盛的生命力精神。他在《海涛章》中用澎湃的热情详细地描述了这种生命的活力和迸发的壮观。他说："海有洪流，山有潜伏；海有吞吐，山有拱揖；海荐灵，山能脉运。"在他的眼中，静默的山脉犹如翻滚的海涛，山亦是海，"山有层峦叠嶂，邃谷深崖，岚气雾露，烟云毕至，犹如海之洪流，海之吞吐。此非海之荐灵，亦山之自居于海也"；海亦是山，"海之汪洋，海之含泓，海之激啸，海之蜃楼雉气，海之鲸跃龙腾，海潮如峰，海汐如岭。此海之自居于山也"。因此，人若动静相隔，排斥这种壮美的生命力精神，是"人妄受之也"。在石涛看来，真正的对于天人合一的生命世界的观照应该是"我之受也，山即海也，海即山也。山海而知我受也，皆在人一笔一墨之风流也"[②]。他尊崇大化流行的生命精神，强调生命世界"处处通情、处处醒透、处处脱尘"的生香活态。

中国美学精神是一种体验美学精神。体验美学不是认知美学，审美活动也不是认识活动。叶朗先生在《现代美学体系》中详细阐释了这种体验美学的特征："体验以生命为前提，具有时间上的永恒性（无限性），空间上的整体性，方式上的直接性和本质上的超越性。"[③]中国美学精神所把握的是生命世界而不是物理世界，这个生命世界是活生生的、真实的整体，而不是片面的、抽象的真理碎片。人生活在这个有意味、有情趣的生命世界中，人在审美活动中所建构的意象世界，正是这个生命世界的显现。所以中国美学精神强调一种妙悟自失的、流连忘怀的审美体验，它是一个人真实的、活色的世界。这样一种体

① 程至：《绘画·美学·禅宗》，北京：中国文联出版社，1999 年版，第 310 页。
② 引自《苦瓜和尚画语录·海涛章第十三》。
③ 叶朗主编：《现代美学体系》，北京：北京大学出版社，1988 年版，第 540 页。

验美学精神的心态，照石涛的话说是“不可雕凿，不可板腐，不可沉泥，不可牵连，不可脱节，不可无理”的心态，是一种“在于墨海中立定精神，笔锋下决出生活，尺幅上换去毛骨，混沌里放出光明”①的境界。

中国美学精神的体验特征在石涛那里就是身游自然、心骛山川的身心体悟。他在旅居安徽宣城时多次游历黄山胜景，他在自己现存的名迹《黄山图》题诗：“黄山是我师，我是黄山友。心期万类中，黄峰无不有。事实不可传，言亦难住口。何山不草木，根非土长而能寿；何水不高源，峰峰如线雷琴吼。”②黄山的奇丽壮观使石涛体验了生命世界的美丽和生机，也是他创作的源泉。在石涛那里，山川不仅仅是描摹的对象，更是体验的对象、体验的结果，“山川脱胎于予也，予脱胎于山川也”，山川是石涛身心体验的山川；体验的结果是“搜尽奇峰，打草稿也，山川与予神遇而迹化也”③，创造出独具价值的艺术珍品。石涛对山水的体验还表现为资任山水，“以山川观之，则受胎骨之任……以沧海观之，则受天地之任”“人能受天之任而任，非山之任而任人也。由此推之，此山自任，不能迁山之任而任也。是以仁者不迁于仁而乐山也”④，任水也是一样的道理。山水之任在精神，天任山水，非山水自任；人任自然（天），天地人之间形成了独摄互连的周流之态。

中国美学精神的体验特征在石涛那里还表现为体验主体的蒙养功夫。“蒙养”最初见于《周易·序卦》：“物生必蒙，故受之以蒙。蒙者，蒙也，物之稚也。”蒙卦是第四卦，意为幼稚蒙杂、成长显著。后来，蒙养引申为涵泳修养，“君子以果行育德”。石涛认为，蒙养是内在精神的培养而发为外在韵致。“因有蒙养之功，生活之操，载之环宇，已受山川之质也。”“诚蒙养生活之理。以一治万，以万治一。”蒙养是一种内心的涵养功夫，“借笔墨以写天地万物，而陶泳乎我”；蒙养是在资任山水之中保持审美主体对山川自然美景的良知明觉，“周流环抱不着，则蒙养生活无方。蒙养生活有操，则周流环抱有由；周流环抱有由，则山水之任息矣”⑤。

① 引自《苦瓜和尚画语录·絪缊章第七》。
② 引自《大涤子题画诗跋》卷二，《美术丛书》三集第十辑，第53—54页。
③ 引自《苦瓜和尚画语录·山水章第八》。
④ 引自《苦瓜和尚画语录·资任章第十八》。
⑤ 同④。

中国美学精神强调把意象作为审美体验的对象，也就是说，中国美学精神强调美在意象。中国美学精神关注的是活泼泼的生命世界，强调主体的审美体验，审美主体运用身心体验生命世界而得到意象，这时，美才得以以“意象”为存在形式最终呈现出来。正如宗白华先生所说，中国美学精神是生命的体系，强调“象”，以了解世界的意趣、意味和价值为旨趣。“意象”作为美学范畴最早出现在刘勰的《文心雕龙·神思》中：“独照之匠，窥意象而运斤，此盖驭文之首术，谋篇之大端。”后来司空图在《诗品·缜密》中说“是有真迹，如不可知，意象欲出，造化已奇。水流花开，清露未晞”，把意象比喻为“水流花开”的天然顺理和“清露未晞”的无限意蕴。意象是生命世界与审美体验的交融，是情与景的交融，是中国美学精神的重要特征。

石涛的审美意象，用一句话概括就是“于墨海中立定精神，笔锋下决出生活，尺幅上换去毛骨，混沌里放出光明”。他指出在古人绘画中存在三种审美意象:“有笔有墨者”“有笔无墨者”“有墨无笔者”。而只有“有笔有墨者”的审美意象才达到了意境境界，因为“墨非蒙养不灵，笔非生活不神”①，审美主体实践了“蒙养之功，生活之操”，达到了形神兼备的境界。石涛的审美意象，具有阴分阳合、虚空变化的特征。“笔与墨会，是为絪缊；絪缊不分，是为混沌。辟混沌者，舍一画而谁耶？”“山川万物之具体，有反有正，有偏有侧，有聚有散，有近有远，有内有外，有虚有实，有断有连，有层次，有剥落，有丰致，有飘渺，此生活之大端也。”②这是绘画头等重要的事，正如李日华在《竹懒画滕》中所说：“大都画法以布置意象为第一。”石涛认为审美意象的取得必须突破种种限制和障碍。“不任于山，不任于水，不任于笔墨，不任于古今，不任于圣人。”“任不在笔，则任其可传；任不在墨，则任其可受；任不在山，则任其可静；任不在水，则任其可动；任不在古，则任其无荒；任不在今，则任其无障。”③所以，审美意象的取得要突破时间的限制、空间的障碍，超越古今，超越圣贤，从有限走向无限。

总之，石涛的绘画理论充分阐释了中国美学精神不同于西方美学精神的

① 引自《苦瓜和尚画语录·笔墨章第五》。

② 同①。

③ 以上引自《苦瓜和尚画语录·资任章第十八》。

特征。中国美学精神的特质正是西方美学精神的不足，融会贯通是两种美学精神、两种文化发展的趋势。正如张世英先生指出：人不仅是理性的存在，也是超理性的存在。人的理性是通过主客二分式的认识，通过概念、共相把握事物，但人要求最高的是无限整体与统一体，而主客二分式的认识对把握这种最高统一性是无能为力的。天人一体的世界模式只能通过天人合一的美学精神来体验，只有这种中国美学精神的体验才是超理性的体验。

第二节　审美意象在王阳明“致良知”中的折射

“意象”是中国古典美学的一个基本概念，是一个具有美学本体意义的核心范畴。“意象”的源头可以追溯到《易传》。《易传》中最重要的《系辞传》中说“立象以尽意”，就是要求在“言不尽意”的情况下，借助于形象（象）来充分表达思想意念（意），这样既把“象”和“言”区分开来，同时又把“象”和“意”联系起来，“立象以尽意”在一定程度上把形象和概念区分开来，把形象和思想、情感联系起来。刘勰第一次把“意象”这个词运用在美学上，他在《文心雕龙·神思》篇中说，“独照之匠，窥意象而运斤”，强调艺术家在艺术构思时，外物形象和创作主体的情意是结合在一起的，“神用象通，情变所孕”而构成审美意象。刘勰通过“隐秀”“风骨”等对“意象”的内在结构进行了重要分析，又通过“神思”对审美意象的创造作了阐释，审美意象理论粗具规模。到了明末清初，王夫之全面系统地研究和考察了审美意象的生成、结构、特征及特殊性质等，使中国古典形态的审美意象理论趋于完善。

“意象”，不只是“意+情”或“物+景”，也不等于“情”和“景”的简单相加或相互外在的两个实体化的东西，而是“情”和“景”的相互内在、欣合和畅与一气流通。意象是情和景的内在统一，是内部世界和外部世界的内在统一，是一个完整的、内部有意蕴的感性世界。意象是人的意识在物理世界之外（超越实在物升华为非实在物）创造的一个审美对象。

“意象”和“意境”是两个既有联系又有区别的概念。一方面，“意象”和“意境”具有内在的同一性或一致性。“意境”是一种“意象”。原因就在于任何艺术的本体都是“意象”，“意境”并不是和“意象”有着不同的另一种艺术本体。因此，王国维就是在“意象”（即“情”“景”交融）意义上理解和使用“意境”或“境界”的。另一方面，“意境”和“意象”不是一个概念。“意境”是“意象”，但并不是任何“意象”都是“意境”。审美意象关注的是活生生的生命世界，这个生命世界是活生生的、真实的整体；审美意象是天人合一的体验美学，这种体验“以生命为前提，具有时间上的永恒性（无限性），空间上的整体性，方式上的直接性和本质上的超越性”。

“良知”说起源于孟子。孟子说：“人之所不学而能者，其良能也；所不虑而知者，其良知也。孩提之童无不知爱其亲者，及其长也，无不知敬其兄也。亲亲，仁也；敬长，义也；无他，达之天下也。”显然，“良知”在孟子这里是指人与生俱来的、不需要学习就可知的那种内在道德禀赋。王阳明接着孟子的“良知”概念讲，并引入佛老，使其内涵大大丰富充实，把孟子的道德“良知”发展为“超道德性”的本体，而成为生命世界的代名词，成为审美意象所关注的“良知”。

“良知”不是一种纯粹地把握客观世界的那种外在的知识，而是一种体现人类生命力的意志状态和生存方式。确切地说，在王阳明那里，良知既是道德的本体，又是充满生机的生命世界，既具有超道德的本体化特征，又表现为一种理想人格的审美境界。

首先，王阳明认为，良知作为潜在的道德意识，是道德意识的本体，是贯穿于万事万物的普遍原则。他说：“良知者，心之本体，即前所谓恒照者。”“吾心之良知即所谓天理也”，这种本体良知是亘古不变的。“盖良知之在人心，亘万古塞宇宙而无不用，不虑而知。”这良知，无所不在，包罗万象，它“昭明灵觉，圆融洞彻，廓然与太虚而同体”，它“无前后内外而浑然一体”，它“无方体、无穷尽，语大天下莫能载，语小天下莫能破者也”。这种浑然一体的本体世界正是一种生命世界。

其次，良知是道德行为的准则和道德价值标准。他说“良知是个是非之心”，“良知者，孟子所谓是非之心，人皆有之者也。是非之心，不待虑而知，不待学而能，是故谓之良知，是乃天命之性，吾心之本体，自然灵明觉者也”。这种道德意识，是人生而具有的。“良知常觉常照，常觉常照则如明镜之悬，而物之来者，自不能遁其妍媸矣。”

再次，“良知”更为广泛的意义被提升为宇宙生命的主体、世界万物的“灵明”。在王阳明看来，人的生命之所以能够生生不息、川流不止，就在于人心中有“良知”。良知是生命的源泉；良知是“造化生生不息之理，虽弥漫周遍，无处不是，然其流行发生，亦只有个渐，所以生生不息”；良知是“天植灵根”，在人心中是须臾不可间断的。同时，王阳明还认为，“良知”不仅是人的生命意义的内在根据，而且也是天地万物的“精灵”。他说：“天地间活泼泼地无非此理，便是良知的流行不息。”又说：“良知是造化的精灵。这些精灵，生天生地，成鬼成帝，皆从此出，真是与物无对。”他把“良知”看作造化万物的主体、“精灵”，而世界万物的产生、发展、变化等都是“良知”的发用流行或展开。世界的存在是不以人的意志为转移的，但世界的“意义”“价值”则根源于人的存在，在于有意识的人对世界的理解和阐释。而且，王阳明所强调的人对世界意义的建构和主体作用，不是将“良知”置于客观自然事物之上，而是强调良知与自然事物的交融汇通关系，即“天人合一”的关系。他说：“我的灵明离却天地鬼神万物，亦没有我的灵明。如此，便是一气流通的，如何与他闲隔得！”“良知”与“世界”是内在“一气流通”地交融在一起的。

最后，良知是一种境界，是王阳明追求的最高人生境界，是“孔颜乐处”的圣人境界。王阳明认为，圣人也是人，圣人就在“我”自己的心中。“圣人气象何由认得？自己良知原与圣人一般，若体认得自己良知明白，即圣人气象不在圣人而在我矣。”又说“满街都是圣人”“心之良知是谓圣”。王阳明将“己”分为“真己”和“躯壳之己”，“真己”就是“良知”“心之本体”，就是“躯壳的己”的主宰。人之所以为人就在于有“真己”，否则就只是徒有其表的、无生命力的人的“躯壳”。为了保守真己，就必须要消除不利于“真己”健康发展的一切外在物欲杂念的干扰（“克己”），保持一种具有高尚的有社会责任感的“初心”，从而达到“乐莫大焉”（孟子语）的境界。王阳明说：“夫圣人之心，以天地万物为一体，其视天下之人，无外内远近，凡有血气，皆其昆弟赤子之亲，莫不欲安全而教养之，以遂其万物一体之念。”“大人者，以天地万物为一体者也，其视天下犹一家，中国犹一人焉。……岂惟大人？虽小人之心亦莫不然。”他强调，一个人应具备“为己”

内在修养的素质，更要有“与万物一体”的追求。

王阳明的“良知”面对的是一个活生生的、整体的生命世界，要完整地把握它，不能通过对它的解剖用支离破碎的方式来获得，而必须要用自己全身心的情感、生命去体验、去发现、去构造新的意义世界。因此“致良知”是体验生命世界，这正是审美意象把握生命世界的方式。

“体验”是中国古代哲学、美学和当代西方哲学尤其是存在主义和现象学极为关注的概念。

“体验”曾有各种各样的名号，在中国，有孟子的“尽心”、周敦颐的“寻孔颜乐处”、严羽的“兴”和“妙悟”、王阳明的“致良知”等，都体现了中国传统哲学或美学的生命关怀和审美意蕴。在西方，有柏拉图的“迷狂”、康德和席勒的“游戏”、狄尔泰的“体验”、马斯洛的“高峰体验”等，同样体现着西方人把对人生意蕴的把握方式看作不同于对外界自然认知性的把握。意象美学是一种体验美学，不是认知美学，审美活动也不是认知活动。这种体验以生命为前提，具有时间上的永恒性（无限性），空间上的整体性，方式上的直接性和本质上的超越性。意象美学所把握的是生命世界而不是物理世界，这个生命世界是活生生的、真实的整体，而不是片面的、抽象的真理碎片。人生活在这个有意味、有情趣的生命世界中，人在审美活动中所建构的意象世界，正是这个生命世界的显现。所以审美意象是一种妙悟的、自失的、忘怀的审美体验。

“良知”在王阳明那里从道德性事实走向了超道德性本体和审美化，“良知”的本体化使其自身蕴含着主体和客体的双重身份和意义，是主客体高度的统一体；个体有限的生命在“良知”中获得了永恒，而且世界的意义也只能因人的这种“良知”存在而显发。无论是“天”“学”“经”“事”“物”，还是“理”“道”等自然、社会、人生、文化各种意义，都应融入和昭显于其“良知”或“心”之中。所以，他就有所谓“心即理”“良知即天也”“心外无物”“心外无理”“心外无学”“六经者非他，吾心之常道”“心即道”等命题。王阳明的“良知”是一个“流行为气，凝聚为精，妙用为神”，即“气”“精”“神”相互融合的生命本体。这样，他的“不假外求”，是指只需求于内“心”的“致良知”活动，就是对生命所进行的深层的、难以言说的直觉体验。在这一“体验”中，主体性的“良知”与客体化的“良知”相互沟通、相互建构，共同成就了“致良知”的具有生命意蕴的审美体验。“良知是造化的精灵。这些精灵，生天生地，成鬼成帝，皆从此出，真是与物无对。人若复得他完完全全，无少亏欠，自不觉手舞足蹈，不知天地间更有何乐可代。”这里的“乐”的审美境界或感受只能从这个“生天生地，成鬼成帝”，“与物无对”的“完完全全”的“精灵”（良知）“自不觉手舞足蹈”中获得。

王阳明“致良知”的审美内涵大致体现在如下几个方面。

（一）从体验的审美目标看，他是要使个体的人获得与天地参、“上下与天地同流”的“孔颜乐处”的自由审美境界。“吾道有至乐，富贵真浮埃！若时乘大化，勿愧点与回。”这里显然把中国传统的儒、道、禅三家的审美境界追求融为一体，更可以具体说明王阳明对传统美学思想之继承与整合。

（二）从体验的审美结构看，他强调审美主体在审美实践活动中的积极建构作用。正是这一审美主体建构才使本然的无意义的外在客观物质世界具有了与人同类的富于情感生命的意蕴。王阳明认为，人与天地虽然同体具有一致性，但又有本质的差别和意义。那就是，人在与天地相沟通的审美活动过程中具有形式“建构”、意义“生成”的特殊作用。“人的良知，就是草木瓦石的良知。若草木瓦石无人的良知，不可以为草木瓦石矣。岂惟草木瓦石为然？天地无人的良知，亦不可为天地矣。盖天地万物与人原是一体，其发窍之最精处，是人心一点灵明。”他又说：“我的灵明，便是天地鬼神的主宰。天没有我的灵明，谁去仰他高？地没有我的灵明，谁去俯他深？鬼神没有我的灵明，谁去辨他吉凶灾祥？天地鬼神万物离却我的灵明，便没有天地鬼神万物了。我的灵明离却天地鬼神万物，亦没有我的灵明。”作为本然的客观的独立于人的意识的“天”“地”“鬼神”等是不具有“高”“深”“吉凶灾祥”等价值情感？这些价值情感只能在特定的审美价值活动中由主体的心灵与客体的特殊审美属性建构而成，建构的主导是人的心灵或精神。

（三）从体验的主体心理状态看，他强调审美活动本质上是一种价值建构活动和意义生成活动。因此，在对这一活动的具体把握中，主体方面有着其特殊的性质要求和主体特定的把握审美意象的方式。王阳明认为，要顺利地进行审美活动，主体必须有着“虚灵”的审美态度。“良知之虚，便是天之太虚；

良知之无，便是太虚之无形。”只有在这种“虚无”审美精神状态下，主体才能进入“闲观物态皆生意，静悟天机入窅冥。道在险夷随地乐，心意鱼鸟自流行”“依泉石，追濂洛之遗风，求孔颜之真趣：洒然而乐，超然而游，忽焉而忘吾之老也”的境界。

（四）从体验的审美方式看，他提出了对审美对象把握的两种基本方式：“觉”和“体”。“觉”在王阳明那里重点强调对“良知”这种生命本体或“真乐”之感悟和把握，具有极大的情感性、当下性和直觉性。在人与世界的意向性沟通之中，“觉”起着极其重要的建构作用。他说：“人若知这良知诀窍，随他多少邪思枉念，这里一觉，都自消融。真个是灵丹一粒，点铁成金。”在“觉”的这一时刻，自然与社会融合了，人与世界万物融为一体了，“上下与天地同流”，世界的存在意义向“我”生成；同时，也正是在这一时刻，主体的价值提高了，自我心灵得到了升华，自我在瞬间的醒悟中获得了对人生真谛的把握。如果“觉”只注重瞬间地体验人生、感悟真乐的“顿悟”式的审美体验方式，那么“体”就更多地关注渐进的审美体验。世界意义向人敞开，既表现为当下性的、瞬间性的直觉或顿悟，也更加普遍地呈现为人们在日常生活中对社会历史人生的体认或磨炼（这是“知行合一”或“致良知”的内在要求）。这对于审美活动更为重要，对于一个没有审美能力和审美经验的主体来说，再美的花也会“与汝心同归于寂”，这时花的颜色也不会“一时明白起来”，从而也就无从感觉其“滋味”了。因此，他说：“可知是体来与听讲不同。我初与讲时，知尔只是忽易，未有滋味。只这个要妙，再体到深处，日见不同，是无穷尽的。”他又说：“哑子吃苦瓜，与你说不得。你要知此苦，还须你自吃。”这里都在强调个体在社会实践活动中把握事物真谛的亲历性的必然要求。

（五）从体验的最终成果看，他是强调主体人的精神境界的提升，获得完善的人格美。王阳明“良知”理论的出现是对当时社会时弊的批判，目的是“破心中贼”和“去人欲”（“人欲”实指统治阶级的骄奢淫逸的糜烂生活和巧取豪夺的政治嘴脸，并不是指劳动人民对正常的衣、食、住、行等合理需要），使整个社会环境和民俗“返朴怀淳”并实现其“天下之公”的美好世界。这一点尤其体现在他对儿童教育的审美实施中。他注重儿童的生理和心理特征及性情，主张以“歌诗”“习礼”“读书”等方式，“顺导其志意，调理其性情，潜消其鄙吝，默化其粗顽，日使之渐于礼仪而不苦其难，入于中和而不知其故”，从而实现完美的人生价值和理想境界。由此“致良知”体现着“良知”与审美之间的内在一致性。

王阳明的“良知”与审美有着极其内在的本质联系。这一“联系”的枢纽就是人的生命本体性存在——“良知体验”。正是这种审美功能，才使王阳明的良知体验美学思想具有极其特殊的历史文化意义和社会现实价值。

第三节 城市意象的断裂与重构——北京文化城市发展路径探析

在当今全球化的背景下，文化生成已不再简单地纯粹与地域情境有着绝对的关系，而是由民族地域性与全球跨国性的元素交融而成。[①] 随着全球化的加速与时代的变迁，城市的功能和意象也在不断更迭。城市的历史越悠久，功能越多，其意象就越容易不断地破碎重构。

《周易·系辞上》说：“子曰：圣人立象以尽意。”城市意象也需要经过“立象”，将离合交错的种种要素分析透彻，以求达到“尽意”的结果。什么是城市的“象”？凯文·林奇的“五元素论”提出，城市的道路、边界、区域、节点和标志物等元素构成了城市的“象”。这些元素可能会互相强化、互相呼应，从而提高各自的影响力。城市的“象”依附城市景观而存在，默默地传达着城市的信息。什么是城市意象？凯文·林奇认为，城市意象是观察者和被观察事物之间双向的交流和互动作用的结果。[②] 可以说，城市意象是城市景观通过人的感知后形成的意象。从城市认知的角度具体来看，我们可以进一步将城市意象划分为包括以距离感、通透感、亲地感和力量感为特征的多维的空间意象；以人文精神、集体记忆和名人符号为表现的人文意象；从游客视角发掘的、包含对目的地期望的旅游意象。

北京需要通过融入这种双向互动的城市认知来对城市意象进行设计，进

① Anthony D Smith. “Towards a Global Culture?” *Theory*，*Culture & Society*，1990，p7.

② ［美］凯文·林奇：《城市意象》，项秉仁译，刘光华校，北京：华夏出版社，2001 年版。

一步更为有效地促进城市品牌的建设。当前，北京市经济发展步伐不断加快，产业结构、消费结构进一步优化，要“建设世界城市”的战略目标任重道远。未来三十年，北京建设世界城市的战略定位是：影响政治发展的世界政治交往中心；具有经济实力与活力，影响和控制对外经济的国际经济管理中心；具有深厚文化底蕴、高度包容性的、多元化的世界文化名城；引领国际自主创新、连接全球创新网络的世界创新城市；可持续发展的国际低碳城市。[①]2014 年 2 月，国家主席习近平同志在北京考察时指出，坚持和强化首都作为全国政治中心、文化中心、国际交往中心、科技创新中心等四大核心功能。这就要求北京积极累积文化资本，创建新文化空间和文化地标，构建良好的城市形象，打造美好的城市意象，从而增强全球竞争力并构建国家和城市文化认同。

一、冲击与断裂：北京传统文化的断裂与城市意象的碎片化

北京作为一座有着 3000 多年建城史和 850 多年建都史的六朝古都，经历了从历史重镇到千年古都再到国际大都市的一系列改观。这样一个扬弃和超越的历程，其中既有令人欣喜的空间创新与物质传承，也难免有令人扼腕的文化流逝与物境失落。

张祥龙教授在《中国传统文化的危机》中对“自新文化运动、‘文化大革命’和改革开放以来，中国的传统文化遭遇了什么异变”这一问题进行了回答。他认为，中国的传统文化“已经在很大程度上被横行而来的西方文化顶替掉了，而且其残存的部分也正在被全球化过程进一步扫荡”。他以儒家文化为例，证明了中国传统文化需要特别重视起来。作为新文化运动和改革开放的思想起源地——北京，不得不直面这一问题。新中国成立初期的现代工业化和改革开放后的城市化，使北京的城市空间结构发生了巨大变化，传统建筑逐渐让位于千楼一面的现代高楼大厦，皇家园林周边立起现代地标。“文化大革命”

① 李国平、王立、孙铁山等：《面向世界城市的北京发展趋势研究》，北京：科学出版社，2012 年版。

期间，庙会不得举办，民间花会演出不见了，文物古迹被破坏[①]，传统礼俗和文化出现断层。加上为了改变落后的城市面貌，建设现代化城市，千年古都文明，在不断的空间改造、地产开发、城建规划及拆迁中，日益碎片化，城市记忆出现断层。比如，北京粤东新馆被拆迁，“100年前戊戌变法前夕康有为在这里成立保国会的历史，从此化作无法触摸的记忆”[②]。人们只能在红墙绿瓦间寻找当年宏伟的北京城印迹，在书籍记载中重温历史的变迁。传统文化的自然进程中断，整个社会的道德基础、文化基础被破坏；城市居民完整的生命体验被高速城市化带来的社会与地域结构变迁所冲击，北京自然延续的城市意象被一定程度地割裂。这种割裂主要表现在三个方面。

首先，这种城市意象的割裂表现在北京城市外在形象的激变。“可以说北京和上海这两座城市的改建过程，是以‘战后重建’的规模进行着，一度使两座城市呈现遭到战争剧烈破坏之后的城市景观：到处是塔吊，到处是深坑，到处是扬尘，到处是工地。当这巨型工地渐次消失、新的都市景观浮现出来的时候，我们已经永远地被抛出了我们用记忆、用生命、用情感、用血缘家族的亲情所书写和铭刻过的空间。”[③] 承载着历史与记忆的老北京城旧有的格局被破坏，都市不断向周边区县扩张。这种城市外在形象的激变使老北京市民直接体验了永远丧失故园的情感过程，一定程度上影响着他们对北京的城市认同。

其次，这种城市意象的割裂表现在北京文化构成的改变。北京的文化构成在近几十年来表现出的变化，超过了以往两千年变化的总和。当然这一变化的实质，也是老北京市民旧的世界观断裂、向新的世界观转变的具体表现。借由教育、媒体、历史与神话的建构，形塑着人民应有的价值观与秩序，召唤着人们对某些象征性符号产生认同及归属感的民族地域性文化日益式微。在没有地区（人们居住特定地点中的生活方式）、网络（区域内与他人互动的脉络）、集体记忆等属性的全球跨国性文化冲击下，这种认同感和归属感被碎片化，混

① 北京在1958年第一次文物普查时尚存在的6843处文物古迹，有4922处在1966年的八九月间被毁掉。

② 王军：《城记》，北京：生活·读书·新知三联书店，2003年版。

③ 戴锦华：《不同的城市，不同的文化可能》，载于《时代建筑》2003年第1期。

成一种贩卖的商品。[1]民俗学者刘魁立称："现在大家见了圣诞节穿红衣服的外国白胡子小老头，就感到某种亲切，而对于我们自己的许多传统的东西，感觉到好像是已经落伍了，这样一种观念，在某种意义上来讲，是被强势文化浸染之后的态度。"

最后，这种城市意象的割裂表现在社会心理的失落。承载着集体记忆的物质空间高速转变，传统文化在当代文化构成中的式微，最终导致了社会心理的焦虑与沮丧。无论是北京的原居民还是外来移民抑或是农民工，他们对这种城市意象断裂产生了失落感和重拾历史记忆的渴望。在这种意义上，连续的、"基因"相连的、强有力的城市意象能够缓解社会认同危机，提升城市凝聚力。

城市意象作为一种活态的表现，会经历一个自然演变的发展变化过程，新旧形态之间一脉相承。如果出现了断裂情况，人们的生存方式、思想方式和精神取向被强行改变，一种异己文化占据了城市文化绝大部分的构成，而不是与之交融，那么城市意象就出现了一定的问题。综观近几十年的北京城市文化动势，可以看出，北京没有形成一种有整体系统的文化合成物，在我们面前呈现的是一幅从过去到现在、再走向未来的前后很不连贯甚至矛盾的城市意象。

二、多元与认同：作为媒介景观的北京城市图景

随着大众媒介技术的不断提升与传媒时代的到来，人们对世界的认识与理解，多靠图像模式而不再仅仅是依靠单纯的文本模式来把握；人们开始把关注视觉与关注媒介紧密地联系在一起，并且惊讶地看到：视觉与媒介是浑然一体的。20世纪60年代，法国哲学家居伊·德波在所著《景观社会》中大胆宣布了"景观社会"的到来。他认为，由于这种使人们借助各种专门媒介去观看世界（这个世界已经不再可能被直接把握住）的倾向，影像自然将视觉提高到曾经为触觉所占据的优越位置上；作为最抽象、最易骗人的感觉，视觉当然

① 李天铎编著：《文化创意产业读本——创意管理与文化经济》，中国台北：远流出版公司，2012年版。

最符合当今社会被普遍化了的抽象。[①] 所以，21 世纪的城市图景是带有世界烙印的媒介景观，城市不仅是居住的场所，更是具有象征意义的想象之物。当代城市正借助发达的大众传媒将城市形象作为自我营销的筹码。在日益媒介化的文化语境中，城市形象的塑造与大众传媒的关系越来越紧密，全球化浪潮逼迫媒体把自己的城市营造为完美的现代大都市，然而城市生活的丰富性及媒介自身构成的复杂性，使得城市形象的叙述呈现出异常混杂的多元格局。[②] 作为媒介景观的北京城市图景，确切地说是城市想象，承载了太多关于这个时代的荣耀、梦想和野心。它不仅仅是一个单纯的审美问题，也是整个社会制度、经济发展、政治权力，以及全球化紧密相连的文化命题，这一命题的核心就是“多元”与“认同”。

具体来说，媒体是如何通过自己生产的形象来影响并作用于大众的城市感知和文化想象，且构成社会建构力量的呢？1986 年拍摄的电影《北京故事》展示了 20 世纪六七十年代生人记忆中的北京：四合院里的瓦房、胡同里的绿色垃圾桶、骆玉笙的大鼓、红白相间的大公共汽车，自行车流中的天安门、灰色的前门楼、大庙里的教室、提笼架鸟遛早的大爷、白的确良衬衫。影片在这些典型的“北京符号”中平稳地展示了中西方文化的冲突与融合。2007 年热播的电视剧《奋斗》展现了在北京打拼的“80 后”自我价值寻觅的历程。剧中人物涵盖了富家子女、穷家小户的孩子及“北漂一族”等时代新人。拍摄地点从动物园批发市场、女人街到西单、北京王府井、金融街；从方家胡同东口大杂院、西便门的铁道部家属小区到高档棕榈泉社区、塞纳维拉豪宅；从朝阳公园、玉渊潭、什刹海到甜水园图书批发市场、中关村中芯数码大厦、三里屯 3.3 大厦再到今日美术馆。

《奋斗》从北京商务、休闲、生活、娱乐等不同侧面完整地展现了转型期的北京城市形象，同时以北京青年一代价值观念的变迁揭示了“80 后”与上一代人之间建立认同的过程。2011 年的《失恋 33 天》的拍摄地则主要包

---

① [法]居伊·德波：《景观的社会》，肖伟胜译，《文化研究》第 3 辑，天津：天津社会科学院出版社，2002 年版。

② 袁瑾：《媒介景观与城市文化——广州城市形象研究》，北京：中央编译出版社，2012 年版。

括今日美术馆、重复咖啡（Copy Café）、雕刻时光北航店、莫斯科餐厅、四合轩西餐厅、The Courtyard、王府井东方广场、798 艺术区，这些当代的北京文化符号真实、完整地展示了北京时尚、浪漫的一面。电影在这一层面重新建构了人与城市的体验关系。改革开放 40 多年来，大众媒体尤其是影视剧借助想象的力量在文化象征层面对社会转型中出现的问题进行不断的建构与再建构，积极参与日益严峻的认同危机解决过程中；同时，大众媒体作为生活的想象工具，努力将多元文化冲突并行的城市图景描绘得更加美好和谐。

可以说，“传播的表现要义是在社会转型当中寻求新的调解形式，重新定义政治与经济、国家与社会、个人与社会共同体的关系”[①]。从这个角度来看，北京城市意象的重新建构，即媒体在世界城市建设背景下，对复杂多变的社会关系、群体情感进行的一种文化协调与整合，不单单是对城市文化意象的塑造，也是对城市居民身份的重新构建。其核心要义在于缓解社会性的认同危机，因为强有力的城市形象具有凝聚市民精神的力量，“每一个伟大的城市都具有这种形象的凝聚力。正是靠着这种凝聚力，一个城市才有可能成为伟大的城市，才有可能在政治、经济和文化各方面发展起来”[②]。

三、怀旧与消费：现代文明下的北京城市意象生成

随着北京现代化和国际化程度的加深，城市新移民越来越多，原有居民人口比例正在减小，北京的城市居民构成发生了剧烈的变化，随之而来的是一个“新北京人”的概念。这样一个处于转型时期的新主体对城市的体验必然不同，他们必将缔造出新的城市文化，必然对文化消费有新的需求。尤其是在全球消费主义和符号拜物教日益兴起的背景下，“怀旧”和“消费”构成了北京城市文化叙事中并行不悖的两条线索。

“怀旧的涌现作为一种文化需求，它试图提供的不仅是在日渐多元、酷烈

① 陈卫星：《传播的观念》，北京：人民出版社，2004 年版，第 359 页。
② 高小康：《狂欢世纪——娱乐文化与当代生活方式》，郑州：河南人民出版社，1998 年版，第 248—249 页。

的现实面前的规避和想象的庇护空间，而且更重要的是一种构建。”[①] 这种怀旧感可以说是一种城市的集体情绪，更多地通过大众文化消费、文化产业等方式弥漫出来。例如，北京南锣鼓巷的时尚小店所贩卖的墨绿色铁皮跳蛙、红白相间的“回力”牌篮球鞋等怀旧物品，还有铁皮的福娃、印有现代流行语的搪瓷缸子等由旧物品演变的创意商品，这些细节将那些随着社会快节奏发展而被时光掩埋的个人回忆重新发掘出来。也可以说“怀旧”依赖了记忆的抗衡，以维护时代进步的人文内涵，通过城市历史的积淀来影响城市意象的变化。

城市细节的变化从不间断，城市意象的形成正是基于新旧意象元素更迭的城市建设过程。而城市的发展与时代特征紧密相关，当下北京城市意象的生成也打上了消费主义的烙印。在体验经济时代，当下消费社会的特征是更加注重体验性、个性、多样性和人性。以城市意象五要素之一的标志性建筑为例，境外建筑师设计的央视大楼，以及按照本土民俗建造的北京福禄寿酒店等当代地标性建筑，对创新创意独特性的展示，可以说仅仅止于对个人的审美心理和好奇心的满足。我们“经常可以看到，潜在的多元主义的不断进步，被解释成美学的多样性，而公认的社会责任和对环境的敏感性，则仅成为几乎没有任何实质内容的时尚”[②]。可以说包括城市建筑、环境、制度、生活、风尚、礼仪等在内的所有文化意象的复合体——城市意象已经与消费社会融为一体，并成为这个消费社会的助推器。

四、“世界城市”建设背景下的北京城市意象构建

北京城市意象的形成与历史发展、社会进步及城市居民构成等有着密切联系。凯文·林奇的城市意象理论是跨时代的，适用于社会文明发展程度的各个阶段，而细化到具体城市，各个时期人们对北京市的认知是不同的，城市意象又有着各自的时间和空间特征，应从文化主题、文化认同和外在的媒体推广、文化空间构建等路径构建北京城市意象。

---

① 戴锦华:《想象的怀旧》，载于《天涯》1997 年第 1 期。

② ［美］南·艾琳:《后现代城市主义》，张冠增译，上海：同济大学出版社，2007 年版。

（一）北京城市文化主题的提炼和文化符号的构建

文化主题即根据城市所处的地域文化环境和城市自身的文化资源特征，提炼出最能代表城市文化特质，可用以统领各项城市文化战略的核心文化要素。这是北京城市意象构建的内在需求。因此，要从北京千年发展史中最具有影响力的历史断面切入城市文化主题，与当下北京市发展现状相联系，挖掘出北京的当代文化特征，并综合考虑北京未来发展新趋势，让这座城市承载的现存历史遗迹、主流价值风范和新兴气象同时彰显出来，使北京的城市意象成为有内在统一逻辑的、整体系统的文化合成物。

首先，要对北京市居民价值观和北京的生活方式进行深入广泛的社会调查研究，最后提炼出北京城市文化主题。结合社会主义核心价值观，以“爱国、创新、包容、厚德”的北京精神为内核，围绕北京的城市主题文化，着力打造一批文化精品；建设一些主题雕塑、街道、广场和公园； 推出一组标志性建筑和标志性社区；推广北京生活方式，并围绕城市文化主题对北京市进行更全面的整体规划。其次，要在北京文化主题下，进一步探索能充分凸显北京作为东方都城和中国历史名城的独特的地缘文化景观及其精神风貌的城市文化符号。例如，胡同、四合院等是能彰显北京城市建筑园林特色的城市文化符号，还有“798”、三里屯酒吧街等代表北京时尚生活的城市文化符号，以及其他的新兴创意符号。此外，还要兼顾北京作为“世界城市”必有的国际金融中心、决策控制中心、国际活动聚集地、信息发布中心和高端人才聚集中心等功能所对应的具有实用性的文化符号。最后，城市意象是双向互动的过程，因此在构建北京文化主题和提炼北京文化符号的过程中，必须兼顾公务阶层、商务阶层、文化阶层、市民阶层、学生阶层、民工阶层、农民阶层等不同社会阶层的兴趣特点，为他们分别提供可以投寄其不同认同目标的文化符号。这就要求在城市文化主题和符号的生成途径上，要依靠官民并举。这就是采取北京市政府规划和民间创意并举的多渠道策略。政府有意识的构思、投入和组织固然重要，民间人士、民间组织的个人或群体创意更有特殊的重要意义，因为它们更具灵活性、自主性，还可以随时加以变通。[①]总之，北京要建设成富有活力

① 王一川：《“世界城市”建设中的北京创意文化符号》，国家社科基金重大项目“我国文化软实力发展战略研究”阶段性成果报告。

的“世界城市”，必须考虑到所有阶层的诉求。

（二）多元文化背景下的文化认同机制构建

随着北京世界城市建设的深入，北京文化多元化发展，人口的大规模迁移，难免会导致以城务工人员为代表的乡民社会和以都市精英为主体的现代文明的并置，国际化多元价值观与本土传统文化之间的冲突，这些并置和冲突难免使北京的文化构成成为一个充满矛盾的多义性空间。如何让“北漂一族”在一定意义上获得话语权，如何让他们得到身份认同？如何在主流文化圈层的凝聚力和渗透力之外，保持北京多元文化并行的特征？这些是当下北京城市意象构建过程中面临的问题。如政治学家亨廷顿所言，“文化认同对于大多数人来说是最有意义的东西”。要解决这些问题，就必须建立良好的文化认同机制。

人类学家格尔茨认为，原生依附情感与公民政治是构成新兴现代民族国家认同机制的两种主要方式。[①] 因此，除维护由一定习俗、语言、信仰等具有原生依附情感的传统组织形态之外，要加强政府在文化认同上的引导作用。通过公共文化服务体系和城市公共文明的建设，加大市民行为引导、监管力度，加强现代公民教育，提高北京市民的文化素质。例如，完善市民教育三级网络，建立现代公民教育资源网络服务中心，开展如“文明家庭”“文化大讲堂”“社区艺术展”等活动，在广大市民中倡导“读经典”的全民读书活动，深化学习型社会建设。最终提高与市民息息相关的文化生活质量，提升城市凝聚力，形成浓厚的城市文明氛围。

构建良好认同机制的根本是要以人为本。在文化认同语境下的“以人为本”，一方面要注重实现公共文化服务均等化，要特别重视把丰富农民工文化生活纳入公共服务范畴，逐步加强外来务工人员对城市的融入感；另一方面让公民参与公共文化服务政策的制定、执行和监督过程，使公民在城市化加速的现实中，对复杂多变的社会关系、群体情感能够更好地进行文化调试和整合，从而更好地参与城市意象的构建。

（三）北京城市意象的媒体推广与全球营销

大众媒体在塑造城市意象中发挥着重要的作用。关于世界城市的未来图

① ［美］克利福德·格尔茨：《文化的解释》，韩莉译，南京：译林出版社，1999 年版。

景，北京已经综合性地提出多个概念，比如，国际活动集聚之都、世界高端总部集聚之都、世界高端人才集聚之都、先进文化之都、和谐宜居之都和“四个中心”等。北京要如何将与这些概念相关的城市文化符号推入到信息流通体系中？如何对“文化北京”进行全球营销，扩大北京城市影响力和知名度？这就要求通过媒体传播的方式，通过文化产业运作的手段，在全球范围内对想象中的北京城市图景进行推广。

从大众媒体传播的角度，需要营造国际一流的服务环境和条件，进一步强化首都国际交往中心功能，不断扩大国际交流与合作，大力开展文化外交，致力于在文化服务中和文化对外传播中，使北京城市意象能适应全球城市竞争，实现良好的动态演进。从文化对外传播和扩散的角度看，大型文化事件的演绎也必须被视为城市意象设计的一部分，因为这些文化事件为城市形象的对外传播提供了平台和媒介，这可以视为一种城市营销策略。大型文化活动能够直接导致城市知名度和影响力的提升，随之而来的是商机和城市经济增长。

从文化产业运作的角度，要搭建文化产品和企业“走出去”平台。可以通过组织企业参与各领域重要的国际展会与交易会、建立多元化的对外文化贸易信息服务体系等方式，为文化产品和企业走向国际市场疏通渠道、提供信息、搭建平台。还应加强北京市与环渤海区域的合作，以点带面，推动区域对外文化贸易布局。

（四）北京城市文化空间的创意营造

由于城市意象的形成是城市拥有的各种景观在头脑映像的结果，在此基础上，升华城市形象的核心就转变为如何采用适当的手法使良好的城市景观转化为受众心中深刻的美好意象。

因此，一方面，良好的城市意象必须注重城市景观、城市文化空间的打造，为城市中人与人之间的日常交流提供轻松的媒介和文化符号纽带，增强城市居民内心安全感、认同感和归属感。文化空间是打造、继承城市文化特色的重要空间媒介之一，尤其是历史文化景观，它对内可以提升市民的自信心与文化素养，使得城市的居住价值和就业价值得到巩固；对外则可以强化城市形象的推广、城市知名度的提高，不断吸引游客前来旅游消费，为城市价值的传播与品牌提升获取更多的机会与渠道。另一方面，城市文化空间的打造必须注重对受众特征的分析。这就要求针对城市长期居民、短期居留人员和临时性旅游者等进行分类，根据他们的日常活动领域，打造有序、统一、持久、深刻、美好的人文景观，提升认同感。

总之，北京城市文化空间的营造，要注重空间特色的塑造、生活礼俗的凝练、场所庆典的策划、文化经济的培育、市民参与的倡导，以保护社区文化多样性，创造归属感和安全感，保持街区活力。北京市将会因为良好的城市意象而获得源源不断的价值回报，成就其“世界城市”的繁荣与辉煌。从城市文化战略的外部指向性来看，具有强劲品牌竞争力的城市，更能为城市的政治传播、经济增长、文化交流提供价值反哺，形成一个具有良性循环的城市意象、城市文化与城市价值的转化链。

第二章　文化产品的价值演进和审美情趣

本雅明提出艺术复制品作为艺术品原作的副本，它与艺术品原作的最大区别之处在于，不具有艺术原作的“原真性”和“光韵”。艺术品的价值演进也经历了从艺术原作侧重的膜拜价值到艺术复制品的展示价值的流转。艺术复制品打破了艺术品原作高高在上的神圣形象，成为消费社会的一种特殊商品，促使大众对其进行消费的是这种商品中蕴含的符号价值。有异于艺术品原作的符号价值，艺术复制品蕴含的符号价值更加具有大众性，并在大众传媒的传播中被大众了解和追随。在艺术品原作、艺术复制品及在大众传媒中的艺术品之间存在紧密的联系，符号价值借助三者之间的关系进行传播。我们可以用“符号价值链”揭示艺术品原作、艺术复制品及传媒形态的艺术品这三者的关系，更好地助力艺术品价值挖掘和传播推广。

故宫文创产品作为传统文化在日常生活中传承发展的先锋试验和当代典范，成功实现了中华优秀传统文化的某些创造性转化和创新性发展。文化创意发展从“泛娱乐”逐步走向“新文创”，创造了众多的文化新业态和文创新产品；社会大众随着生活水平的提高不断渴望提升自身的审美能力、营造高品质的生活美学方式，对传统文化的消费意识也不断增强，从而形成了蓬勃涌动的文化新消费的社会热潮。中华传统文化的当代生活重建，就需要在当代生活中增添和传统文化密切相关的具体载体，就需要开发“形式多样、特色鲜明、富有创意、竞争力强的文化创意产品体系”，让人们追求美好生活的精神选择有更多的权利表达。

第一节　艺术复制品的符号价值研究[①]

收藏和投资是驱动我国艺术品市场的两大力量，艺术品消费市场却长期被忽略。在建立一个繁荣多元的艺术品生态环境时，消费市场发挥着不可或缺的重要作用。艺术复制品因具有相对较低价格而成为艺术品消费市场中重要商品。艺术复制品的出现让艺术走下神坛，进入百姓家庭，使艺术不再是少数精英阶层的专属。

当下，我国经济平稳较快发展，人均 GDP 逐渐提高，正处于工业社会向后工业社会转变的过渡时期。在这种宏观背景下，我国人民的精神文化需求逐渐提高，除注重商品功能价值之外，更进一步追求商品给人带来的符号价值。艺术复制品是消费社会中较为特别的一类商品，它代表了一类以符号价值为主体价值的特殊商品。

一、艺术复制品产生的社会背景

艺术复制品产生于一定的社会背景之下，该社会背景具备机械复制、消费社会及大众文化等特征。

（一）机械复制：打破精英垄断

早期的艺术品是在宗教祭祀仪式活动中诞生的，艺术生来具有一种神性特质。根据本雅明的论述，艺术品是独一无二的，具有灵韵、原真性和此时此地性，人们对待艺术的态度是顶礼膜拜、凝神静观的。然而随着印刷、照相术等机械复制技术的诞生，艺术不再是独一无二的，摄影、电影、电视等机械复制时代的艺术作品进入人们的日常生活，人们对艺术的态度转变为娱乐消遣，艺术品的价值由膜拜价值转向展示价值。曾经被供奉于神坛，仅为社会精英阶层所拥有和欣赏的艺术品（如绘画）得以被批量复制，并依托现代传媒渠道和商业运作，进入大众社会，被大众欣赏，成为被消费者消费的

---

① 此文由《消费社会背景下艺术复制品价值研究》等修改而成，已征得合作者张慧同意收录其中。

商品。[①] 进入数字化时代，艺术品复制技术更加先进，印刷技术与摄影、数码扫描结合使艺术品复制效果更加逼真精细，甚至达到了肉眼难以分辨的程度。

可以说，艺术复制品是基于机械复制技术生产出的原作图像，本雅明关于机械复制时代的艺术作品的讨论同样适用于艺术复制品。根据本雅明的理论，艺术复制品是艺术品原作的副本，它与艺术品原作的最大区别之处在于，艺术品原作是独一无二的，具有“原真性”和完整的灵韵，而艺术复制品则没有这样的特点，它基于摄影技术、印刷技术等技术手段，具有机械复制性质。艺术品原作具有膜拜价值，而艺术复制品主要拥有展示价值。艺术复制品打破了艺术品原作高高在上的神圣形象，成为消费社会的一种特殊商品。促使大众对其进行消费的是这种商品中蕴含的符号价值。有异于艺术品原作的符号价值，艺术复制品蕴含的符号价值更加大众化，并在大众传媒的传播中被大众了解和追随。

（二）消费社会：符号价值成为消费对象

法国哲学家鲍德里亚认为，随着人类生产力水平的提高，社会逐渐由生产社会走向消费社会。消费社会是一个被物包围的社会，消费取代生产成为社会的中心，改变着人们的生活方式甚至社会关系。消费社会的根本特征是符号系统的形成。他在《消费社会》一书中提出，消费社会意味着消费游离于生产，很大程度上，整个社会的消费开始由物的有用性消费过渡到物的符号性消费。

马克思将商品的基本属性定义为使用价值和交换价值，而鲍德里亚则认为商品还具有符号价值。在《消费社会》一书中，鲍德里亚指出：“今天，在我们周围，存在着一种由不断增长的物、服务和物质财富所构成的惊人的消费和丰盛现象。它构成了人类自然环境中的一种根本变化。恰当地说，富裕的人们不再像过去那样受到人的包围，而是受到物的包围。”[②] 在符号价值中，商

① 向勇：《创意领导力——创意经理人胜任力研究》，北京：北京大学出版社，2011 年版，第 56 页。

② Jean Baudrillard. *The Consumer Society: Myths and Structure*, London: Sage Publication Ltd, 1998, p25.

品的价值是以它们所带来的声誉和展现的地位、权利的方式来衡量的，它体现在消费者的时尚、名望、奢华等身份象征上，成为他们社会地位的标识。在消费社会中，这一符号价值日益成为商品和消费的一个重要组成部分，被认为和交换价值起着几乎同等重要的作用。这种符号价值的作用伴随着广告、包装、展示和大众传媒的增长不断增强。[①]

英国学者迈克·费瑟斯通则将消费社会与后现代主义联系起来。他认为，在消费社会中，“资本主义生产的扩张，尤其是世纪之交的科学管理与‘福特主义’被广泛接受之后，建设新的市场，通过广告及其他媒介宣传把大众‘培养’成消费者，就成了极为必要的事情”。[②] 消费社会中的消费是对影像、记号、符号商品的消费，它体现着梦想、欲望和离奇的幻想。

美国学者费雷德里克·詹姆逊也对消费社会发表了论断，“将消费社会列为与后工业、媒体社会或跨国资本主义社会同一系列的概念，认为它代表着‘一种新型的社会生活和新的经济秩序的出现’”[③]。詹姆逊还沿用了马克思的观点，将“商品拜物教”作为资本主义消费社会的一个特征。在消费社会中，人与人之间的社会关系表现为商品所体现的物与物的关系，商品具有一种神秘的属性，具有决定商品生产者命运的神秘力量，被商品生产者崇拜和迷信。

当今，中国的部分经济发达地区已经进入消费社会，艺术复制品在这些地区也拥有了越来越大的市场需求。艺术复制品作为一种文化商品，也遵循消费社会中的商品规律。消费者购买艺术复制品这种文化商品，不是为了追求满足生理需要的使用价值，而是追求蕴含在文化商品中的符号价值，获得一种精神上的满足。

（三）大众文化：艺术走进日常生活

大众文化是与消费社会紧密相连的一种文化形态。随着生产力的提升、商品的日益充足和大众媒体的传播，人们的生活方式发生了重大改变，大众文

① 陈嘉明：《现代性与后现代性十五讲》，北京：北京大学出版社，2006 年版，第 335 页。
② ［英］迈克·费瑟斯通：《消费文化与后现代主义》，刘精明译，南京：译林出版社，2000 年版，第 19 页。
③ 同①，第 333 页。

化逐渐形成。

费瑟斯通于1988年4月在新奥尔良的"大众文化协会大会"上主题发言时提出"日常生活审美化"这一命题，并在其著作《消费文化与后现代主义》中对"日常生活审美化"展开了深入探讨。费瑟斯通以后现代主义和消费文化作为日常生活审美化的理论起源和时代背景，认为后现代主义的种种定义的一个侧重点在于艺术与日常生活、高雅艺术与大众文化之间的边界不复存在。五花八门大杂烩式的文字游戏、符号游戏泛滥成灾。他还指出，这是后现代主义畅行其道的结果，而其特征是鼓吹平等、破除学科等级、笼统拒绝文化分类，并反对存在任何的基本信念。此种后现代经验就是波德莱尔笔下的"现代性"。波德莱尔"现代性"表达的正是19世纪像巴黎这类现代都市同传统社交形式决裂之后，那种惊诧、迷惘和栩栩如生的感觉和印象。他认为"日常生活审美化"的一个重要含义是指深深渗透入当代社会日常生活结构的符号和图像。此种符号和图像的迅猛发展，其理论来源在很大程度上是受益于马克思的商品拜物教批判，以及卢卡契、法兰克福学派、本雅明、豪格、列斐伏尔、鲍德里亚和詹姆逊等人对马克思主义批判传统各显神通的发展。①

美国著名后现代主义理论家费雷德里克·詹姆逊认为，后现代主义的文化已经完全不同于现代主义的文化，其主要表征为，在后现代社会中，文化艺术已从现代社会那种特定的"文化圈"中扩散开来。文化艺术进入了人们的日常生活，从传统的高雅之物变成日常的大众消费品。"在19世纪，文化还被理解为只是听高雅的音乐、欣赏绘画或是看歌剧，文化仍然是逃避现实的一种方法。而到了后现代主义阶段，文化已经完全大众化了，高雅文化与通俗文化、纯文学与通俗文学的距离正在消失。商品化进入文学意味着艺术作品正成为商品。"②

曾经，艺术欣赏与收藏仅是社会上层少数精英阶层的专属活动。例如，意大利文艺复兴时期的美第奇家族对艺术和建筑给予了慷慨的赞助，为人类留

① 陆扬：《费瑟斯通论日常生活审美化》，载于《中华美学学会第七届全国美学大会会议论文集》，北京：文化艺术出版社，2009年版，第252—259页。

② [美]费雷德里克·詹姆森：《后现代主义与文化理论》，唐小兵译，北京：北京大学出版社，2005年版，第123页。

下了一批珍贵的文化瑰宝。在中国封建社会，艺术的创作和收藏在很大程度上专属于皇室家族和士大夫阶层。在现代社会中，经典艺术品原作收藏于公共博物馆和美术馆，或者被少数精英阶层收藏，大众因为地域、身份的阻隔很难便利地欣赏到这些人类艺术的瑰宝。

艺术品复制改变了精英阶层对艺术的垄断。先进复制技术的广泛推广使艺术复制品大量进入市场，走进了百姓的日常家庭生活，进一步满足了大众的精神文化需求。为曾经被精英阶层垄断的艺术揭开了神秘面纱，以更加开放的姿态进入公众视野。艺术复制品作为文化商品参与了大众文化的构建，同时大众对艺术复制品的选择也将对艺术市场产生越来越大的作用。艺术品市场不再为拥有权利或大量财富的精英阶层所专享，“买得起的艺术”越来越多地出现在艺术博览会的宣传语中，大众艺术消费品的种类也越来越丰富，从单纯的艺术复制品到具有收藏级别的限量版艺术品原作、年轻艺术家原作，再到艺术衍生品、艺术设计品，消费者的文化消费拥有了更多的选择。

二、艺术复制品的三个维度

艺术复制品是以艺术品原作为依据，借助一定的媒介和手工技法、机械或数码复制技术制造的与艺术品原作相似的副本，比如临摹绘画作品、复制版画、复制油画、高仿真书画等。

通过对中国期刊网期刊全文数据库中 1990—2012 年间的 100 篇有效文献进行内容分析，我们得出结论：围绕艺术复制品的研究与讨论集中于技术、文化与商业三个维度。

第一，复制技术的发展是艺术复制品产生的先决条件。

图像复制技术是艺术复制品开发的物质基础。随着人类生产能力的进步，复制技术经历了从手工复制向机械复制转变的发展历程。在手工时代，临摹是最早的艺术品复制方法，之后出现了以木版水印为代表的雕版印刷技术；随着技术的发展，又出现了依托化学腐蚀技术的蚀刻版；照相技术发明之后，艺术品复制的仿真程度得到了明显提升，具有代表性的技术为珂罗版、丝网版；进入数字时代，现代的数码印刷技术被广泛用于艺术品复制，其复制的仿真效果和生产效率都得到了显著提升；艺术微喷成为目前艺术复制品生产中最为重要的复制方法之一。当前，复制版画是艺术复制品的主要形式，它可以实现对传统书画和油画的高仿真复制。此外，摄影、影像、唐卡、壁画、雕塑也是艺术复制的对象。

第二，大众文化的形成促使艺术走向生活，促使艺术复制品消费需求的产生。

大众文化是后现代社会的特征。在后现代社会中，文化艺术已从现代社会时形成的狭小圈子扩散开来，从传统的高雅之物变成日常的大众消费品。艺术复制品让艺术走进大众的日常生活，促进了艺术民主化。艺术复制品已经成为消费社会中的一种商品。“艺术的机械复制以众多摹本取代原作，以展示代替了膜拜，瓦解了艺术的神秘色彩和神圣地位，使艺术欣赏成为人人皆可参与的像商品生产一样的活动，开启艺术的大众化和文化民主化之路，扩大了民众参与文化建设的机会……艺术品的技术复制最为直接有利的影响是在艺术传播上。作品的传播对原作的依赖明显减弱，它可能被置于原作无法出场的境地中而成为大众欣赏的对象。”①

第三，商业运作使艺术复制品成为文化商品，艺术复制品的符号价值在市场营销中得到了广泛传播。

市场日益增长的文化消费需求吸引艺术市场对艺术复制品蓝海市场的开发。艺术复制品的市场需求主要包括装饰、欣赏、收藏、送礼、展示、保存、认知等。其中装饰、欣赏、收藏是消费者购买艺术复制品的主要动机。艺术市场商业机构依托艺术家资源、艺术版权和现代复制技术，积极探索有效的商业模式。

艺术复制品成为满足市场文化消费的一种特殊商品，这种特殊商品价值是以符号为主体的，对于符号价值的营销是艺术复制品商业运作的重要手段。大众媒体在艺术品符号价值的传播与营销中发挥了重大作用。如今大众媒体不断向大众传达一种信息：艺术不只是富人的游戏专利，平民收藏时代已经到

① 沈伟堂：《艺术的祛魅之路——从神坛走向广场》，载于《艺海》2009 年第 1 期。

来，收藏也可以成为一种生活方式。《芭莎艺术》2013年3月刊策划了“平民收藏”的专题报道，介绍了分别来自美国、日本和中国的平民收藏家多萝茜与赫伯特·沃格尔夫妇、宫泽大辅和谢晋宇。这几位平民收藏家都是凭借着不甚丰厚的工资和对艺术由衷的热爱与支持，外加敏锐的眼光和洞察力进行一点一滴的收藏，最终创造了令人惊讶的收藏神话。收藏也可以是一种平民的生活方式，平民对待收藏的态度更加纯粹，他们并不是把艺术品看作金钱与权贵的象征物，而是将艺术看作真正的爱和梦想，看作自己存在的意义和一种自我救赎。

> 他为什么孜孜不倦地收藏艺术品，一下子就坚持了十八年？宫泽大辅的答案非常简单：“艺术是我的所爱、我的梦想，是我存在的意义。每当我在工作上遇到瓶颈，被压得喘不过气时，真正能够拯救我的，总是一幅美丽的画作、一张洗净我心中尘埃的摄影作品。我不去想一个作品将来会不会变成名画、会不会升值涨价，这些因素对内心来讲是一种谎言，我不会考虑。”
>
> ——《宫泽大辅，预算1000美元的铁公鸡》，载于《芭莎艺术》2013年3月刊

> 收藏对于我来说是一种自我的救赎，让我曲线式地回归了自我本来应该从事的职业，也在这个浮躁的时代给自己的灵魂寻到一个处所……我认为收藏最终应该解释为佛教里所说的“做功德”，当代艺术收藏就是对当代的文化的遗存所做的功德。
>
> ——《谢晋宇：收藏是自我救赎》，载于《芭莎艺术》2013年3月刊

艺术品的营销有着不同于普通商品营销的特殊逻辑。对于艺术商品的营销需要采用一种“优雅”的方式吸引目标消费者，让消费者动心。在营销的内容方面，艺术商品的营销活动是围绕艺术品的符号价值展开的，是对艺术商品背后的“故事”的营销，包括艺术家的创作理念和个人经历及艺术品的创作背景、制作工艺、艺术价值和思想内涵等。尤其是对于艺术复制品，其营销内

容除了艺术品原作的价值和艺术家的故事，还包括艺术家在复制过程中的参与程度、复制工艺的高下、复制品的稀缺程度，以及艺术化的生活方式等。在营销的方式上，由于艺术商品本身兼具文化属性与商业属性，所以艺术商品较少采用商业广告的“硬性”营销，而是通过多种大众媒体进行全方位、多角度的“软性”营销。除了运用传统的平面媒体、电视、广播等媒体，更多新媒体被应用于艺术商品的营销，如网络媒体、微博、微信及各种网络社交平台。结合一定的艺术展览、艺术沙龙等活动对艺术商品进行推广也是常用的营销方式。

三、艺术复制品符号价值的构建与传播

在艺术品原作、艺术复制品及在大众传媒中的艺术品之间存在紧密的联系，符号价值借助三者之间的关系进行传播。我们可以用艺术品传播中的“符号价值链”这一理论构想更加清晰完整地揭示这三者的关系。“符号价值链”由三部分组成——艺术品原作、艺术复制品及传媒形态的艺术品。

（一）艺术品原作

艺术品原作是符号价值链的起点，是具有原真性和膜拜价值的独一无二的艺术符号。相应地，其拥有的符号价值代表了一种由绝对的稀有性和真实性带来的专享和优越之感，代表了精英阶层对文化的一种垄断。

（二）艺术复制品

艺术复制品是艺术品原作的副本，它复制了原作的形式，并且通过限量复制获得有限的稀有性，但缺乏原作的原真性，原作的膜拜价值转化为艺术复制品的展示价值。这种复制是基于一定的复制技术和版权授权得以进行的。复制技术包括照相、扫描等机械或数码复制技术，也包括一些人工复制技术，例如木版水印、铜版、珂罗版等版画制作过程中的制版环节。

版权授权是艺术品复制的先决条件，是维护艺术家合法权益和良好市场秩序的重要保证。艺术复制品具有公共传播的特性，是一种具有大众性的文化商品，广泛出现在人们的生活中，拥有大众文化语境下的符号价值，是中产阶级文化消费的对象。

艺术复制品的符号价值主要由艺术品原作的艺术价值、艺术风格和内涵意蕴、复制工艺、复制效果、艺术家的参与程度、稀有性（存世数量及年代）等组成。从消费产品内容上看，不同的艺术风格的艺术复制品会吸引不同的消费人群。经典古代艺术和现代艺术已经得到了历史认可，拥有较为广泛的消费群体和大众化市场。而当代艺术则更加符合追求突破和创新的人群，这一人群中年轻人占比较大。对于不同风格的艺术复制品的消费表现了不同人群的文化趣味。从消费产品形式上看，复制技艺高超、手工制作成分多、艺术家参与程度高的艺术复制品具有较强的稀有性，人们更为珍视。例如，木版水印、石版画、铜版画的制作效率虽然较低，但依托了更多的手工工艺，并拥有更少的存世数量，因此比那些基于高效率的艺术微喷技术大批量制作的艺术复制品收藏价值高。那些由艺术家参与制作与签名的限量版艺术复制品，由于加入了艺术家的艺术构思和二度创作，更加具有收藏价值，也会得到专业收藏家的青睐。

（三）传媒形态的艺术品

传媒形态的艺术品是指出现在大众媒体上的艺术品形象。艺术复制品具有大众性和商品性的特征，必须通过大众媒体在消费者中树立相应的艺术形象，形成一定的符号价值。传媒形态的艺术品是符号价值的公共传播文本，是对艺术符号的诠释和传播，具有公共性和放大的展示价值。在现今的信息时代，大众媒体趋向多元化、立体化，因此围绕艺术商品的整合营销就显得尤为重要。在报刊、电视广播、网络等大众媒体的共同传播中，艺术品原作内在的意蕴与背后的故事得以传达，从而使大众对艺术品原作产生接近的愿望。在原作极为稀有无法使消费者近距离膜拜时，艺术复制品则成为原作的替代，并作为文化商品被消费，消费者从中获取艺术复制品中蕴含的符号价值。

从艺术品原作到艺术复制品，再到传媒形态的艺术品，艺术的原真性和稀缺性逐渐消失，而公共性逐渐增强，艺术品的符号价值则在这一过程中得到了阐释和传播。这一传播过程可以通过符号价值链来示意（见图 2-1）。

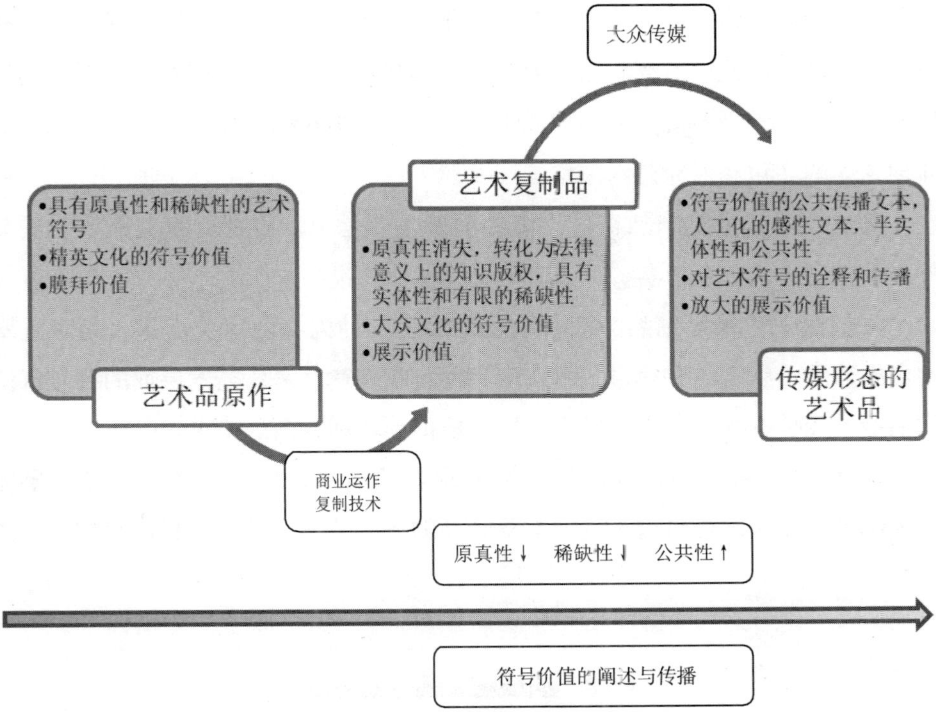

图 2–1　符号价值链示意图

四、艺术复制品符号价值的消费特征

为了对消费者的艺术复制品符号价值消费的特征与动机进行研究，笔者对北京地区艺术学院在校生和艺术商店的顾客进行了问卷调查（共投放 80 份问卷，收回问卷 62 份，其中有效问卷 57 份），从性别、年龄、文化程度、经济收入水平、消费水平、社会地位、文化品位等几个方面入手研究艺术复制品的消费者特点，探究艺术复制品的消费动机及获得艺术复制品的渠道。从调查结果可以看出，对于艺术复制品符号价值的消费有以下几个特征。

第一，对艺术复制品符号价值的消费必须建立于良好的经济基础之上。

由于艺术复制品不是一种满足人们基本生活需要的实用性商品，所以对于艺术复制品符号价值的消费必须建立于良好的经济基础之上。中产阶层是艺术复制品的主要消费人群。这部分人群在满足了一定的物质生活需要后，在精神文化方面有更多的需求，有的对艺术非常感兴趣，但其经济能力又无法收藏艺术品原作，因此艺术复制品就成为满足其观赏和装饰需求的最佳选择，制作精良的艺术复制品不仅能够再现艺术品原作的风貌，而且用于家庭装饰也能够体现主人的文化修养和艺术品位。

第二，对艺术复制品符号价值的消费主要是出于内在的审美需要，而非外向的功利需求。

人们对于艺术复制品的消费主要是出于一种内在的审美需求，是对艺术本身的热爱、欣赏，并通过艺术实现一种自我表达，是对艺术层面的符号价值的消费，较少有外向的投资回报、社会地位等功利方面的追求。

对 28 位购买过艺术复制品的被调查者的消费动机进行统计，将结果输入 Spss Statisticq，得出购买过艺术复制品的人群的不同消费动机的排序（见图 2–2）。

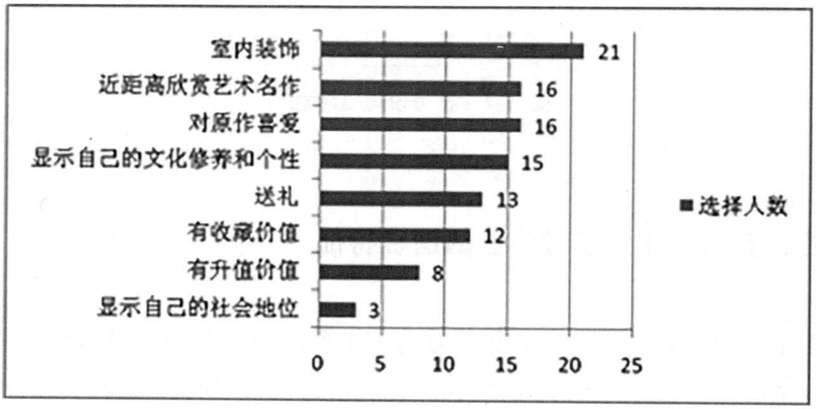

图 2–2 消费动机统计结果

从统计结果可以看出，“室内装饰”成为购买艺术复制品最主要的消费动机（72.4%），接下来是“近距离欣赏艺术名作”（55.2%）、“对原作喜爱”（55.2%）、“显示自己的文化修养和个性”（51.7%）；这几个动机均有 50% 以上的被调查者选择，这些动机都是出于审美需要和对于自我表达的渴望，是追求一种符号价值。选择较少的几个消费动机的是“送礼”（44.8%）、“有收藏价值”（41.4%）、“有升值价值”（27.6%）、“显示自己的社会地位”（10.3%），可见人们对于艺术复制品的收藏价值还没有达到普遍接受的程度，对其升值空间还存在很大的疑虑，并且普遍不认为艺术复制品能够体现收藏者自身的社会地位。总之，人们对于艺术复制品的消费主要是出于装饰、欣赏和自我表达等内在精神诉求，较少有物质利益、身份地位等外在方面的追求。

第三，大众媒体在艺术复制品符号价值消费的传播上发挥了很大作用，同时消费者的口碑相传也很重要。

统计 28 位购买过艺术复制品的被调查者了解艺术复制品的渠道，将结果输入 Spss Statistic19，用均值分析中的多重响应进行统计，得出了解艺术复制品的不同渠道的排序（见图 2–3）。

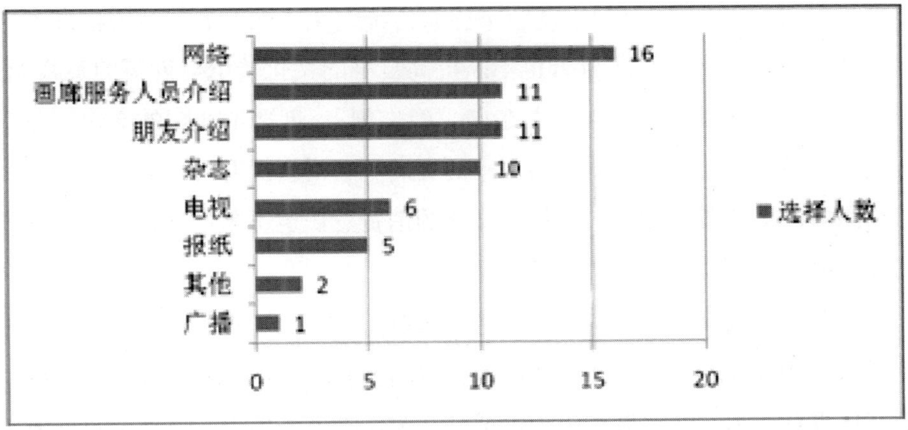

图 2–3　了解艺术复制品的渠道

从统计结果看，网络成为了解艺术复制品的最主要的渠道（55.2%）。其次，是“画廊服务人员介绍”（37.9%）和“朋友介绍”（37.9%）两种渠道。这两种渠道属于非常传统的传播渠道。杂志（34.5%）、电视（20.7%）、报纸（17.2%）、广播（3.4%）这几类传统媒介渠道位列较后。由统计结果可以得出结论：在当下的信息社会，网络新媒体对艺术复制品的传播作用不可小觑，它可以将曾经高高在上的艺术品 / 艺术商品与大众联系起来，促使艺术的大众化；而“朋友介绍”和“画廊服务人员介绍”虽然传播范围较小，但是传播效果和说服力较强。

其实，传统媒体成为艺术复制品符号价值传播的重要渠道。艺术复制品在成为一种商品之后，就不再是孤立于社会之外的艺术观念，而是要通过传统媒体与消费者建立关联，与大众互动。在当下的信息社会中，网络成为大众了解各种信息的主要渠道，艺术复制品市场也不能忽视网络媒体的营销。此外，消费者口碑也是促进艺术复制品符号价值消费的重要方式，独特的产品、优质的服务及品牌美誉度是形成口碑效应的关键。

第二节　故宫文创产品的价值整合和共生创新

近年来，党中央和国务院高度重视中华优秀传统文化的“创造性转化和创新性发展”，出台了多项推动中华优秀传统文化传承发展的政策措施；广大文化企事业单位和文化经营者也不断提高自身的文化传承与创新的实践能力，引导文化创意发展从“泛娱乐”走向“新文创”，创造了众多的文化新业态和文创新产品；社会大众随着生活水平的提高不断渴望提升自身的审美能力、营造高品质的生活美学方式，对传统文化的消费意识也不断增强，从而推动了蓬勃涌动的文化新消费的社会热潮。

日常生活是传统文化活泼泼的生命载体，或者说文化实质上就是一种生活样式。中华优秀传统文化的传承发展途径包括传统文化精髓研究传承、传统文化教育传承、文化遗产保护传承、文艺作品创作传承、对外文化交流传承和日常生活方式传承等，推动传统文化在国民日常生活中的落实、在现代生活方式中的重建、在当代世界生活中的开放是应有之义。习近平总书记关于中华优秀传统文化的系列重要讲话和国务院办公厅印发的《关于推动文化文物单位文化创意产品开发的若干意见》，都在积极推动传统文化资源与现代生产生活的融合传承，使之回归生活世界：要“注重实践与养成、需求与供给、形式与内容相结合”，引导人们在现代生产和当代生活中对中华优秀传统文化的自觉传承。中华传统文化的当代生活重建，需要在当代生活中增添一些和传统文化密切相关的具体载体，开发“形式多样、特色鲜明、富有创意、竞争力强的文化创意产品体系”，让人们追求美好生活的精神选择有更多的权利表达。无疑，当前作为“网红”的故宫文创，就是一种传统文化在日常生活中传承发展的先锋试验和当代典范。

一、故宫文创，实现了场景体验的原真性建构

人们的生活方式包括思想方式和行为方式，表现为人们在日常生活中的价值观念、行为模式和身心感受。随着互联网和移动互联网的普及应用，新型生活场景层出不穷。人们越来越注重自己与日常生活经验的身体感受、情感氛围和主体性的价值认同，越来越对自身周遭世界的场景体验更加敏感。这种场景体验包含文化共享的价值观、多元讲述的故事性和通感统摄的体验感。在文化社会学者丹尼尔·西尔和特里·克拉克看来，作为一个地方的整体文化风格或美学特征，场景赋予现代生活以意义、体验和情感共鸣。他们进而把场景分析为三个可操作的要素：真实性、戏剧性和合法性。其中，真实性从本土、族群、国家、企业和类型等维度分析，包括发现真实的事与物、扎根体验、真实或虚假、认同等内涵；戏剧性从爱炫、迷人、睦邻、越轨和礼节等维度分析，包括相互的自我展示、看与被看、合适与不合适、外观或外表、表演等内涵；合法性从传统主义、领袖魅力、功利主义、平等主义和自我表达等维度分析，包括以道德为依据的行动、倾听的责任、对或错、行动的意图、评估等内涵。[①]这些场景的要素是靠各种各样的便利设施、活动和人群的组合来实现的，场景就是这些不同文化元素之间的不同集合的产物。故宫博物院的古建筑修复、文物修复、咖啡馆书屋的设立、便民休息设施的安置等文化遗产的保护实践和针对游客的贴心服务，正是基于故宫场景的要素组合逻辑，打造了故宫的文化舒适物环境。

故宫文创的场景真实性来源于全球化浪潮和现代化进程中人们对本土真实、族群真实和国家真实的价值渴望。故宫文创深深地根植于故宫博物院的文化元素，这些文化元素具有强大的品牌感召力和消费吸引力，这是故宫文创“本土原真性”的文化“赋魅”。“原真性”是20世纪80年代德国文化哲学家沃尔特·本雅明讨论艺术作品受机械复制技术的宰制时用来描述审美变革的概念术语。在本雅明看来，原真性附属于具有膜拜价值和“光晕”效应的艺术作品，仅出现于机械复制时代之前或不采用机械复制技术进行艺术创作的艺术作

① ［加］丹尼尔·西尔、［美］特里·克拉克：《场景——空间品质如何塑造社会生活》，祁述裕、吴军等译，北京：社会科学文献出版社，2019年版。

品，这是一种狭义的原真性观。人们越来越热衷于文化旅游场地的造访、文物艺术衍生品的购买、文化遗产情景再现的沉浸式体验等现实发展，需要我们对文物艺术品与其衍生品、文化原型物与其再造物之间的价值关联寻找逻辑联系和合理解释。原真性作为一种真实性，让人们在这种真实性的基础上建立起一种被信赖的依存关系。从某种程度来看，故宫文创的底线思维和高线思维都是基于文化遗产的守候：凡是不利于故宫文化遗产保护的事儿坚决不做，凡是有利于故宫文化遗产传承的事儿敢于推动。可以说，故宫文创的思维就是原真性的开拓思维。

詹姆斯·吉尔摩和约瑟夫·派恩曾因撰写《体验经济》一书而博得大名，他们拓展了商业消费领域中原真性的内涵和外延，指出产品的原真性是体验经济的重要推力。他们将消费者可感知的原真性分为自然原真性（Natural Authenticity，指非人工制造或合成的自然产品）、原创原真性（Original Authenticity，指非模仿或抄袭的人造原创产品）、独特原真性（Exceptional Authenticity，指针对不同用户、注重差异性和个性化的产品）、指称原真性（Referential Authenticity，指可延伸到某种文化语境、历史情景或共同记忆的体验）和影响原真性（Influential Authenticity，指超越功能性和即时性、激发人们追求更高标准、更高品质的商品价值），并将这些原真性运用于自然商品、人造商品、特色服务、文化体验、空间营造和组织管理之中。[①] 故宫文创模式的核心就是这种文化原真性所激发出来的高度的文化认同。故宫文创产品的创意者、购买者和消费者，借文创产品所呈现出来的原创原真性、独特原真性、指称原真性和影响原真性，建立与故宫博物院的自然原真性的认同，体验充满意义和价值的场景。

故宫博物院的自然原真性来源于国内外一般博物院无可取代的世界珍宝。故宫博物院拥有规模宏大、建筑恢宏的皇家宫廷古建筑群，其物理上的空间尺幅远超世界著名的皇家建筑遗迹；故宫博物院收藏的文物档案数量巨大、精品高绝，许多教科书级的稀世之宝举世闻名，这些都让大众产生在自己的有生之年能一睹芳容的渴望；故宫博物院的历史文化和文物器物的研究精进，非物质

① James. H. Gilmore，B. Joseph Pine. *Authenticity*：*What Consumers Really Want*. Harvard Business Review Press. 2009.

文化遗产的技艺精湛，经过大众媒体和影音产品的广为传播已经深入人心。当然，借由场景测量技术，我们可以进一步分析故宫文创的场景定位，优化故宫的文化舒适物设施的组合方式，设计场景路线，进而增强游客的场景体验。

二、故宫文创，实现了价值整合的共生创新

新时代语境下推动传统文化在生活日常中的落实，就是推动故宫的文化价值的协同整合，注重故宫文化的膜拜价值、展示价值和体验价值的组合比例和合理布局。故宫文化原真性的历史神圣感、国家庄严感、信仰仪式感和民族自豪感是不容挑战的，一切文化创意的手段、产品和服务都要服从于这个文化原真性的前提。故宫的展陈方式除了广泛采用新的技术、材料和制作观念，更要注重文化主题、价值意义和审美情趣的展示，要成为引领博物馆文创领域最为优秀的创意范式，要积极将主旋律、核心价值观、艺术审美与多种艺术形式相结合。故宫文创在创意制作的探索过程中要着眼于观众的细微体验，将观众的故事角色塑造期待、情绪投射、社交联系结合起来，挖掘富有层次的情感维系、社交连接和身体美学的通感体验。

故宫文创的共生创新体现为对故宫文创产品的功能价值与文化价值的兼顾统筹。在 2018 年为故宫创造了 15 亿元市场营收的万余种文创产品中，大多数都是功能与文化兼具的物美价廉之作。这些文创产品中，既有功能价值高、文化价值较低的一般日用品，比如故宫版农夫山泉、故宫猫系列产品；也有功能价值较高、文化价值略低的流行品，比如神骏水果叉、故宫口红和朝珠耳机；还有功能价值高、文化价值也高的奢侈品，比如五福五代堂紫砂茗壶、钱选八花图箱包和黑色梅花大凤纹真丝方巾，更有功能价值略低、文化价值高的收藏品，比如特种邮票、珍贵文物限量复制品等。故宫文创的这些产品基于人们生活日常的观察与研究，紧贴人们的生活需要，融合了故宫文化元素的创意巧思，反映了故宫文化的精髓，为人们的现代生活创意赋能。

故宫文创共生创新体现在故宫对“巧创新”（Smart Innovation）文创模式的融会贯通。巧创新是一种新文创模式，包括以科技创新为主的硬创新和文化创新为主的软创新，是一种软硬巧施的融合创新，是一种系统创新和战略创新

相结合的融合创新。“巧创新”包括社会创新、市场营销创新、审美创新、再连接创新和科技创新。故宫与腾讯联合推出的“数字文保计划”、Next Idea 创新大赛，以及故宫自己推出的数万场遍布海内外的文化展览和艺术教育活动，都体现了故宫的文化责任和社会公益的道德坚守。故宫每天运营故宫 App、微信小程序、抖音直播等数十个矩阵型社交媒体，吸引近千万“粉丝”用户，经营天猫、淘宝、京东等网络电商，尝试故宫角楼咖啡、冰窖餐厅等新零售，在开放中走向市场，也接受舆论和公众的善意批评，敢于试错，不断调适。故宫注重每一个文创产品的细节设计、人因工程和审美风格，注重手工匠艺，讲究材质温度，打造令人惊艳的良心产品。故宫善于制造社会话题、引领社会风潮，形成“意见领袖式”的内容传播效果，让故宫文创产品的使用者引以为荣，愿意打卡分享，增进社交黏性。故宫在国内博物馆界率先推动“文化 + 科技”的融合创新，积极推动故宫文化遗产数字化保护和监测、数字资源管理和应用、数字化展示、传播和数字化应用，积极采用 VR、AR、激光扫描、摄影测量、全息投影等科技手段，举行“传统文化 + 未来想象”的数字文化艺术展，开发多样化的数字文创产品。总之，故宫文创全面实践了“巧创新”的文创模式，并在实践中不断调整，不断优化。

故宫文创共生创新还体现在自上而下和自下而上协同共生的创新机制。在党中央和国务院主要领导人的关怀和支持下，故宫博物院前院长单霁翔打破故宫数十年的“清规戒律”，发挥创意领导力，展现马克斯·韦伯所谓的“卡里斯马型”领导魅力，以开放包容、敢作敢为的心态，带领故宫管理团队积极探索，不断开拓创新。此外，故宫文创注重基层创意，重视顾客反馈，引导创意员工与顾客代表一同参与，激发游客从故宫文创的角度提出自己的所知、所想和所需，共同谋划，与社会各种机构开展灵活多样的合作形式，协同推进故宫文创。故宫文创团队正在朝着推动可持续文创的共生型组织迈进。

三、故宫文创，实现了 IP 价值的全产业链创新

故宫文创 IP（Intangible Property，无形产权；Intellectual Property，知识产权）的打造是故宫建立在故宫文化遗产之上最大的开发工作。一般而言，文

创 IP 包括引起共鸣的故事、特色鲜明的形象、明确定位的受众和多次授权的商业变现等内涵要素。其中，超级明星 IP 是具有较高曝光度、知名度和稳定粉丝群的优质 IP 和文化品牌，包含核心价值观、鲜明形象、故事、多元演绎与商业变现等五要素，形成一种从内到外层层包裹的洋葱型 IP 模型。[①]故宫文创，可以说实现了这五种 IP 关键要素的开发，打造各种“网红”类故宫文创产品。

故宫文创 IP 的核心价值就是中华优秀文化的传承者，是“中国文明无价的历史见证者”，是“活着的文化智者”，是人们日常生活方式的思想源泉，是社会激荡、文化转型大潮中的定海神针。无论是开发萌态可掬的“潮系列”，还是价格不菲的“奢系列”，故宫文创 IP 开发的初衷都是为了故宫文化价值的传播和推广。故宫文创 IP 的鲜明形象就是故宫独具特色、深入人心的典型形象，是故宫文化元素的再造形象。这些 IP 形象连接了人们的日常生活，融入了当下的社会情境。故宫猫的萌萌哒、雍正的幽默表情包，让故宫保守古旧的大众形象焕发生机，让客户产生会心一笑的心灵共鸣，赢得了青年消费者的喜爱。当然，这些形象不是简单的故宫元素、故宫品牌、故宫 Logo、故宫商标的跨界授权和商业转让，而是坚决摈弃恶搞，真正实现功能优先、内涵契合和品质优良的最终价值目的。故宫文创 IP 独特的故事驱动也实现了更多的粉丝扩容和受众连接。故宫文创通过故事连接了受众的感情，连接了受众的欢喜、快乐、幽默、自尊的心理情绪，成为受众的心理情绪的代理品，实现了一种审美意义上的心神契合。

故宫文创 IP 通过各种社交媒体和营销手段，以开放资源的心态，与社会各大专业的文创机构合作，涉足农产品、智能科技产品、文化产品等多个领域，全面踏足人们的日常生活，彰显了强大的生命力和影响力。当然，故宫文创在开放授权的过程中，要注重业务伙伴的资质考核、业务监管和绩效评估，要防止一荣俱荣、一损俱损的授权风险。故宫文创 IP 实现了文化价值链、产业链和供应链的生态统合，其年收入业绩让多家上市公司叹为观止，甚至有学者提出了故宫“打包上市”的策略建议。作为一家国家级的事业单位，故宫博

① 向勇、白晓晴：《新常态下文化产业 IP 开发的受众定位和价值演进》，载于《北京大学学报（哲学社会科学版）》2017 年第 1 期。

物院也正在经历文化体制改革的洗礼与机制创新的不确定性，要警惕和防止在巨大的利益驱动下由故宫自身的机构性质、业务边界的模糊性和经营人员的主观性所带来的政治风险、法律风险、市场风险和道德风险。

总之，文化是老传统的价值守护，文创是新生活的时尚创生，但核心还是文化价值。故宫文创，每天都在日常生活中传承文化，这是一种有温度的、可持续的传承方式。故宫文创具有高度的自我表达、适度的传统性、低度的正式性、高度的时尚性的场景体验特征，以紧扣时代脉搏的开放胸襟和敢为天下先的创新气魄，引领国内外博物馆文创的社会风潮。瑕不掩瑜，这样的场景定位，也会时时受到社会各界的批评与指责。但我们相信，故宫作为中国传统文化的集中承载处，必须面对的历史使命，作为开拓时代之新风的故宫文创也应承担起传播中华优秀文化的历史责任。

第三章 审美经济下的创意设计与美学品位[①]

近年来，审美需求正逐渐渗透人们的日常生活与社会的商品生产之中，消费结构升级不断要求提高商品的综合品质。商品的价值分为主体价值和客体价值，商品的产品品质就是商品的主体价值，包括功能/实用价值和文化/审美价值两种价值。运用时空距离和创意设计等手段，在商品的形式层、内容层、材料层、场景层和关系域等层次上创造审美价值，通过为商品添加意义或用商品设计阐释意义，能够增加商品的主体价值，进而提升商品的客体价值和经济价值，最终促进产业的结构升级，实现审美经济。

新时代的文化创意创新要满足并创造人们对美好生活的需要，通过积极构建品质高雅、内涵丰富、传统深厚、意境深远的审美场景，积极落实中国传统文化的现代转化，把中华优秀传统文化的形象、元素、内涵、价值、思维和理念等落实到创意创新的社会实践之中。审美经济下的当代创意设计，就是要以开放包容的创新精神，将中华美学精神的传统资源转化为现代场域的生活样式，满足人们追求美好生活的新期待。

第一节 商品创意设计与品牌提升策略研究

审美经济是实践美学在社会生活领域的最新拓展，以审美实践所产生的经济活动为关注重点。格尔诺特·伯梅（Gernot Bhme）在《审美经济批判》

① 此文由《审美经济视野下商品创意设计与品牌提升策略研究》修改而成，已征得合作者白晓晴同意收录其中。

中提出，“审美经济”作为一种经济新形态，是对“审美价值”的重视，是对马克思有关商品使用价值与交换价值的补充。[①]叶朗提出：当前进入一种“大审美经济”时代，是一种超越以产品的实用功能和一般服务为中心的传统经济，代之以实用和审美、产品和体验相结合的新经济时代；商品的产品功能不仅包括满足物质需求的实用功能，而且包括满足精神需求的审美功能；在当代社会中，越是高档的商品，其审美价值所占的比重越大。[②]审美经济体现出“日常生活审美化”的美学渗透与大众审美需求的消费驱动，是文化产业推动传统产业转型升级的现实需求，是我国新常态下社会发展的新经济。

一、基于主体价值与客体价值互动关系的商品审美价值

劳动价值论和生产费用价值论从供给角度研究商品的价值形成。杰里米·边沁认为，效用可以描述某一物品的内在特性，产生利益、愉悦、满足等，效用决定了消费者的购买和使用才是商品价值能否实现的关键因素。自边际革命以来，效用取代满足，个人偏好成为市场交易行为中的终极决定因素，很多经济学家开始从消费的角度关注分解商品的价值。实际上，价值是一种“关系”范畴，这种“关系”必然与某种消费需求相关，并通过消费实践表现出来。经济需求总要以某种商品来满足，而商品正是为了满足人的需要才被生产出来的。[③]据此，主体价值这一概念可以用来表达商品的效用。主体是消费活动和实践活动的承担者，客体是主体消费活动和实践活动指向的对象，与主体价值相对应，客体价值就是商品的成本，也就是劳动力价值和生产资料价值，与消费者是否购买或使用无关。在审美经济时代，艺术、审美的影响力已经渗透到各类产业中，有别于传统经济，审美要素为传统经济行为增加了新的内容，也就是为消费者增加了新的消费理由和全新的体验。[④]审美经济的出现，

① 李思屈：《审美经济与文化创意产业的本质特征》，载于《西南民族大学学报（人文社会科学版）》2007 年第 28 卷第 8 期。

② 叶朗：《美学原理》，北京：北京大学出版社，2009 年版，第 312 页。

③ 晏智杰：《经济学价值理论新解——重新认识价值概念、价值源泉及价值实现条件》，载于《北京大学学报（哲学社会科学版）》，2001 年第 6 期。

④ 范周：《大审美经济时代的文化产业突破》，载于《中国艺术报》2011 年 7 月 11 日。

将效用分为功能效用和审美效用两个层面，因此商品的使用价值也可划分为功能 / 实用价值和文化 / 审美价值两种。可以说，在审美经济时代，主体价值和客体价值一起构成了商品二重性。

客体价值是商品的生产成本的总和，包含了材料成本、设计成本、技术成本、人力成本、营销成本等商品成本的总和，是生产端赋予商品的自带价值属性。客体价值越高，商品的价格往往越高。文化商品的客体价值包括创作者在创作该作品时所花费的必要劳动时间、作品所运用的物质材料、艺术家和收藏家的社会地位、艺术家的知名度及艺术作品的稀缺程度等。客体价值是衡量商品价值的不完全指标，只能部分体现商品的价值总和，而主体价值的加入才能够相对全面地解释商品的定价标准。

主体价值是消费主体赋予商品的意义或功能，体现了商品用于满足消费者的某种需求，在商品总体价值的评定上具有决定性意义。因为商品只有被使用才能实现其功用、被欣赏才能展现其意义，主体价值是商品区别于普通物品并参与流通和交换的决定性属性。在艺术品交易的领域，价值千万的艺术作品，其制作成本所占往往微乎其微，同时，艺术品的创造性也无法仅用劳动时间来衡量。这是因为，创意产品的价值不是静态计算出来的，而是基于交换实践而产生的[①]。创意性商品的价格往往通过交换确定，商品的经济价值是客体价值与主体价值集合的反映。客体价值能够影响主体价值的实现，但二者之间并非正相关的线性关系，随着客体价值的提升，主体价值提升的幅度其实很难确定，这是因为主体价值的实现受到消费主体个人经历、文化传统、消费场景等多个方面的影响。

在主体价值中，功能实用价值是消费者获得的基于商品使用的功能价值，是商品交换的初始价值。原始的商品交换源于实用价值的生理需求。随着文化商品的出现，审美价值成为实用价值的让渡对象。文化、审美价值赋予其更丰富的价值意涵，不仅包括审美性，还具有精神性、社会性、历史性、象征性和原真性。其中，审美性是商品具有的美感、和谐、高雅等美学特征和美学风格，精神性是宗教语境或全人类共有的内在品质，社会性有助于形成身份或地

① 孙丽君：《论意义作为艺术品价格基础的可能性——基于现象学的考察》，载于《山东大学学报（哲学社会科学版）》2017 年第 2 期。

位的意识，历史性与历史联系或对当下有启迪作用，象征性是对特殊的象征意义进行提炼，原真性则是原创的、独一无二的属性。如果把文化审美价值进一步细分，它还包括膜拜价值、展示价值和交互/体验价值等多元复合价值。[①] 膜拜价值是观赏者亲临原真艺术品所体验到的敬畏感和崇拜感；展示价值是对大众贴近艺术品、占有艺术复制品的满足感；交互/体验价值则指消费者从文化产品或服务中体味到的自身感受的互动价值。总的来说，文化商品的价值取决于消费者与文化商品之间的体验互动，以及消费者之间的社会沟通。审美价值的不同类别形成一个价值循环，不同价值的创造和组合，丰富了商品的价值内涵，提升了产品的品质特征，创新了企业发展的商业模式。在社会文化系统中，审美价值对人们的精神生活产生影响，在一定程度上引导和调整社会关系，形成特定时代的文化体系。

二、时空距离、创意设计与商品审美价值的创造

审美价值的附加是传统商品提升整体价值的有效途径之一，也是商品经济发展到一定程度后实现蓝海创新战略的必经之路。审美价值的附加包含两种途径，一种是时间或空间距离为物品带来的审美价值，企业可以利用这些自发生成的审美价值来寻找商业机遇；另一种是通过创意设计人为地为物品添加意义，用文化创意来创造商品与众不同的审美价值，具有较强的操作性。

（一）通过时空距离的改变产生审美价值

空间距离的营造和时间距离的沉淀可以自然地为商品添加审美价值。布洛曾提出审美距离的理论，认为心理距离的调整能够塑造物的审美价值，使“现象超脱我们个人的需要和目的的牵扯”，使那些“最平常、最熟悉的物体成为闪亮的风景”。[②] 在他看来，距离包含两种，一种是实际空间距离，也就是物与观者的距离；另一种是再现空间距离，也就是艺术作品中所再现出来的

---

① 向勇：《工艺美术品的价值转换与商业模式策略探究》，载于《艺术设计研究》2014 第 3 期。

② Edward Bulough. ‘Psychical Distance’ as a Factor in Art and an Aesthetic Principle” . In Dabney Townsend（ed.）. *Aesthetics*: *Classic Readings from the Western Tradition*. Belmont, California: Wadsworth Publishing Company, 2001, pp241–242.

距离。根据“审美距离说”，广受欢迎的“异国风情”就是一个最好的例子。很多来自海外或少数民族地区的产品，在国内市场获得不少消费者的欢迎，就是因为空间距离提升了商品的审美价值。尽管它们是实用性的，但是由于消费者受到审美心理距离的影响，他们更倾向于撇开商品的实用性而欣赏商品的美。一些国家将其文化与传统输入他国，大众对这些外来价值与文化的向往和推崇，使这些国家的商品拥有了一种隐形的审美价值。21 世纪初，随着“韩流”的广泛输入，我国很多年轻人对韩国的服饰、首饰、化妆品都产生了格外的好感，这不仅是空间距离产生了作用，还包含进口商品本身所体现出来的外来文化价值。这种价值受到社会经济环境的影响，发达国家的产品通常具有更高的品牌附加值。

从时间的维度来看，很多只具有实用价值的商品在经过历史的沉淀后就由日用品转变成了艺藏品。如商周时期的青铜器，虽是昔日用于饮酒、储物、祭祀的实用性器具，但是经过几千年的时间，青铜器已经走进了博物馆，成为纯粹的艺藏品，其实用价值被时间距离消解，实用工具被新的时代环境赋予审美价值。很多艺术家如凡·高、莫奈、卡夫卡、巴赫等人的作品，在其创作的时代并没有受到重视，它们所产生的商品价值，大多来自这样一个过程：作品被越来越多的人接受和发掘，致使其艺术意义不断增多，最后才使其成为某个时代语言艺术的体现或某个民族传统文化的代表，变成影响深远的文化资源。当然，时间的距离可以创造审美价值，也可以弱化审美价值，如自行车刚刚被引进中国的时候是皇族眼中的玩物，它的审美价值要远远大于实用价值，而时至今日，自行车已经成为大众随处可见的实用工具，其审美价值被显著地弱化了。艺藏品的进化机制包含时间距离的审美叠加，也得益于机构的发掘和展示。因此，当代商业或非商业机构虽不能决定转化的过程，但是能够通过商业拍卖、艺术策展等方式影响这些艺藏品的经济价值。

（二）运用创意设计的手段赋予审美价值

商品的审美价值还可以通过设计师的创意设计来添加。按照我国文化与相关产业的统计标准，创意设计指文化创意和设计服务，包括广告服务、文化软件服务、建筑设计服务和专业设计服务等。随着我国经济迈入新常态，以创意设计促进文化产业与相关产业融合发展，是促进经济增长由要素驱动向创新驱动转变的重要途径。在创意设计的过程中，生产端可以通过在商品的形式层进行外形设计、在材料层进行材质精选、内容层进行故事驱动，以及场景层的光晕再造来为商品添加审美要素，最后通过在关系域引导价值共生，可以整体上完成商品意义的添加。

首先，形式层的风格塑造。从形式上讲，很多纯粹实用价值的日用品都可以通过外形的创意设计而获得一种时尚感，这种形式的设计元素包含色彩、造型、声音等方面。知名品牌的数码产品、家用电器品牌都雇高级产品设计师来完善自己的产品，以优质功能作为基础，并提升产品的审美价值。以苹果公司的 iPhone 为例，以简洁、曲线为设计卖点，iPhone 的手机外形、颜色选择、界面设计、手机音效都为其品牌塑造了一种独特的风格，使其能够在各种品牌的产品中独树一帜；iPhone 还通过为不同颜色的手机设定差异化的价格与存量，如玫瑰金和土豪金的机型更加昂贵，尽管如此，全球无数的 iPhone 用户仍心甘情愿地花更高价钱去购买这种毫无功能差异的手机，这就是审美价值的附加为商品带来的附加经济价值。

其次，内容层的意义补充。审美价值的提升往往通过品牌文化或故事的添加而实现，意义的补充者通常包括广告商甚至消费者群体本身。如“万宝路”品牌，“跃马纵横，尽情奔放，这里是万宝路的世界”——这是其经典的广告词之一。每当提及“万宝路”品牌，人们都会想到粗犷豪放的美国西部牛仔和驰骋的骏马。这种品牌形象源于李奥贝纳的广告策划为这个香烟品牌附加了一段故事，用故事创造了令人喜爱的品牌形象，成就了目前世界畅销的品牌。广告设计师对意义的添加可以通过多种营销方式实现，而通常不会改变商品的外形，如使用硬广告、软文广告、明星代言、口碑营销等方式，不仅扩大了商品的知名度，还为品牌打造了丰富的文化内涵，使实用型商品拥有了独特的审美价值。

再次，材料层的美感添加。材质本身是没有含义的，但是随着生活经验的积累，不同的材质会给人一种独有的审美认知。例如，红木寓意书香门第和身份高贵；瓷器是我国文化的重要代表；桃木的寓意是吉祥如意；等等。因此，通过对商品材料的挑选和考究，能够提升商品的审美价值。当一种新颖独特或工艺特殊的材料得到应用时，可以被提炼出一种与众不同的美感，主要体现在光泽、肌理、触感等方面，往往会比纯粹的新造型更具有意义。所以，在材料层面去构建文化符号，应符合产品的文化特色和体现产品与消费者沟通的情感价值。如“上下”品牌的竹丝扣瓷茶具，竹丝均不到半毫米，匠人精心编织并覆盖到茶具表面；白瓷则由1300度高温炼成，具有玉般温润的光泽。这种审美价值的叠加通过客体价值的提升而实现，可以有效地将日用品提升为奢侈品。

复次，场景层的体验再造。即使是同样的产品被展示于不同的场地，其审美价值也会发生巨大的变化。安迪·沃霍尔的《布里洛盒子》、杜尚的《泉》，都是没有经过再加工或再设计的物品，仅仅将物品所处的场所予以更换，就创造了前所未有的艺术体验。场景建制的意义在于，观者的观念意识中已经存在了一种先入认知，即对于场景的理解和场景内物品的定义，在这种认知记忆下，场景中的物品也受到定式思维的影响。不同的场景会附加给商品不同的审美价值，如即便是同样的商品，店面的装修风格不同、环境色调不同，其给予消费者的审美感受也存在较大的差异。充满意蕴的场景能够使物品在新的环境下被赋予美感，甚至“灵韵”——由场景所引发的物的意义也是一种可被商业化的审美价值。

最后，关系域的价值共生。在网络技术日益发达的当下，有关商品的营销信息会在互联网平台上快速传播，官方硬广、各类软文、用户评价、自媒体运营方评价充斥于各个传播圈层。在这个过程中，文化大众参与商品意义建构的深度和广度都是空前的，大众享有更多的参与互动权，微信、微博、知乎、QQ空间、贴吧等形式的现代传媒工具，使大众积极共享消费反馈，共同传播和建构商品的意义。文化大众在不断的跟帖、回复中全程参与了整个创作过程，甚至说最初创作故事的由头已不再重要，故事的改变与衍生早已经超出了原初想象的场域，朝着更为开阔的空间发展。[①]尤其是对于流行品和奢侈品来说，大量的自媒体平台密切关注著名品牌的新品发布，并在第一时间撰稿评论，并接受读者反馈随后择优推送，互动性的跟帖和互渗式的创作实现了意义的共建，大众参与方式使商品的审美价值展现出更为丰富的魅力。当意义成为

① 赵勇：《现代文化产业及其审美价值》，载于《江西社会科学》2016年第6期。

关系域多方的共识，产品的审美价值才能够被消费者接受，从而转化成经济价值。

在商品审美价值的塑造中，形式层、内容层、材料层、场景层和关系域是一个有机的整体，五个层次是相辅相成、相互依赖并相互启发，共同促进商品审美价值的提升。在材质的规定下，形式层的颜色、形态等要素会受到一定的限制；在内容层的规定下，形式层和材料层都需要为了表现统一的内容而达成配合。在通过广告营销来添加创意的时候，在配合功能而确定形式层和材料层后，内容层又需要提炼要点，进而结合广告诉求完成商品的宣传和推广。场景层要结合产品所有层次的特点及现场环境来整体打造。最后的关系域，则结合企业营销信息、受众和自媒体评价，共同完成商品的意义建构。总的来说，在审美经济中，通过创意设计完成审美价值的创造是一个理性与感性相结合的过程，生产端需要通过无拘束的发散性思维找到商品设计、包装设计、广告设计等创意的灵感，此后又要通过结合从形式层到传播域的多重因素，并理性分析可实现性、生产预算、品牌形象与使用便捷等，才能最终完成并完善设计方案。

回归到商品主体价值的内涵，审美价值的实现离不开消费者的审美体验，正如美的本质意涵——不存在一种实体化的、外在于人的美，也不存在一种实体化的、纯粹主观的美，审美价值亦是如此。正如叶朗先生所指出的，“美在意象”，审美是主客观的统一，因此，作为核心竞争力的审美价值的塑造过程也是双向的。一方面，创意设计需要充分考虑商品功能和品牌形象，要提高设计的水准，提供独特巧妙的创意，以提高商品的整体价值；另一方面，审美价值的叠加还有赖于与消费者达成情感共鸣，产生具有直接性和整体性的审美体验。消费者的心理结构往往与其身份认同、文化记忆、精神境界等方面有密切关系。商品中的文化符号应当与消费者的心理结构相对应。如果这两者之间产生错位，消费者就不能获得审美体验。因此，审美价值的塑造要源于消费者，并能够回归消费者中去。

三、基于创意设计的审美价值创新策略

创意设计能够有效地为商品添加审美价值，从根本上讲，其任务就是在

意义层面和物质层面共同完成“造物”过程。随着科技的发展，“造物”过程中越来越多的功能、技术方面的问题都可以被顺利解决，那么，如何在意义层面上实现巧思，进而实现审美价值的创新呢？芝加哥社会学家米哈里·奇克森特米哈伊曾提出，人们可以极其灵活地在物品中附加或解读出各种意义，几乎任何物品都可以被赋予一系列意义。[①]日本设计大师原研哉也曾对设计作过这样的界定：设计，就是通过做东西的过程对人类的生活和存在的意义进行阐释的行为。[②]由此可见，巧妙地为物品添加意义、用物品阐释意义，是通过创意设计创造审美价值的核心任务。通过观察近年来优秀的创意设计作品，概括而言，在文化积累、生活启发、自然灵光、艺术汲取、技术赋能中，设计师可以获得创意的来源，完成对物品意义的叠加。

（一）文化积累

中国是历史悠久的文明古国，文化积累是中国当代创意设计的特色与优势。传统文化和艺术不仅对于设计师而言是巨大的素材库，对于消费者而言还是一种民族化的审美基因。审美基因是当代人在中国传统文化的浸润下，所拥有的一种普遍性的审美偏好，它符合历史逻辑和心理逻辑，能够体现时代精神与主流价值，包含能够反映当代社会集体无意识的内容。审美基因通常具有包容性、时代性与民族性等特性，使中华民族具有相似的审美观，但又由于地域和民族的进一步细分，中华民族的审美观也具有较强的多样性和丰富性，这些不同的审美偏好相互影响、和谐统一。创意设计需要在传统美学思想中寻找灵感和根基，同时也需要满足中国人审美基因下表达出来的不同审美需求，以寻求产品主体价值和客体价值的统一。

文化积累为中国风设计提供了广阔的素材源，祥云、牡丹花、京剧脸谱、旗袍、水墨、中国红等典型的中国文化元素，都逐步为世界其他国家或地区所接受。事实上，创意设计的意涵是深厚和宽泛的，表现形式也并不局限在具体的符号或颜色上。如 2016 年“中国设计智造大奖”获奖作品之一的“钱椅”，

---

① Mihaly Csikszentmihalyi. *The meaning of things*: *Domestic symbols and the self*. Cambridge University Press，1981，p13.

② ［日］原研哉：《设计中的设计》，朱锷译，济南：山东人民出版社，2006 年版，第 25 页。

设计师朱小杰从铜钱获得灵感勾勒出明式圈椅的外形，“取象于钱，外圆内方”，采用实木和金属材质、端庄正直的造型，创造出了一种似道者、如仙峰的审美意象。在产品的宣传页设计中，设计团队将产品摄影佐以诗性文释，仿自中国画中的落款，更加使“钱椅”体现一种画中的“气韵生动”之象，画面留白似有象外之无限，将产品衬托得出尘脱俗。审美创意的体现不应该仅限于简单的符号拼贴，而是让消费者在整个生产、制造、消费、宣传、使用的过程中都能强烈地感受得到中国文化的冲击和内涵。[①]

（二）生活启发

一定意义上，创意设计需要设计师捕捉事物的本质，这种捕捉本质的能力来源于对生活的切实体验和深刻感悟。生活启发通常是人们从生活的长久阅历或偶然经历中获得的体悟。人类本身具有来源于生活的情感，用超越视觉的、更深层次的通用语言，唤起人们对生活最普遍的情感认同。在跨文化的消费语境下，中国本土设计品一方面可以向世界呈现当代中国人平凡的、生动的生活样式，另一方面可以创造审美的心理距离，使其他民族的欣赏者或消费者能够产生新奇的审美愉悦。关注和表现当下普通中国人的生活世界、人生愿望和审美情趣，是设计师捕捉生活本质的起点和归宿。

对生活的关注决定了设计品感性、简洁的设计效果。设计品牌“品物流形”设计师从中国传统木纹窗格汲取灵感，制作了以“冰”为名的创意书架。书架采用模块化制作，每一个六边形木格为一基础模块，既可以不断累加模块实现书架的无限延展，还可以当作屏风，起到分隔室内空间的作用。“冰”书架的不同模块可以组合出不同的形态，搭配不同的生活节奏，富含生活情趣。冷冰冰的产品仿佛有了生命一般，充满了灵动的意趣和生活情趣，充分展现了中国人心灵的艺术性。

（三）自然灵光

自然灵光主要指自然万物为设计师带来的形态上的启发，也指设计师对自然事物进行的意义叠加，以“点亮”自然的形态，创造新的意义。设计中的形，指的是把现实中的形态通过特定的设计语言和法则，在理念和功能的支配

---

① 陈传文、利阳：《论中国元素与现代设计的融合》，载于《南昌大学学报（人文社会科学版）》2012 年第 5 期。

下，组合成特定的空间结构，以传达一定观念和情感的图形。举例而言，某平面设计师在为某环保品牌设计标识（Logo）的过程中，当他决定使用树作为蓝本，他会通过对树木的观察，从中提取最核心特征、舍弃次要部位，完成对现实形态的表现；但仅仅完成初步的表现是不够的，标识往往需要更丰富的内涵，用以表现品牌形象或企业文化，所以设计师会将树形进行拟人化等形变，这个形变过程就是通过模仿人的体态来为树形符号叠加新的意义。因此，自然万物是设计的附加意义，同时也是被意义附加的对象。

自然界能为设计师带来无限的素材与灵感，但是简单的模仿是远远不够的。只有设计师将自然形态解构并重构，通过素材提取、形态提炼、抽象整合等加工，赋予创意思维与生动想象，才能创造出新的有生命力的形式。此外，设计师需要具有足够敏锐的观察力，才能提炼出最具特色的细节。一切细小的痕迹或微妙的变化都有可能成为设计造型的手段或语句，"动态图形"和"偶然性"往往使设计师的作品别具意味。2015年，芬兰赫尔辛基艺术节"造化—中国设计"展中，谢东的褶皱流动系列设计品，从自然界水的流动、云的飘浮、冰的融化等物之状态获得灵感，创造了一系列风格独特的瓷器设计品。骨瓷的硬性与流体的柔性融合在一起，为观者带来奇妙视觉体验的同时，营造一种气韵生动的意境之美，流动之虚体似可脱离瓷器之实体流向外界无限的空间之中，使设计品意蕴深远。

（四）艺术汲取

艺术汲取包括从古今艺术中汲取艺术形象、艺术语言和艺术风格等。一方面，对于艺术名作，当代设计可以从中汲取具有高辨识性的艺术形象和思想内容。对经典元素的汲取不仅能够解决创意来源的问题，还可以将设计作品的整体格调提高，创造一种贴近于名作的艺术氛围，甚至能达到一种光晕再造的效果。自1956年起，时装大师 Yves Saint Laurent 就开始把艺术画作引入时装，设计出10件蒙德里安裙（Robe Mondrian），一举成为时装史上的经典。此后，很多国际知名品牌的服务设计和广告设计都开始在世界艺术名品中寻找灵感。另一方面，艺术的手法和风格也是可以借鉴的重要内容。近年来，国内很多设计师尝试将中国传统水墨表现风格和艺术精神融入当代设计，在这种探索之中涌现了一些具有代表性的设计师和设计作品。这种艺术汲取的手法是可行的，但是水墨风过度使用，使这种风格一度成为中国设计狭隘的代名词，因此，设计师应该不限于使用中国画等传统艺术风格，而应转而寻求更多的融合与创新方式，用更巧妙的方式塑造当代中国设计风格。当然，这不是说水墨作为设计手法应该被当代设计摒弃，而是水墨等传统艺术手法可以成为设计素材和设计手段，在表现设计主题的过程中，设计师可以多元化地选择和配合使用，完成创意设计实践。

从艺术发展的视角来看，后现代的多元主义主张斩断“能指”与“所指”的关系，让符号自律、飘浮起来，自行完成创作。这种形式对于设计领域同样适用，通常可以在设计大师的手中实现，因为符号自律的前提是符号的丰富性与创作的自由度，也就是说需要设计师拥有足够娴熟的技艺和丰富的创作经验，将素材与方法融会贯通于心。在这样的背景下，设计师才可以不做过分的调控，而解放符号的所指，让符号自律，完成创意作品的设计。

（五）技术赋能

技术与工艺是实现创意设计的临门一脚。一方面，即使再好的点子，如果技术和工艺无法实现，也是枉费心思。因此，创意需要在技术能够实现的范围内进行。值得欣慰的是，随着数字媒体技术的发展和企业对设计重视度的提高，越来越多的创意点子可以被实现。另一方面，虽然宏大的场景和纷繁的特效可以给人以震撼，但是很难给人以动人、巧妙或意外之感。情感的传达不需要过分复杂的技术手段，四两拨千斤的创意更容易在消费者的心中留下印记。因此，技术手段固然是好创意实现的保障，但是创意设计也不能过分依赖技术，二者在设计实践中要保持协商，在设计品中实现高度融合。

此外，新技术也可以为很多设计产品带来创意灵感。技术的进步带来了日益繁多的产品功能，设计师应该考虑用先进的交互设计来简化消费者的使用难度，让人们从烦冗的文字说明中解脱出来。[①] 技术赋能不仅能够提高设计产品的功能，还能够提高其美感，设计师需要在创意创新与技术实现、功能性与审美性之间寻找平衡。对技术和审美的辩证理性的认识，是创意设计发展和突破的前提。始于 2015 年的“中国设计智造大奖”，以国际一流设计赛事的定

① 管静：《技术的使命——在“修补”中完善设计》，载于《艺术百家》2015 年第 4 期。

位，从政府层面关注和倡导艺术与技术的融会贯通，“智”的意义为智巧、智能、智慧，而“造”的意义为造型、造物、造境；“智”从美学和科学的融合中出发，“造”从艺术创作和科技制造的交织中结尾。每年有无数的国际设计机构和知名设计师参加大赛，各类国际水准的产品设计精彩纷呈，这足以说明当代设计对技术的关注，以及科技产品对审美的需求。创意设计能够为科技产品添加更多附加价值，科技也可带来全新的设计门类。艺术与科技的联姻使产品设计更加生活化，同时也将科技的现代元素融入生活，创造出具有时代特色的审美价值。

总体而言，从消费实践关系入手，将商品的价值分为主体价值和客体价值两个方面，是对消费主体的一种重视，也是对审美消费主客关系、相互作用的强调。通过为传统实用性商品创造意义、附加审美价值，不仅可以提升商品整体的经济价值，还能够给予消费主体更高级的体验，这是一种精神层次的体验。审美活动是一种精神活动，是对于物质生产和实用功利的超越。以实用性和审美性相结合为核心的商品价值创新策略，就是要使本来从物质的、实用功利的活动中超越出来的审美活动，重新回到物质的、实用功利的领域中，在实用功利的东西中增添一个超功利的层面。审美经济的兴起不仅促进了经济的转型，还提高了审美追求在人们生活中的比重，对于丰富当代人的精神生活、塑造“多向度的人”起到了举足轻重的作用。

第二节　文化创新为美好生活提供精神食粮

2017 年 10 月，习近平总书记在党的十九大报告中指出：“中国进入社会经济发展的新时代，提出新时代的主要矛盾是人们日益增长的美好生活需要与不平衡不充分的发展之间的矛盾。”这个美好生活的新追求，就是新时代发展的新境界。

无论是小康生活还是美好生活，都寓意人要追求物质需求与精神需求的双重平衡，社会要追求经济力和文化力的双重平衡。新时代美好生活的需要，包括“好”的生活和“美”的生活。其中，“好”的生活着眼于人们的生理需求和物质需求，而不断提高人们对于安全、高效、健康和舒适等品质生活的期待；“美”的生活着眼于人们的心理需求和精神需求，基于人的情感和精神而不断提高人们对于社交、审美、价值认同和自我实现等精神生活的向往。“美好生活”就是努力追求和营造物质与精神的高度平衡的生活方式、生活态度和生活追求。

从微观层面，美好生活的需要就是要求人要更加关注自己的精神生活。人生而在世，除了生存发展的生理需求和物质需要，还有更高的精神需要和审美追求。著名哲学家冯友兰先生指出，人不同于动物的本质在于觉解的功夫，人生的意义也在于人的觉解。人的觉解不同，人生的境界也就不同，依次为自然境界、功利境界、道德境界和天地境界。哲学家张世英先生也把人的自我的发展历程、实现人生价值和精神自由的高低程度所形成的生活境界分为欲求境界、求知境界、道德境界和审美境界。美学家叶朗先生指出，一个人的境界就是一个人的意义和价值，是一个人的人生态度。一个人要追求更高的人生境界，一个民族和国家也要有更高的发展境界。

从中观层面，美好生活的需要就是要求社会和企业更加自觉地注重产品和服务的审美价值和文化内涵。在这里，不仅要求文化企业在提供文化产品和服务时要更加注重文化内涵和精神品质，而且也要求传统企业不断提高产品和服务的文化含量和审美品质。针对人们的物质需求和精神需求，一般商品的价值可以分为功能价值和文化价值。其中，功能价值指产品的使用功能，文化价值包括美学价值、符号价值、历史价值、认同价值和拜物价值等复合多元价值。按照商品所内含的功能价值和文化价值的比例不同，可以将我们身边的商品分为日用品、时尚品、奢侈品和“艺藏品”的不同类别。为了更好地提升商品的审美价值，实现不同商品类别的转化，尤其是实现从“日用品向艺藏品”的价值提升，东南大学凌继尧教授提出企业要实施美学管理的运营策略。企业美学管理的理论最早由美国哥伦比亚大学贝恩特·施密特（Bemd Schmitt）和亚历克斯·西蒙森（Alex Simonson）教授提出。他们认为企业所有的营销活动都涉及美学，包括产品研发、包装设计、广告促销、媒体传播、公共关系和品牌塑造等所有环节。凌继尧教授认为企业美学管理是为了使产品和服务在满足消费者功能需求的同时，满足人们的情感需求和审美需求所采取的一切艺术化的管理措施或艺术创意的活动。网易严选的商品甄选、华为手机的产品设计都是企业运用美学管理、满足消费者生活品质需要的例子。

从宏观层面，政府在强化国家经济力的同时要强化国家文化力。在日本文化经济学者驮田井正看来，经济力是指创造物质财富的能力，文化力是指用最少的物质消耗创造最大的幸福感的能力，经济力和文化力的乘数构成了人们的幸福公式。对于中国而言，经济力是我国改革开放40多年来，国家实现“四个现代化”目标的重要动力，而经济力和文化力的比翼齐飞则是未来40年的新时代，国家实现社会主义现代化强国发展目标的重要动能。一个国家的文化力包括文化传播力、文化生产力、文化创新力和文化软实力等4个层级，要从根本上推动一个国家和民族文化艺术的兴盛、文化遗产的保护、文化产业的发达、文化经济的繁荣和文化社会的昌盛。当前，国家大力提倡优秀传统文化的创造性转化与创新性发展，积极弘扬中华美学精神，重视国民美感教育和艺术教育，实施国家创新驱动战略，就是通过夯实经济力和文化力，从而实现满足人们美好生活需要的战略决策。

新时代实现美好生活的创新驱动是一种“硬创新”（Hard Innovation）和“软创新”（Soft Innovation）融合、协同的“巧创新”和“智慧创新”。所谓“好”的生活，就需要我们通过材料创新、科技创新等“硬创新”手段来引领效能革命；而“美”的生活，就需要我们基于文化创新、审美创新等“软创新”来实现对精神层面的品质追求。驱动美好生活的创新模式就是要推动“硬创新”与“软创新”的融合创新，形成软硬兼施的“巧创新”范式。“巧创新”范式将推动新时代的中国社会经济发展实现两个转变：一是从物质经济过渡到符号经济，二是从时间经济进入场景经济。在这个转型过程中，“巧创新”范式更加注重价值创新、故事创新、美感创新，从而满足价值观消费、故事消费和体验消费等场景消费的新态势。“巧创新”范式是一种新的赋能手段，是以新型科技为依托，以市场需求为动力，以文化价值为内涵，以富有美感、故事性、情感化和风格化的表现形式展现产品对生命的终极追求，实现美感和效用的完美结合。运用“巧创新”范式塑造新时代的美好生活，这是企业的经营策略，也符合国家的顶层战略。

为了更好地提供满足美好生活需要的精神食粮，我们要让传统文化资源实现“双创”转化，即通过创造性转化和创新性发展手段，将其融入现代生活。我们要充分调动优秀历史文化资源，赋予我们对传统文化价值认同的当代阐释。一般而言，文化价值包括膜拜价值、展示价值和体验价值等不同层次，这些不同层次的文化价值满足了不同程度的文化需求。其中，文化的膜拜价值即强调文化的原真性、历史性和唯一性，注重文化体味时神圣的仪式感和庄重的氛围感；文化的展示价值体现在复制价值，注重技术性、丰富性、多样性和可展示性；文化的体验价值即基于人的五感、情感和精神所接受的综合体验和通感体验，要求借助新兴技术手段进行创意表达，通过直接的感官体验、间接的情感体验和内省的精神体验，最终实现生产者与消费者、消费者彼此之间的价值共识和文化认同。这种文化价值的转化正回应了当前消费升级的社会需求。

新时代的创意创新要更多地去满足并引领人们对美好生活的需要，要积极构建品格高雅、内涵丰富、传统深厚、意境深远的审美场景，积极落实中国传统文化的现代转化，把中华优秀传统文化的形象、元素、内涵、价值、思维和理念等落实到创意创新的社会实践之中。中华美学精神表现为符号层、行为层和价值层等三个层面。在符号元素层面，当代创意设计要提炼那些真正能代表中华美学精神的文化元素和图像符号，注重创意转化，而非简单地拼贴缝缀；在行为美学层面，当代创意设计要传达中国人新时代的生活方式，展示中国老百姓活泼泼的生活样式；在精神价值层面，当代创意设计要展示中华美学精神中积极、健康、美好的价值观和认同感，要让当代国民和西方市民对中华文化产生向往之情。当代创意设计，就是要以开放包容的创新精神，将中华美学精神的传统资源转化为现代场域的生活样式，满足人们追求美好生活的新期待。

第四章　美学流变中的审美超越与生命体验

从自我意识的自由表达到工业流水化的生产方式，美学思想在由古至今的流变中，完成了一个又一个审美超越与风尚更迭，同时，也不断引发不同时代人们的回望与反思。

魏晋时代的“人的觉醒”和“文的自觉”造就了列于竹林七贤之首的嵇康。他以高朗清爽、光明峻洁的风度姿容，成为魏晋风度的表率；以放荡不羁、放达任性的生活方式来反抗现实压抑，成为魏晋名士中人格之美的典范；以追求精神自由、肯定个体生命的存在价值、成就超越形质的人格理想和审美境界，成为魏晋时代、中国美学史上提倡超越个体生命的审美境界的先锋，而嵇康美学是研究魏晋六朝美学、中国美学始终绕不开的存在。在逐渐迷失自由天性和审美精神本真的数字时代，我们重新回头观望嵇康美学，他对于个体生命的感性自由与精神存在的本真状态的再现与复归，对于现代人本有的人性真态的真切呼唤和强烈感召，凸显出极为重要的现实意义。于是，嵇康美学体系中所蕴含的生命意义和渴望实现的审美境界、对物质现实的超越、对生命本真状态的回归，成为我们现代人最好的心灵慰藉。

电影工业美学提供了电影产品本性和电影生产本质的思考框架。从现在中国电影的发展实际和电影工业美学理论的双重视角来看，电影在工业化产品和审美性艺术品、工业化组织管理和创意制片管理、生产回本和产业升级、生产供给和协同共生等维度呈现强烈的后电影工业美学特征。文化、技术、故事和版权成为电影生态美学视野中的核心“物种”。电影生态美学到底是基于艺术与技术发展的现象描述，还是美学升级的产物？面对电影生态美学的时代演进和共生创意，中国电影学界更需要具有阐释力的后电影工业美学理论建构。

第一节　嵇康美学的生命意义：生命的困顿和审美的超越

一、魏晋时代的人文特质

魏晋是中国历史上社会最为动荡、思想文化最为灿烂的时代。现代美学家宗白华先生在《论〈世说新语〉与晋人的美》中说："汉末魏晋六朝是中国政治上最混乱、社会上最痛苦的时代，然而却是精神上极为自由、极解放、最富于智慧、最浓于热情的一个时代。因此，也就是最富有艺术精神的时代。"如磐的重压、动荡的人生、叵测的仕途，使魏晋士人的哲学思辨和审美活动异常发达。这个时期，人生与审美是贯通的，审美活动成为魏晋士人导达意气、发泄幽情的精神寄托；这个时期，审美境界也就是魏晋玄学所指称的人生归宿，魏晋士人在追寻至高的审美境界也就是在叩问人生的终极旨归。魏晋时期的美学充满了浓郁的生命意义，审美的超越就是生命的超越，审美的境界就是生命的境界。

中国哲学是生命的哲学，而魏晋更是"人的觉醒"和"文的自觉"的时代。汤用彤先生在论魏晋思想时指出："汉代之齐家治国，期致太平，而复为魏晋之逍遥游放，期风流得意也。故其时之思想中心不在社会而在个人，不在环境而在内心，不在形质而在精神。于是魏晋人生观之新型，其期望在超世之理想，其追求者为玄远之绝对，而遗资生之相对。从哲理上说，所在意欲探求玄远之世界，脱离尘世之苦海，探得生存之奥秘。"[①] 魏晋美学反映了魏晋士人对人生命运的追问。魏晋士人遭遇了中国历史上士人命运最为苦难的历史环节，他们有的"遭乱流寓"、羁旅不归，有的蒙冤受害、死非其命，有的坎坷困顿、飘零落魄，极度痛苦骚乱的生命困境，凝练成极度静谧安然的审美超越，这种超然物外的豁达洒脱，恰恰是魏晋士人对人生苦难的委顺和彷徨、反思和超越。魏晋时期，中国艺术就是生命的艺术；而个体

① 汤用彤：《魏晋玄学与文学理论》，载于《中国哲学史研究》1980年第1期。

生命也就是艺术的生命。

作为竹林七贤之首的嵇康，处在魏晋交替时期，对当时司马氏的黑暗统治充满怨恨，但在高压政治、集权统治下，他只能把文学艺术当作怨愤之情发泄的出口和精神慰藉。动荡纷乱的社会时局、无法外溢的内心愤懑，使嵇康从两汉经学经世致用的人生追求中醒悟过来，在审美与生命寂然静穆的对话中，在个体生命自由奔放的审美体验中，彻底反思个体生命的价值维度和存在意义。“越名教而任自然”是这种反思的结果，是嵇康掷向封建礼教的投枪匕首，是嵇康追求任性自由的执着呐喊。

二、养生作为实现个体生命审美境界之基础意义

李泽厚先生曾指出，美的本质是人的本质最完满的展现，美的哲学是人的哲学最高级的范畴。对个体生命的重视和高扬，对审美体验的玩味和超越，是嵇康文学艺术始终洋溢的主题。“余少好音声，长而玩之，以为物有盛衰，而此无变；滋味有厌，而此不倦，可以导养神气，宣和情志，处独穷而不闷者，莫近于音声也。”嵇康在《琴赋序》中不厌其烦地宣寄这种超邈洒脱的生命体验和审美感受。

历史人生的悲剧感加剧了个体的生命意识和审美自觉。在时局动荡、政治黑暗、仕途多灾多难的现实逼迫下，嵇康一改传统士人梦魇般地对国家社稷生灵的忧虑，而关注个体生命内心的真正存在、考究个体生命中与之相关的心理体验和纯粹外物观照。在嵇康那里，审美活动不再是先秦两汉作为政治礼教的附庸、歌功颂德的记典，而是个体生命在现实生活中的一种需要，是消融时代苦痛、疏阔内心精神的一种生命活动。

嵇康极力肯定个体生命的价值，而对个体生命的高扬又使嵇康极为重视养生。嵇康把个体生命的养生和玄学对人格理想的追求结合起来，强调精神对于养生的内在作用。嵇康的养生论不同于道家的养生之道。道家重于肉身，轻于精神，执着于长生不老和肉身不坏；嵇康重于精神，轻于肉身，追求于精神的放达超脱和愉神泄心。嵇康说：“君子知形恃神以立，神须形以存；悟生理

之易失，知一过之害生；故修性以保神，安心以全身。”①他认为，精神上的“和”是养生的根本，养神的关键在于“爱憎不栖于情，忧喜不留于意，泊然无感而体气和平，又呼吸吐纳，服食养身，使形神相亲，表里俱济也”②，即不以爱憎忧喜而伤生费神，使精神达到一种“和”的审美境界。嵇康认为“善养生者”的人格境界是“清虚静泰，少私寡欲；知名位之伤德，故忽而不营，非欲而强禁也；识厚味之害性，故弃而弗顾，非贪而后抑也；外物以累心，不存神气，以醇白独著；旷然无忧患，寂然无思虑，又守之以一，和理日济，同乎大顺。然后蒸以灵芝，润以醴泉，唏以朝阳，绥以五弦，无为自得，体妙心玄，忘欢而后乐足，遗生而后身存”③。嵇康认为要做到这种“善养生者”的人格境界就应该毫不犹豫地摈弃一切有害于养生的世俗名利禄位和感官享受。也正是如此，嵇康面临戮首之刑时，神气激扬，从容不迫，“顾视日影，索琴弹之，奏《广陵散》”④，以悲壮哀惨的场面来注解生命超脱寂然的最后一瞬，完成审美境界的升华与超越。

嵇康指出，养生有五难：一是名利不灭，二是喜怒不除，三是身色不去，四是滋味不绝，五是神虚精散。而御抗五难的根本在于音乐艺术。音乐艺术是养生的重要手段，通过音乐艺术的审美活动荡涤审美主体内心的贪欲与浊秽，使审美主体精神虚静、外扰摈除、超然外物，升华到与天地之道合为一体的人格理想和审美境界，而养生的最高境界即是达到精神对现实的超越和超脱，养生作为实现个体生命审美境界之基础而存在。

三、“感荡心志、发泄幽情”的审美功能与生命意义

嵇康美学是对现实生命困境的不满和超越，是对个人愁闷、焦虑，以及对黑暗现实超脱的企求。嵇康把这种情感倾注于文学艺术、诉诸五弦素琴。嵇康对音乐的理解是深沉醇厚的，他将音乐视作个体生命的精神符号。《晋书·

① 夏明钊译注：《嵇康集译注》，哈尔滨：黑龙江人民出版社，1987年版，第46页。
② 同①，第46页。
③ 同①，第51页。
④ 刘义庆：《世说新语·雅量》。

本传》称嵇康"常修养性服石之事，弹琴咏诗，自足于怀"。在他一篇重要的艺术美学论文——《琴赋序》中，他站在肯定生命意义的立场上，详细阐述了作为美之表现的琴音的功能。嵇康认为，美（琴音）的功能在于使欣赏主体倡言达神，尽享作为个体生命的愉悦和精神的自由飘洒，使人格精神得到升华，达到"无为自得、体妙心玄"的精神境界，达到与道合一的审美境界。

嵇康指出，(琴音）"性洁静以端理，含至德之和平，诚可以感荡心志，而发泄幽情矣"[①]。琴音之所以能发泄幽情、怡神养生，就在于琴音深含深邃幽雅、至德平和。他认为："八音之器，歌舞之象，历世才士，并为之颂赋，其体制风流，莫不相袭；称其材干，则以危苦为上；赋其声音，则以悲哀为主；美其感化，则以垂涕为贵。丽则丽矣，然未尽其理也。推其所由，似元不解音；览其旨趣，亦未达礼乐之情也。"[②]他指出，过去的许多音乐家和作乐者在论音乐艺术的功能时，强调音乐艺术的悲哀垂涕，推崇音乐艺术的社会教化功能，这并未真正了解音乐艺术的旨趣。嵇康彻底扬弃了流行于先秦两汉"发乎情止乎礼义"和"经夫妇、成孝敬、厚人伦、美教化、移风俗"的音乐艺术教化观，把音乐艺术看成"导养神气、宣和情志"的情感宣泄和精神寄托。

嵇康极力推崇一种超脱现实、与道合一的人格理想。在嵇康的美学体系中，追求个体生命的存在价值和生命意义，追求向内的自由畅达与向外的外物观照的冥然合一，即将主观之意与客观之境融为一体，即审美主体与审美客体的合一，这种物我合一的境界是寂然虚静的生命本体自失于对客观外物的超然观照之中，也就是进入物我两忘的审美境界和超越意境，这是对庄子"道" 的升华，这种审美的超越意境所呈现出来的是一种淡泊优雅恬静的精神之美，这正是嵇康的人格理想所在。嵇康在给其兄的一首赠诗中表达了这种在个体生命的审美体验中领略到审美超越和精神之美时的愉悦心情："琴诗自乐，远游可珍。含道独往，弃智遗身。寂乎无累，何求于人。长寄灵岳，怡志养神。"[③]

---

① 夏明钊译注:《嵇康集译注》，哈尔滨：黑龙江人民出版社，1987年版，第239页。

② 同①，第224页。

③ 同①，第13页。

不仅如此，嵇康还认为音乐艺术可以通过导养人的内在精神，使人的精神处于宁静平和的“大和境界”，这样对人的身心健康有帮助。“形恃神以立，神须形以存”，嵇康认为人的精神依附于形质，真正爱惜体恤生命的人不仅可以通过服食等手段来养生，还可以通过音乐艺术来净化心灵，使精神境界处于一种虚静淡然的平和状态，这样有利于身体的健康。

正如嵇康在《答难养生论》中所说：“被天和以自然，以道德为师友，玩阴阳之变化，得长生之永久，任自然以托身，并天地而不朽者。”他把音乐艺术与人的怡神养生联系起来，改变了流行于先秦两汉将音乐艺术看作移风易俗、教化民众的工具的概念，深刻揭示了美（音乐艺术）在升华个体生命意义上所具有的精神作用。

四、“声无哀乐”的审美本质与个体生命的审美境界

嵇康认为，养生的根本在于追求生命中精神上的“至和”境界，“以大和为至乐，则荣华不足顾也；以恬淡为至味，则酒色不足钦也。苟得意有地，俗之所乐，皆粪土耳，何足恋哉！”[①] 音乐艺术可以养生，而养生的根本在于精神上的“和”，于是嵇康自然而然地推导出美（音乐艺术）的本质在于“和”，提出了著名的“声无哀乐”论的音乐美学命题。

嵇康的“声无哀乐”论是对两汉儒家“声有哀乐”论的反叛。两汉的儒家强调音乐的政教功能，如《礼记·乐记》提出：“治世之音安以乐，其政和；乱世之音怨以怒，其政乖；亡国之音哀以思，其民困。声音之道，与政通矣。”认为音乐艺术中蕴含民众对政治得失的切肤之情，人民能审音而知政。嵇康的“声无哀乐”论汲取了老庄和王弼关于无声之乐的音乐思想，强调音乐的无声之和，要求音乐艺术以道为精神本体，表现与道合一的精神美。

嵇康认为：“夫天地合德，万物贵生，寒暑代往，五行以成。故章为五色，发为五音。”[②] 产生于天地自然的声音，与自然界的五色、五味一样，都是一种自然之物，没有什么哀乐内容。“音声之作，其犹臭味在于天地之间。其善

① 夏明钊译注：《嵇康集译注》，哈尔滨：黑龙江人民出版社，1987 年版，第 70 页。
② 同①，第 85 页。

与不善，虽遭遇浊乱，其体自若而不变也。岂以爱憎易操、哀乐改度哉？”①声音产生于天地之间阴阳五行的变化，而声音的善与不善，就如五味存在于宇宙天地之间，有其不变的本体，不会因为遭遇到浊秽动乱而改变。嵇康从天地自然中去寻找音乐产生的根本，赋予声音一个形而上的抽象本体，这个抽象本体就是“和”。

“且声音虽有猛静，猛静各有一和；和之所感，莫不自发。……声音以平和为体，而感物无常。”②“和”就是声音的抽象本体，“乐之为体，以心为主，故无声之乐，民之父母也”③。音乐的目的就是要使人在内心达到“和”，只要人心得到“和”，人也能安乐地生活。审美主体是否体验到乐，并不在于素琴钟鼓等乐器本身，而在于审美主体心中是否蕴藏有“和”。嵇康认为，也正是琴音“性洁静以端理，含至德之和平”，才可以“感荡心志，而发泄幽情矣”。

既然音乐的“至德之和平”，是出自自然，那么声音的“和”与“不和”就是由自然决定的。嵇康认为自然界阴阳刚柔相生相克、协调合和，正是天地之和所在，这样由阴阳五行化生而来的声音也必须体现天地自然本有的“和”。这种天地自然本有的“和”对于同样禀赋阴阳五行化生而来的个体生命而言，就是个体生命精神上的“和”。这种个体生命精神上的“和”即是“爱憎不栖于情，忧喜不留于意，泊然无感而体气和平”的状态，也即清虚静泰、少私寡欲的境界，这种天地自然本有的“和”超越了一切名利欲望和污垢浊秽，是个体生命精神上的无限自由和情感上的无限阔达，因此以“和”为本体的声音本身是不蕴含哀乐情感的，或者说，是超越哀乐情感的。“声音有自然之和，而无系于人情。”④据此，嵇康通过音乐艺术本身超越了个体生命中的有限而进入审美境界中的无限。嵇康所强调的美（音乐艺术）的本体——“和”，也就是他在追求个体生命的养生怡神中所渴望达到的人格理想和审美境界。

既然美（音乐艺术）的本体“和”是超越哀乐的，那么音乐又如何引发

① 夏明钊译注：《嵇康集译注》，哈尔滨：黑龙江人民出版社，1987 年版，第 85 页。
② 同①，第 102 页。
③ 同①，第 109 页。
④ 同①，第 94 页。

人的哀乐情感呢？嵇康认为，人们在听音乐后产生的各种情感反应，只是由于原先积淀的心境在起作用，这种情感反应并不是音乐本身感染引起的。“声音以平和为体，而感物无常；心志以所俟为主，应感而发。”①嵇康反复强调“和声无象，哀心无主”，声音以“和”为本体，“和”没有定型定象、是无常的，因此，感应外物也是没有固定形象的，审美主体以原有的经验积累为审美体验的基础，相应于其所感应的音乐节奏而呈现出来，也就是形成了悲哀或者喜悦的审美感受。嵇康强调了作为审美主体的个体生命在面对音乐艺术时的能动作用，是对个体生命主观能动性的一种拯救，有力地驳斥了先秦两汉儒家对个体生命的主体价值的抹杀，开创了魏晋作为人的觉醒的时代风貌。

嵇康认为，“和声无象”“声音之无常”，声音对于情感的表现是不确定的，一种声音不可能只表现一种情感，一种声音可以表现多种多样的情感，正如一种情感可以表现为多种多样的声音一样，声音的哀乐只取决于审美主体心中的哀乐。“夫会宾盈堂，酒酣奏琴，或忻然而欢，或惨尔而泣。非进哀于彼，导乐于此也。其音无变于昔，而欢戚并用，斯非吹万不同耶？”②在这里，嵇康看到了审美主体对音乐反应的不确定性，这种不确定性正是审美主体在审美体验中所呈现的审美差异性，这种审美差异性导致了审美体验的多样性，也导致了文学艺术的多样性和丰富性。在嵇康看来，那些看似冲和平淡、不悲不壮的音乐，却蕴含着诸多复杂微妙、强烈深沉的情感，不同的欣赏主体有不同的心理感受。既然文学艺术所引起的审美感受是多样性的，那么就不能以是否适合自己的口味来审视音乐文学艺术，把它作为唯一评判的标准，扼杀了文学艺术创作的丰富性和多样性。嵇康“和声无象”的审美体验开启了魏晋美学领域多种艺术形式的集体繁荣景象，揭开了魏晋“文的自觉”的时代序幕。

五、“越名教而任自然”的生命意义与审美境界的完结

羁绊人生、困顿生命，使魏晋士人“向外发现了自然，向内发现了自己

---

① 夏明钊译注：《嵇康集译注》，哈尔滨：黑龙江人民出版社，1987年版，第102页。
② 同①。

的深情”[①]。嵇康直接继承了庄子的批判精神，以冷眼旁观的出世态度，洞悉了司马氏集团宣扬忠信仁义的虚伪和儒家纲常名教的矫饰，对其所鼓吹的儒家纲常名教进行了入木三分的批判。嵇康探讨了名教与自然的关系，对汉儒的虚伪和卑下进行了毫不留情的抨击，倡导一种超越自然形质的、高绝空灵的个体生命的人格精神和审美境界。

嵇康认为，儒家所鼓吹的仁义礼智、纲常名教，是抑制个体生命自然本性、束缚个性自由的精神枷锁，六经和礼律是摧残人性、压制情感的桎梏。他说：“六经以抑引为主，人性以从欲为欢。抑引则违其愿，从欲则得自然。然则自然之得，不由抑引之六经；全性之本，不须犯情之礼律。固仁义务于理伪，非养真之要术；廉让生于争夺，非自然之所出也。”[②]认为六经和礼律不是使人达到保养性情、完善个体生命审美超越的有效手段。

嵇康扬弃了王弼用“崇本息末”来处理名教和自然关系的自然基础论。王弼认为，名教是末，自然是本，名教建立在自然基础上，是出自自然的，名教应顺应自然，应当保持自然的原生状态和既有的运行法则，不要人为摧抑或扭曲，也就是要摆脱现实的虚幻和混沌，返璞归真。嵇康认为王弼企图使名教和自然在调和孔老的过程中得到统一，这是不可能的。嵇康以前所未有的、更为激荡、更为彻底的反叛精神将儒家“名教”打倒而树起道家“自然”的大旗。

嵇康的“自然”不是指客观存在的天地自然万物，而是指一种不受仁义道德和纲常名教束缚的自然人格，一颗不受礼义经律约束的自然真心，一个超越一切形质、自然率真的审美境界。

嵇康追求的自然人格，是对违反人的自然本性的儒家仁义道德和虚伪纲常名教的反叛，是让人保持纯洁质朴的天性，见素抱朴、养素全真，使得人的个性和人格得到自由发展，以追求个体生命的人格个性之美，这也就是嵇康所向往的个体生命的理想人格和审美超越的境界。在嵇康那里，个体生命的意义得到了觉醒，个体生命的自由得到了张扬，个体生命的意义不在于政治伦理价值的实现，而在于精神自由的实现；在嵇康那里，仁义道德、纲常名教不再

① 宗白华：《论〈世说新语〉与晋人的美》，见《艺境》，北京：北京大学出版社，1999年版，第139页。

② 夏明钊译注：《嵇康集译注》，哈尔滨：黑龙江人民出版社，1987年版，第143页。

是衡量个体生命的尺度，个体生命的意义在于最高层次的人格自由，这是个性觉醒和审美意识的融合，也正是魏晋风度的精神魅力所在。正如宗白华先生所说：“魏晋人生活上人格上的自然主义和个性主义，解脱了汉代儒教统治下的礼法束缚，在政治上先已表现于曹操那种超道德观念的用人标准。一般知识分子多半超脱礼法观点直接欣赏人格个性之美，尊重个性价值。”①

嵇康所追求的理想人格和审美境界，是“清虚静泰、少私寡欲”、摈弃一切功名利禄、超凡脱俗、任性自为的“至人”境界。“至人特钟纯美，兼周内外，无不必备。”在嵇康看来，只要具备了这种至人品格，个体生命就可以“俯仰自得，游心太玄”，“夫气静神虚者，心不存乎矜尚；体亮心达者，情不系于所欲。矜尚不存乎心，故能越名教而任自然；情不系于所欲，故能审贵贱而通物情。物情通顺，故大道无违；越名任心，故是非无措也。”②这是个体生命中最高的审美境界。功利欲求是有悖于至人境界的，“荣名秽人身，高位多灾患”，而日常生活中人们的审美体验往往是和自己的功利欲求相结合的，因此，嵇康告诫人们要不吝抛弃功利欲求，方可达至人之境。嵇康的个体生命的审美体验已经超越了尘世中的功名利禄的局限，而进入一个纯净恬和的精神境界，达到审美体验的最高境界。

嵇康的“越名教而任自然”摆脱了先秦两汉士人把个体生命作为道德礼教的政治符号的无意识存在样态，体现了魏晋士人对个体生命本身的纯粹关注和审美体验。这种纯粹关注和审美体验使个体生命超越了功利欲求和政治矫情，达到绝妙高超的审美境界；超越形质的有限，进入精神的无限。

嵇康的“越名教而任自然”向内表现为对任性自由、自然率真的人格理想追求，向外表现为放达任性、豪放不羁、反抗世俗、任真自得的生活方式。正如嵇康在《与山巨源绝交书》中描述自己的放荡不羁：“纵逸来久，情意傲散，简与礼相背，懒与慢相成，而为侪类见宽，不攻其过。又读《庄》、《老》，重增其放。故使荣进之心日颓，任实之情转笃。此由禽鹿，少见驯育，则服从教制，长而见羁，则狂顾顿缨，赴蹈汤火。”嵇康最终成就了自己关于个体生

① 宗白华：《论〈世说新语〉与晋人的美》，见《艺境》，北京：北京大学出版社，1999年版，第134页。

② 夏明钊译注：《嵇康集译注》，哈尔滨：黑龙江人民出版社，1987年版，第120页。

命的人格理想的追求，他的任真自得、他的自然通脱，备受后人推崇。

六、嵇康美学的现实意义

“越名教而任自然”是嵇康对时局黑暗、政治强权的反抗方式，也是他希望摆脱个体生命存在的人生困境、完成审美超越和理想人格的唯一途径。他把个体生命的“精神之和”与天地之间的“自然之和”的融合视为最高境界的美，个体生命的奋争无疑是在完成从有限的形质障碍到无限的精神自由的超越，追求怡然自得的自胜人生境界，个体生命的人格理想也就是最高的审美境界，这实质上把个体生命的人生之道、养生之道都统一到审美境界中去了。

对现实的悲哀和绝望是嵇康“越名教而任自然”产生的直接动因。嵇康并没有从根本上否定儒家的纲常名教和仁义道德，而只是反对汉儒对仁义道德的矫饰和虚伪，或者说这种扭曲的仁义道德才是嵇康所指称的“名教”。所以，当司马氏集团打着维护儒家名教的幌子而实际作为杀戮名士的借口，嵇康转向了对现实的超越，对个体生命本身的关注。因为超越现实对嵇康来说是一种解脱，心灵的自由、精神的放达成了他人生的最后归宿和精神的避难所。嵇康的精神追求继承了庄子的精神追求，但又不同于庄子。庄子以清静无为、消极避世、否定文明为这种精神追求的根本，嵇康以呼喊率真自然、打倒虚伪名教为旨归，追求个体生命的精神自由甚至不吝牺牲个体生命本身。所以，嵇康对现实政治、儒家名教的反叛是自觉的。

中国的魏晋如果说是提前了一千年的欧洲文艺复兴，那么嵇康正是盗取这颗促使“人的觉醒”和“文的自觉”实现的火种的普罗米修斯。嵇康以高朗清爽、光明峻洁的风度姿容列于竹林七贤之首，成为魏晋风度的表率；以放荡不羁、放达任性的生活方式来反抗现实压抑，成为魏晋名士中人格之美的典范；以追求精神自由、肯定个体生命的存在价值、成就超越形质的人格理想和审美境界，成为魏晋时代乃至中国美学史上提倡超越个体生命的审美境界的先锋。总之，嵇康是名士云集的魏晋时期一颗耀眼的明星；嵇康美学是研究魏晋美学乃至中国美学始终绕不开的存在。

历史的进程总是伴随着驯服与反叛、闭塞与开放、物质与精神、压抑与自由、感性与理性的搏斗。当人类演化到现代工业文明时代以后，人类本有的占有将人类自身投入一个巨大的生存怪圈之中：人类为了延续种性、保存生命、满足物欲，用不断膨胀的理性精神去占有和充塞个体生命，牺牲自身的感性自由的本然状态；人类的物质享受越日益提高，越促使人类加倍攫取和征服自然对象，工具理性的强大窒息了个体生命的感性直觉与自由精神，人类远离生命本体的自由天性，从而失去了生命寄托与心灵栖息的精神家园。尤其是当今网络经济的发展，自由宽快的个体生命日渐被弱化为僵直、简单的数字符号，"数字化生存"使现代人的精神处于极度癫疯的状态，人被异化、被分割、被抽空、被扭曲。因此，保持人类对生命价值的追求、显示人类审美精神的本真状态，让灵魂和精神"诗意地栖居""艺术化生存"就成为现代哲学家、美学家和艺术家的踽踽呼唤和循循规劝。正因为如此，嵇康美学关于个体生命的感性自由与精神存在的本然状态的再现与复归，对于现代人本有的人性真态的真切呼唤和强烈感召，凸显出极为重要的现实意义。于是，嵇康美学体系中所蕴含的生命意义和渴望实现的审美境界、对物质现实的超越、对生命本真状态的回归，成为现代人最好的心灵慰藉。

第二节　论"后电影工业美学"：中国电影新时代的概念性图式

自进入 21 世纪以来，中国文化产业在自上而下的文化体制改革和自下而上的市场配置机制的双重驱动下一路高奏凯歌，取得了巨大的发展和成绩，尤其是电影产业。《湄公河行动》《战狼 2》《红海行动》《流浪地球》等一大批国产电影取得了社会效益与经济效益的俱佳融合，很好地兼顾了电影制作的美学品格和商业诉求。对如何描述和解释国产电影连续的市场成功，陈旭光教授在数年前提出并持续完善"电影工业美学"的理论框架，并希冀以此调和电影工业与电影工业美学之间的张力[①]。这种"折中和妥协"式的电影理论研究

① 陈旭光：《电影工业与电影工业美学——趋势与思考》，载于《现代视听》2019 年第 4 期。

的学术探索，旨在对“电影是什么”的“元”问题和“本”概念连续发问，并对中国电影产业的发展提出理论层面的“顶层设计”[①]，体现了电影学人面对喧嚣的电影发生机制和隐蔽的电影历史秩序所展现出的一种理论品格，引发了电影理论界和文化产业界持续的学术关注和健康的学术争鸣。

2017 年以来，陈旭光关于“电影工业美学理论”的观念建构，无疑与 1995 年邵牧君“电影工业”[②]的概念提出一样，表达了电影在“艺术与技术”“美学与工业”之间的价值追求，在中国电影理论研究史上具有重要意义。电影工业美学观念到底是一种面对现实发展的“现象描述”和“文本总结”[③]，还是面对电影“新发展”和“新使命”而提出的“美学升级”路径的新策略[④]？毫无疑问，电影工业美学理论在回应中国电影产业高速发展的理论焦虑的同时，更引起了电影理论界和实践界对电影产品本身和电影生产本质的观念反思。

一、电影工业美学的产品本质：工业化产品还是审美性艺术品?

电影是什么？电影是工业产品、商品还是艺术品？是宣传品还是文创产品？仅从英文翻译来看，“ Film ”强调了电影的早期技术，现在胶片技术也不再是电影技术的主流；“ Movie ” “Motion-Picture”强调电影的“运动的画面”形式，现在已经出现互动、3D、增强现实的电影形式；“Cinema”强调电影的影院环境。现在，多样化的移动终端使得电影的观看出现“游牧化”特征。电影制作的复杂性和电影传播的广泛性，决定了电影本质的多义性。诞生于 1895 年的电影利用了人们的“视觉暂留”，是当时前沿的科学技术直接推动的作用结果，属于瓦尔特·本雅明提出的在机械复制时代才得以产生的独特的

① 陈旭光：《论“电影工业美学”的现实由来、理论资源与体系建构》，载于《上海大学（社会科学版）》2019 年第 1 期。
② 邵牧君：《电影万岁》，载于《世界电影》1995 年第 1 期。
③ 李立：《电影工业美学：批评与超越——与陈旭光先生商榷》，载于《浙江传媒学院学报》2018 年第 4 期。
④ 赵卫防：《中国电影美学升级的路径分析》，载于《浙江传媒学院学报》2018 年第 1 期。

艺术形态[①]。1911 年，意大利电影先驱者乔托·卡努杜（Ricciotto Canudo）将电影视为第七艺术，区别于建筑、音乐、绘画、雕塑、诗歌 和舞蹈等其他六种艺术，卡努杜认为电影综合了古典观念中的时间艺术和空间艺术，是一种时空综合的“活的造型艺术”。[②]电影在诞生与发展的初期就遭遇了技术与艺术两种几乎完全对立的认同性力量的拉扯：电影，是技术还是艺术？电影工业还是电影艺术？工业电影还是艺术电影？

“电影工业美学”是对法国美学家保罗·苏里奥（Paul Souriau）“工业美学”在电影领域的理论借用。[③]1746 年，法国神父夏尔·巴托（Charles Batteux）以“归结为单一原则的美的艺术”为依据，把艺术分为美的艺术、实用的艺术和机械的艺术，并强调了对雕刻、绘画、音乐、诗歌和舞蹈等“美的艺术”的推崇。[④]苏里奥的工业美学论将此三个不同的艺术分类统合为一，认为美与实用并非矛盾对立体，真正的美存于有用的事物之中，工业美学是对工业社会大机器生产印记的美学描述。在丹尼尔·贝尔（Daniel Bell）的引述中，工业社会是以“物的生产”为中心，其基本特征就是有条理、有系统地把技术知识运用于社会事务，将社会生活的各行各业都被规训为技术规范、结构性分化、专业化分工和精确性秩序等典型化特征。[⑤]早期电影工业所依存的社会基础正是这样的社会结构。

看待电影本质的不同角度，产生对待电影生产的不同立场和不同的制片模式。如果将电影看成宣传品，就注重电影的意识形态功能，注重电影的训诫功能和价值引导功能。如果将电影看成艺术品，就要注重电影的艺术审美功能，注重电影的审美怡情和艺术救赎，强调导演、编剧和演员的艺术身份和电影创作的艺术自律。如果将电影看成工业品或商品，就注重电影制作过程中最新技术的采用、专业化的制片分工和市场化的生产目标。如果将电影看成文创

---

① ［德］瓦尔特·本雅明：《机械复制时代的艺术作品》，王才勇译，南京：江苏人民出版社，2006 年版。

② 转引自蓝凡《艺术分类的一般原则与哲学基础》，原载于《艺术百家》2017 年第 6 期。

③ 转引自陈旭光、张立娜《电影工业美学原则与创作实现》，原载于《电影艺术》2018 年第 1 期。

④ 周宪：《艺术理论的文化逻辑》，北京：北京大学出版社，2018 年版。

⑤ ［美］丹尼尔·贝尔：《后工业社会的来临——对社会预测的一项探索》，高铦等译，北京：商务印书馆，1986 年版，第 86 页，第 180 页。

产品，就要注重电影 IP（Intellectual Property Right）的生产及其 IP 价值链的全产业链生产模式。[①]

自进入 21 世纪以来，以电影产业为代表的文化产业出现与文化创意融合的发展势头，即出现“文化的产业化”和“产业的文化化”的双重融合，电影也越来越呈现一种“大电影”、“泛娱乐”和“新文创”的发展趋势。电影产业的发展趋势越来越要求电影从业人具有一种“电影是文创产品” 的制片观念，围绕电影的内容、形式、材料和场景等四个不同的文创层次，注重电影的价值观和世界观的内容形塑，注重互联网、3D、VR 和人工智能等高新技术对作为电影形式和材料的文化装备的提升，注重电影故事世界与社会生活的场景的连接。

二、电影工业美学的创制特征：工业化组织管理还是创意制片管理？

从西方电影工业的发展历程来看，电影工业美学经历了传统电影工业美学和现代电影工业美学两个时期。

传统电影工业美学时期是电影自诞生到 1950 年前后。工业社会对电影工业最淋漓尽致的实践操控是经典好莱坞时期电影商业美学的绝对操控。丹尼尔·贝尔指出西方的工业社会最明显的三大特征为“商业企业的发展壮大”“大机器生产的工作节奏”“劳资冲突的阶级分化”[②]，这也是 1931—1950 年经典好莱坞时期的显著特征。这个时期，福特主义生产理念大行其道。各行各业为了降低成本、扩大规模和控制风险，采用泰勒主义的科学管理思维，运用流水线生产进行串联式或模块化的生产管理，好莱坞电影生产也不例外。迪士尼、华纳和派拉蒙等大型电影制片厂，被认为以一种最合理的组织方式，为电影制作的数量和规模提供了稳定的动态环境，通过垂直整合实现对制

① 向勇、白晓晴：《新常态下文化产业 IP 开发的受众定位和价值演进》，载于《北京大学学报（哲学社会科学版）》2017 年第 1 期。

② ［美］丹尼尔·贝尔：《后工业社会的来临——对社会预测的一项探索》，高铦等译，北京：商务印书馆，1986 年版，第 180 页。

片、发行与放映等环节的高度控制。[1] 基于传统电影工业美学观念，好莱坞电影制片厂与导演、编剧和演员之间通过严苛的契约达成一种稳定的雇佣关系，对电影生产要素进行强制性的控制。当然，经典好莱坞时期还产生了对后来电影制作带来深远影响的制片机制，比如，“三幕剧”的故事叙事模式、类型片创作与分级制管理、分镜头剧本、焦点组试映。所谓好莱坞“制片人中心制”，就是在电影生产资料高度控制、电影生产过程严密分工的基础上产生的“制片人凌驾一切之上”的电影权力关系。好莱坞制片人具有绝对权威，导演、编剧和演员相对成为制片人的控制和摆布的“附庸”，充当着好莱坞电影机器运转过程中的“螺丝钉”。经典好莱坞时期的电影表现为一种彻头彻尾的商业美学，通过明星的操控和资本的力量，实现艺术与商业调和价值的最大化。

现代电影工业美学开始于 1948 年派拉蒙判决的法律生效，好莱坞大电影制片厂必须在制片、发行与放映等电影产业链垂直环节中做出选择。随着 WMA、CAA、ICM 等明星经纪公司的出现，独立制片队伍的不断壮大和欧洲独立电影运动的辐射影响，电视等新兴媒体的观众竞争，好莱坞电影制片厂既不能绝对控制导演、编剧和明星，也不能操纵电影的生产、发行或放映，取得电影行业的垄断利益。基于现代电影工业美学的好莱坞制片模式转变为“打包一单位”制，力图实现电影制片各方在“创意控制”与“创意自由”之间达成动态的权力平衡。这个时期，电影工业体系不再是线性模式，而是池状（pool）结构，由电影制片人搭建一个“电影池”，在固定的时间把固定的资金和导演、编剧、演员集合起来。电影制片人与导演、编剧和演员是基于某部电影的制作任务而结成的一种临时性的任务合作关系，而非长期性的雇佣关系。这种电影权力关系的主导力量是多元的，取决于电影制片人、导演、编剧或演员自身所拥有的经济资本、文化资本和社会资本之间的组合关系和强力程度，出现了多中心制或联合中心制的现代电影工业美学制片模式。

进入 21 世纪以来，随着互联网、移动互联网和人工智能的技术普及，以及好莱坞电影版图的全球流动和世界电影市场的本土崛起，西方社会进入后工业社会和后现代社会，后工业社会的中心结构成分（知识和技术）也正在发

① ［澳］理查德·麦特白:《好莱坞电影——1891 年以来的美国电影工业发展史》，北京：华夏出版社，2005 年版。

生激变。后工业社会可能是信息社会，也可能是知识社会；可能是文化社会，也可能是创意社会；可能是网络社会，也可能是智能社会。无论如何，我们无法准确定义后工业社会，只能无限描述其某些特定内涵。在后工业社会，“物质的生产”已经转变为“服务的生产”和“符号的生产”。后工业社会的电影工业美学观念，基于技术逻辑、知识分工和专业协同，呈现越来越宏大的关注视野和复杂的整合机制。5G 技术催生全球化的服务贸易，电影制片的资源边界突破企业资源边界和国家辖权边界，电影制作将呈现更大地理范围的全球生产，电影制片管理将发展出一套整合全球电影美学品质的创意制片管理体系。

三、电影工业美学的产业范式：生产固本还是产业升级？

诚然，电影是一个复杂的艺术现象，拥有一套复杂的生产机制，在不同的历史时期和不同的社会环境重提或再造“电影工业美学”，要兼顾本土意识与国际视野的双重考量。因此，新时代中国电影工业美学的重塑，既是一种常识的回归，又是一种惯常的超越。

所谓常识回归，是指中国电影工业美学，要回到经典好莱坞时期对于电影进行工业化创制的制片常识，回到电影的技术常识，回到电影生产的专业化分工常识。所谓工业美学，包括技术美学和商业美学。其中，技术美学注重技术的采用所带来的标准化的生产模式，强调工匠精神和职业伦理；商业美学注重市场本色和受众的力量。在这个意义上，我们无须刻意区分电影工业中的工业属性是“重工业电影”①“轻工业电影”还是“手工业电影”，也无须再以好莱坞电影标准区分“高概念电影”“高感知电影”还是“纯艺术电影”。在这个意义上，重视电影工业美学是一种电影生产固本的理性回归。

在陈旭光等人看来，电影工业美学理论的提出是直指电影质量的提升困

① 饶曙光、李国聪：《“重工业电影”及其美学——理论与实践》，载于《当代电影》2018 年第 4 期。

境和电影产业的升级忧虑①。在他看来，“秉承电影产业观念与类型生产原则，在电影生产中弱化感性、私人、自我的体验，代之以理性、标准化、规范化的工作方式，游走于电影工业生产的体制之内，服膺于‘制片人中心制’但又兼顾电影创作艺术追求，最大限度地平衡电影艺术性 / 商业性、体制性 / 作者性的关系，追求电影美学效益和经济效益的统一”②。他所倡导的“制片人中心制”的制片观念、类型电影的制作实践和电影视听效果的追求，他对某些电影人固守“超美学或小众精英化、小圈子化的经典高雅式”美学文化的扬弃，对“大众化、‘平均的’，不那么凸显个人风格”的美学观念的强调③，基本上是对经典好莱坞时期传统电影工业美学的历史回应。在这一点上，他指出了现阶段中国电影工业需要理性回归，以传统工业美学观念加强电影行业的生产固本，这是表面喧嚣的中国电影产业发展亟须“补课”的应有之义。

进而，陈旭光“电影工业美学理论”是基于“工业”与“美学”二元对立而提出的超越二元对立的理论框架，希望在电影的工业意识与美学品格之间搭建一个沟通的理论桥梁。④这是新时代的理论自觉，回应的是新时代的现实需要和发展愿景。中国电影的新时代，是在经历了 21 世纪以来电影产业快速发展之后审慎调整的新的历史时期，包括新时代中国电影和中国电影新时代两个面向。新时代中国电影指中国电影对新时代的时代风貌、社会特征、中国形象和国家建构需要作的影像反思、形象传播、故事叙事和价值构建。中国电影新时代指中国电影发展到新的历史时期，面对新的政策治理、机构监管、技术变革、内容管理、市场环境和国际态势，中国电影在内容、制片、传播和商业等环节所做出的创意模式和创新突围。正如前文所述，新时代电影作为中国经济动能转型的重要驱动力，已经不再局限于内容 / 创意、媒体 / 宣发、放映 / 市场的内生价值链的创意回路，而是投身更大的社会生产和产业协同，将电影

① 张卫、陈旭光、赵卫防等:《以质量为本 促产业升级》，载于《当代电影》2017 年第 12 期。

② 陈旭光:《电影工业与电影工业美学——趋势与思考》，载于《现代视听》2019 年第 4 期。

③ 同②。

④ 陈旭光、李卉:《电影工业美学再阐释——现实、学理与可能拓展的空间》，原载于《浙江传媒学院学报》2018 年第 4 期。

产品与现代服务、传统工业制造和现代农业融合发展，实现第一、二、三产业的价值协同和效益共生。在这里，电影生产已不再局限于文本生产，而是意义建构、IP 打造和故事连接，更是价值贡献和产业变革。在这个意义上，电影工业美学要为电影产业所面临的更宏阔深远的发展议题提供理论阐释的能力。

四、电影工业美学的生态创意：生产供给还是协同共生？

电影工业美学理论的提出旨在提供一个电影工业化生产模式下“工业”与“美学”的平衡框架。电影工业美学既然是一个基于技术逻辑和商业逻辑的电影美学观念，那么技术的应用和商业的创新是电影工业美学持续关注的实践议题和理论焦点。高新技术的迅猛发展推动了电影生产从电影工业的线性生产转向电影生态的网络生产的快速变革，电影已经跨过了自身的产业疆界，融入生动活泼的社会世界之中。新时代的电影工业美学，其背后的依据不再仅是历史性的经典好莱坞模式，也不再是共时性的大洋彼岸的好莱坞想象。新时代的电影工业美学观念，正在演进为电影生态美学的新理念。

放眼全球电影产业的发展，当前有两种基于电影生态美学的制片模式：一种是美国迪士尼主宰的新好莱坞电影制片模式，另一种是中国腾讯开创的新文创电影制片模式。迪士尼生态是一种百年老店的巨兽型的复合体，搭建了一种强连接的内部生态，通过横向兼并和垂直兼并的资本并购，以具有超级影响力的电影 IP 为制片管理的核心，控制全球创意资源和资金资源，实现电影产业的全产业价值链的生态效应。腾讯生态是在“互联网 +”技术语境下构建的一种立体共享型生态平台，是一种虚拟型的群结体，通过“连接” + “内容”的互联网创新，将社群平台、传播平台和内容平台整合为一个协同共生的生态圈，打通用户、渠道和传播之间的壁垒，通过大平台连接中平台、小平台和微平台，实现互联网上的公共文化资源向电影文创产品的有机转化。[①]

文化、技术、故事和版权成为电影生态美学视野中的核心“物种”。对电影生产端而言，文化共享、技术渗透、故事驱动和版权共创，成为共生型电影

---

① 向勇、白晓晴：《互联网文化生态的产业逻辑与平台运营研究——以腾讯互娱事业群为例》，载于《北京电影学院学报》2017 年第 1 期。

生态美学观念关注的基本要素；从电影消费端而言，文化共享、价值涵养、文化影响和消费激励，成为共生型电影生态美学观念关注的衍生要素。基于电影生态美学的共生制片模式，电影实现了故事内容赋能、版权商业价值的持续开发，以及多元产业的价值提升。电影制片主体与消费主体不再是被动的线性关系，而是主动的网状关系。电影消费者通过消费资本、连接技术渗透到电影生产的前端，电影生产者通过故事辐射和版权共享，进入电影消费的各个领域。从这个意义上，电影产业不仅完成了自身的产业升级，更助推了相关产业的产业升级。

电影生态的协同是通过生产端的故事创意、产业协作，以及消费端的消费方式和文化影响，通过故事世界与生活世界的互动连接[①]，协同电影制片机构的内部资源与电影制片机构的外部资源实现共生。

电影生态美学将电影的内容创意、文本生产、版权开发、媒介传播、消费互动等环节视为一个有生命活力的生态系统。在这个生态系统中，电影文本的故事世界、电影媒介的渠道传播和电影观众的社会生活被置入一个动态的系统。在这个生态系统中，传统的电影权力关系、电影资源分配的机制都在发生变化，在电影生产者、版权开发者、渠道运营者、电影消费者之间所形成共生型的可供性场域（The Field of Affordance）[②]之中，文化故事与媒介技术形成新的叙事关系和互动模式，电影文本生态层、电影产业生态链和电影版权生态圈构成了电影生态美学的基本结构。

五、后电影工业美学，新时代中国电影产业的理论图式

电影工业美学，不只是回归电影常识的语言修辞，更是回应新时代电影发展需求的新美学观。政治美学与艺术自律、技术逻辑与美学品格、艺术理想与商业诉求、生产机制和消费动能、国家治理与全球贸易，这些电影生产的二元对立议题，在电影生产场域中显现出不同的主导力量。这些不同的主导力

① 白晓晴：《基于故事世界共创的影视版权价值开发研究》，博士学位论文，北京大学，2019。

② 向勇：《文化产业导论》，北京：北京大学出版社，2018 年版。

量，在中国电影产业发展的不同周期和不同阶段，起到或显或隐的决定作用，影响着电影生态的时代演进。后电影工业美学是对这种不确定性电影产制环境的动态描述，推动中国电影学者面对电影理论探索迈向更高的创新门槛。

毫无疑问，电影工业美学不是脱胎于法兰克福学派的文化工业理论，阿多诺式的技术美学的鞭挞和商业美学的嘲讽曾经是人文知识分子征伐大众文化、打击大众艺术、抨击大众电影的惯用腔调。文化工业理论是一种资本主义文化生产的批评理论，电影工业美学是一种建构性的实践主义美学理论，让我们看到了中国学人另外一种温和、理性的力量。

我们正处于变动不居的全球化和后工业化的历史进程中。在后工业社会，以知识为基础的科学阶层、技术阶层、行政阶层和文化阶层等四大专业阶层成为权力的主导。[①] 知识权力和技术权力将会发挥更大的产业决定力量。中国电影的发展正在经历产业整合、生态共生、审美共创和文化共享的多元演进，如何建构一种更加有效的“产业观照—审美批判”的电影工业美学理论，对此，电影理论界依然在探索中。在电影工业逐渐汇流于电影产业的新时代电影发展实践中，我们更呼唤一种批判建构主义的后电影工业美学观念。

---

① ［美］丹尼尔·贝尔：《后工业社会的来临——对社会预测的一项探索》，高铦等译，北京：商务印书馆，1986 年版，第 411—412 页。

中　篇

艺术立场：文化创意的价值与识辨

第五章 文化产业版权问题与价值开发

近些年来，文化产业版权问题不断得到重视，文化产品的 IP（Intellectual Property，知识产权）作为文化产业化进程中经济资本入注文化生产的产物，其价值开发成为文化产业领域的热门商业模式。本章分别对网络文学和新媒体电影的版权问题进行探讨，进而总结出新常态下文化产业 IP 开发的受众定位和价值演进。

网络文学场的演变分析是以布尔迪厄的场域理论为基础，由“限制性生产场”逐渐变化为“大规模生产场”，且网络文学场与电视剧、电影、游戏等文化生产场域之间的相互作用更加频繁和复杂。IP 的本质是布尔迪厄所定义的文化资本，通过“场域共振”的概念可以探索由 IP“串联”的文化产业各场域间的良性互动机制。在场域共振的基础上，文化企业可以利用网络文学的内容之源实现文化价值的跨界开发，进而推动整个文化产业的联动发展。电影依托于新媒体技术与播放平台，以一种即时的、互动的、原创的方式呈现在大众的面前，同时也面临众多版权问题。在重点探讨新媒体电影版权纠纷产生的原因之后，我们依据其自身的发展情况和特点提出相应的建议。

优质内容的明星 IP 具有广泛的受众基础和多元的开发价值，推动了文化经济的业态升级。“IP 化”生产和“IP 驱动”，是文化产业进入新常态发展阶段后的主要生产范式之一。根据内容的生产时间和影响力的持久性，可将明星 IP 分为老经典、新经典和快时尚。三种明星 IP 具有独特的受众价值，能够满足不同受众定位的差异化需求。三种明星 IP 分别不是彼此割裂的，而是可以相互转化的，其价值演变的过程——不论是老经典 IP 的时尚化改编，还是快时尚 IP 的经典化沉淀，都在文化价值和商业价值的双重维度上具有重要的产业价值和文化意义。

第一节　网络文学版权价值的场域共振与跨界开发[①]

在“互联网＋”和“内容为王”的文化产业语境下，文化企业对网络文学作品的多维度改编和商业化变现已成为常态，网络文学作品越来越频繁地成为 IP 价值延展的原点和根基，扮演着促进产业融合与文化创新的重要角色。IP 是“Intellectual Property”或“Intellectual Property Right”的简写形式，可被译为“知识产权”。劳动分工使社会产生了各种场域，比如权力场、艺术场、文学场、经济场等。场域的边界具有一定的模糊性，场域中始终存在着正统与异端的斗争，每个独立场域具有一定的相对自主性，不受其他场域规则的直接支配。文学场的概念源于布尔迪厄的场域理论，“一个场域可以被定义为在各种位置之间存在的客观关系的一个网络（network），或一个构型（configuration）”[②]。

随着互联网的普及，网络文学场域从传统文学场域中裂变出来，具有独特的运转规则与组织结构，场域中的行动者主要由互联网用户构成，拥有互联网时代全新的惯习。在布氏理论中，惯习是由知觉思维、外部影响和个人行动组成的、印在个人内在属性中的综合性系统。网络文学的 IP 化，使网络文学从原生时代进入资本时代，网络文学场出现了前所未有的新面貌，形成了具有时代特色的场域结构和运转方式。网络文学作者、网络文学平台、IP 开发企业主体和 IP 文化产品消费者之间形成了一个巨大的关系网络。场域行动者处于不同的节点上，占有不同数量和类型的资本，他们的占位随着资本的变化而变化，从而推动着网络文学场的运转。

① 此文由《场域共振：网络文学版权价值的跨界开发策略》修改而成，已征得合作者白晓晴同意收录其中。

② ［法］布尔迪厄：《实践与反思——反思社会学理论》，华康德译，北京：中央编译出版社，1998 年版，第 134 页。

一、商业逻辑下的网络文学场变迁

布尔迪厄曾将文学场分为限制性生产场与大规模生产场。限制性生产场指“为艺术而艺术” 的场域，推行“拒绝唯利是图”的生产模式，以追求高艺术水平为创作导向，肯定艺术家的独立性创造活动，限制性生产场内部充满了斗争，行动者们争夺文化资本，渴望优越地位；大规模生产场是“为经济而艺术”的场域，它看重的是文化艺术产业化的经济逻辑，关注传播、读者需求、发行量与经济效益，注重将文化价值转化为商业价值，经济资本是其斗争的主要动力。

2O 世纪 90 年代中期，随着互联网正式进入中国，随后网吧在大陆的兴起，网络文学在我国开始出现并开启了文本原生时代。互联网提供了一个交互性与实时性的平台，网络文学网站吸引大量作者驻站写作，作者以连载的形式随时发布自己的作品，读者则以追文的形式阅读并评论，作者通过回复评论与读者交流，作者与读者之间的沟通是实时对等的。作者在创作文本的时候常常会关注读者的意见，并有意识地把故事打造成读者喜欢的样子或者出其不意的样子。读者的点击数与评论量可以将作品推上网络文学网站中的排行榜，排行榜自身的宣传作用又可以吸引更多的读者来阅读作品。因此，此时的网络文学场域是一个“限制性生产场”，精彩的故事与出色的文笔是决定场域行动者占位的重要因素，网络文学作品是网络文学场域内部的封闭性生产物。

在网络文学发展产业化的背景下，网络文学场域越来越多地受到商业逻辑的影响，与各种媒介传播、内容生产子域之间产生了复杂而多元的相互作用。自 1999 年开始，蔡智恒的热门网络作品《第一次的亲密接触》在北京知识出版社出版并热销，我国网络文学开启了市场化、产业化的探索进程。2001 年，电影《第一次的亲密接触》在北京放映，尽管票房收入并不理想，但这是最早改编为电影的网络文学作品。2003 年 10 月，“起点中文网” 推出首批 VIP 在线付费阅读作品，正式开启了付费阅读的产业化新模式。2012 年，为进一步加大对电影产业的扶持力度，国家电影事业发展专项资金管理委员会出台了多项政策鼓励电影产业的发展。时至今日，影视改编已经成为网络文学 IP 开发的热门方向。近年来，网络文学作品通过版权交易的方式渗透进影视、游戏、动漫等文化场域，网络文学场的资本结构发生了显著变化，与其他场域之间的相互作用越来越频繁。

二十余年的时间里，随着全产业链发展模式的兴起，IP 多元开发成为文化产业内容变现的有效途径，网络文学的 IP 化重组着网络文学场的结构，网络文学场逐渐由“限制性生产场”转化为“大规模生产场”，通过付费阅读、纸质出版和多向度改编等途径，源源不断地输出优质 IP，联合其他文化生产场域生成经济资本与象征资本，充分发挥网络文学版权资源对文化产业多领域的强力支持作用。

二、网络文学 IP 的文化资本属性分析

“资本是积累的劳动（以它的物质化形式或考它的整合化、内化的形式）当被行动者们或者行动者集体在私有化、排他性的基础上占用时，资本使得他们能够占用以具体化或活生生的劳动为形式的社会能源。”[①] 布尔迪厄把资本分为四种类型：经济资本、文化资本、社会资本和象征资本。文化资本具有三种形态，分别是身体化的形态、客观化的形态和制度化的形态。IP 是一种特殊的文化产品，既具有文化资本客观化的形态，因其受到著作权法保护，又兼具制度化的形态。文化产品通常具有两面性：物质性和象征性。就其物质性而言，它表现为经济资本；就其象征性而言，它则表现为文化资本。场域中行动者的占位直接取决于资本，不同的资本类型可以互相转化。

（一）IP 跨界流转的资本转化机制

近十年来，作为内容资源的网络文学 IP 的改编和再创作成为热门现象，文化企业抓住优质网络文学 IP 源头，将其改编成电影、游戏、动漫等文化商品，已经成为投资风险较小、回报比率较高的一种 IP 孵化方式。2015 年的高热度电视剧《花千骨》《琅琊榜》《芈月传》均改编自网络小说，改编自网络小说的电影《九层妖塔》《寻龙诀》等票房均超过 6 亿元。

① Pierre Bourdieu. *The Forms of Capital in Education: Culture, economies, society*. London: Oxford University Press, 1997, p46.

资本的本质属性是增殖，为了实现不断增殖，文化资本只有在运动中——不断地生产和再生产，才能转化成经济资本。文化创意机构等场域行动者通过跨界复制优质 IP，来推动其不断实现商业变现。版权将非物质性的文化内容封装起来，使自由的原生内容成为文化商品，文化商品承载的版权内容通过原创和改编（即生产和再生产）在运动中实现增殖，不断增加的象征性财富又可以转化成更多的经济财富。可以看出，文化资本理论能够清晰地解释 IP 的成型原因与运转逻辑，经济资本对文学场的入注推动了文化内容的版权化，版权制度的成熟又反过来促进文化资本向经济资本转化。

网络文学作者在与文化企业签约后，其作品被版权化并能够产生经济价值。当其他场域的行动者用购买版权的方式引进文学场中的优质 IP，IP 就通过“原生文化资本—经济资本—次生文化资本”的转化过程进入另一场域，成为电影、动漫、游戏等其他场域的改编蓝本，改编而成的文化产品继续承载 IP 并借势升温，这一过程是两个不同场域之间的一次相互作用，其作用的结果是文化资本的复制。

（二）流转型 IP 的文本特点

尽管网络文学的 IP 化是一种文化产品开发的低风险形式，但并不是所有的文学作品都具有多元开发的商业价值，甚至网络文学场域中的高人气作品也未必都能成为具有跨界转化性的 IP 内容源泉。相对于只能在网络文学场域内部引起反响的封闭型网络文学 IP，流转型网络文学 IP 具有以下特点。第一，众创文本——网络文学原作要具有一定的人气基础，读者在小说的创作过程中给出了大量的反馈和丰富的意见，小说在网络文学网站要有较高的点击量和评论量，在网络小说排行榜上处于前列。第二，话题文本——作品要具有一定的话题性，在贴吧和论坛等社交网站上有自己的粉丝群体和交流圈子等；在 IP 改编作品推向市场后能够引起一定的社会反响；另外，作品话题要符合时代价值观并贴合文化热点。第三，创意文本——小说需题材新颖，脱离同质化倾向，虽然大量“穿越”类小说在网络上都有很高的点击量和评论数，但是网络小说的读者数据是在数年内累积的结果，而“穿越”类影视作品已经使受众产生了审美疲劳。因此，网络小说排行榜中的翘楚不代表优质的影视剧本，版权费天价的高人气作品未必能被改编成票房大热，其他文化企业在挖掘优质文学

IP 的过程中需要有敏锐的市场触角和较高的美学追求。

三、IP 跨界开发的场域共振策略

布莱恩·摩尔安在布尔迪厄的场域理论基础上，提出了“可供性场域”的概念。可供性可被理解为一种相互作用，包括行为主体、客体特征和行为等三个要素，强调行动主体与客体之间的互动体验。可供性环路包含技术材料要素、社会要素、经济要素、时间要素、空间要素和代表性要素（代表性要素主要是审美性的，但也会有源于一些正式或非正式的材料、健康或合法性方面的考虑），每一种要素都为文化生产场域提供着某种或某些可供性。在某种创意产业的语境下，不同的要素构成一个多面向的环路或集合，由任何一种要素开始都可以形成相同的渠道、循环、联结或属性，这个环路或集合建构了一个行动者网络。[①] 也就是说，在文化生产场域中，文化产品是在一个经济系统中

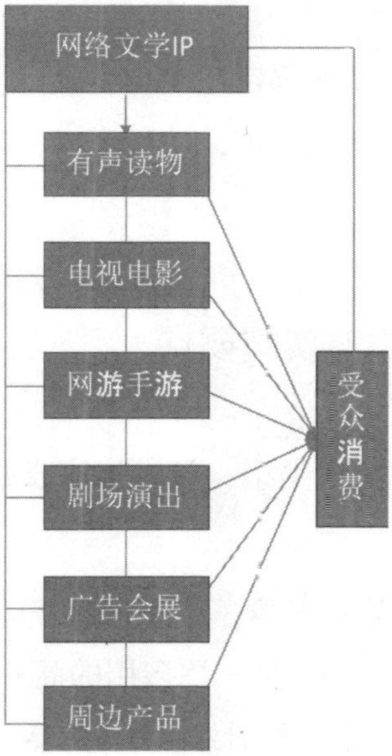

图 5–1　网络文学 IP 开发路线

① Brian Moeran, *The Business of Creativity: Toward an Anthropology of Worth*, Left Coast Press, 2013, p50.

经过多元持续的交换和互动后产生的结果，因此，其所包含的价值也是社会互动与多方协商的产物。在多个场域行动者的合作下，不同文化产品共同承载的 IP 是多个场域互动协商的产物，因此，IP 开发所获的经济效益和舆情口碑也不仅仅取决于文化企业的改编和管理，还取决于整个可供性环路内部的多种要素，这些要素共同影响着 IP 系列产品的水准和生命力；包括文化企业、媒介平台和受众在内的多种场域行动者被这些要素影响，同时也在创造着新的可供性要素，共同建构 IP“串联”下的复合场域，进而共同创造 IP 系列产品与 IP 多元价值。

场域的概念源于物理学，指物体周围传递重力或电磁力的空间。共振的物理学定义，是一物理系统在特定频率下，以比其他频率更大的振幅做振动的情形。IP“串联”下的多场域发展策略可以用“场域共振”的概念来概括，用来表示在互联网时代，场域行动者之间的通力合作使文学场、电影场、游戏场等文化生产场域达成的一种良性作用方式。这种共振是一个处于平衡状态的可供性复合场域，多个文化场域在优质 IP 的“串联”之下生成相互作用力，在多方协力作用下达到价值开发 1+1>2 的效果。这种相互作用力是多种可供性要素相结合的体现，每一种要素都参与构成场域行动者所施加的作用力，这些作用力反过来影响场域行动者的决策，从而形成一种处于平衡状态的可供性环路，即实现场域共振。

四、场域共振的分类与实施要点

通过区分由 IP 连接的场域类型，可以将达成共振的复合场域分为纵向延展型和横向整合型两种。

（一）纵向延展的闭合场域共振

纵向延展的 IP 多元开放是一种一源多用的商业模式，指在唯一 IP 的基础上进行多维度的改编和再创作，并对多种 IP 产品的传播和营销进行整合。在场域理论的视角下，一源多用中的每一“用”都处于一个独立的子场域中，如 IP 改编电影属于电影场域，IP 手机游戏属于游戏场域。在 IP“串联”的条件下，场域间存在的相互作用力多元而复杂，并且共同构成了一个复合场域。复合场域中的产品受众都是明星 IP 的粉丝，粉丝的规模不断发生变化，但是该群体不会发生身份转化，因此纵向延伸的复合场域具有一定的闭合性。IP 的粉丝通过消费文化产品产生评价，这些评价信息又通过互联网平台反馈给文化企业，成为一种可供性要素，为文化产品进一步开发提供素材和方向。文化企业一般可以通过以下策略构建纵向延伸的共振复合场域。

第一，形成优势互补。网络文学 IP 具有完整的故事线索与丰满的人物形象，这些是 IP 内容的核心价值，是其他衍生产品开发的创意之源。文学作品在人物形象塑造和故事情节叙述上是最详尽的，给读者以丰富的想象空间；影视作品的优势在于将人物故事可视化，强化受众的视听感受，并且可以充分利用明星效应赚取票房和收视；游戏的特点在于提供实时的人机交互和社交功能，具有较强的主观操作性和角色沉浸感。文化企业在处理文学作品改编的过程中，需要区分不同文化产品给消费者带来的不同价值，电视剧、电影、游戏等衍生文化产品的开发要发挥自身优势，强化不同的文化体验，以达到围绕内容源开发的多类产品之间形成优势互补。以《花千骨》系列产品为例，据统计，电视剧《花千骨》以 195.2 亿次的播放量摘得了 2015 年网络播放量冠军，同名手机游戏产品取得了首月游戏充值额近 2 亿元的成绩。通过数据可以看出，电视剧能够满足阅读小说不能获得的视听感受，手机游戏可以弥补小说和影视作品不能带来的互动性和代入感。多种文化产品达成联动互补，使《花千骨》这一网络文学 IP 实现了价值开发的纵向延伸。当然，优势互补的前提是纵向链条上的每一步开发都能创造优势。在产业化大背景下，通过 IP “串联”的系列文化产品的开发不能只注重商业价值而忽视艺术价值。文化企业对 IP 的选择和改编不能放松要求，即使是注重经济效益的大众娱乐产品，也应该有相对较高的文化追求和美学自觉，应该试图培养大众的高级审美趣味，杜绝快餐式的文化生产与文化消费，这才是产业长远发展的理想状态。

第二，内容编码独立性。在 IP 的“串联”之下，文化企业对不同产品的开发应该保持相同的调性，但是每个场域内部的规则不能直接决定其他场域的规则和结构，其中的场域规则包含文化产品的编码语言和表达方式。以改编电影为例，小说的撰写需要以文学语言塑造人物形象来展开故事，而电影的创作需要以专业的电影语言进行拍摄和剪辑。电影戏剧类作品的叙事重点在于表现冲突、强化共鸣，而小说常常通过人物内心世界的细致描写来增强感染力。小说的内容编码主要受作者个人经历和读者反馈意见的影响，而电影的改编拍摄受到的影响因素就要复杂得多，编剧要结合消费者需求、投资方要求与原作内容主线进行再创作，可谓钢丝上起舞。再以改编游戏为例，小说故事构成了游戏的世界观框架，但故事并不是游戏的制胜核心。在角色扮演成长类游戏（RPG）中，关卡系统、技能系统和社交系统是游戏玩法的核心元素。在多人在线网络游戏中，以剧情为线索的 PVE（Player VS Environment）板块其实是为 PVP（Player VS Player）板块和社交系统服务的。角色的成长性及突破性、PVP 系统的技巧性和游戏的社交黏性才是一款成功角色扮演类游戏的内核。2015 年火爆一时的手机游戏《花千骨》，由于没有突破主流 RPG 游戏的设计格局，技巧性和创意性也十分有限，所以在《花千骨》电视剧结局后，游戏的下载量和在线人数也迅速下降。原生 IP 创作者在对衍生产品生产给予监督的基础上，应该尊重并鼓励其他场域的行动者独立改编和创作，运用专业的编码语言和编码方式完成作品，在优质 IP 影响力的基础上，创作出以自身场域的价值评估标准衡量优质的改编作品。这样既能够吸引原生 IP 的粉丝消费衍生产品，又能够吸引其他受众关注 IP 系列产品，使改编产品既 IP 化又去 IP 化，运行于每个场域的独立规则和标准之下，并得到内部标准体系下的好评。

第三，产品周期持久性。优质的 IP 在原生网络文学场域中有着自己的粉丝群。这些粉丝也拥有相似的惯习，在 IP 流转的过程中，惯习的影响使粉丝不断追随新的 IP 产品。当 IP 电影或 IP 游戏符合甚至超出了粉丝的期望值，他们对该 IP 系列产品的忠诚度会得到提升，也就是说这些粉丝会保持对 IP 的热情，并将热情灌注于各种衍生产品之中。开发商可以通过一个优质原生 IP 打造出一系列文化产品，从而收获一个固定增长的粉丝群体。IP 纵向开发达到的场域共振状态可以使原生 IP 粉丝的品牌忠诚度保持很长的时间。著名的 IP 开发案例“哈利·波特”系列就是如此，其小说、电影的成功让哈利迷们多年保持对 IP 的热情，虽然电影和小说已经成为过去时，但哈利系列的衍生产品依然具有很强的市场活力，例如，美国的“哈利·波特”主题公园每年都迎来来自世界各地的游人。再如，日本的很多优质 IP，如《火影忍者》《海贼王》等作品，其漫画的连载和动画的播出几乎是同步的，动画的制作进度稍落后于漫画，每一期连载的内容量很小，创作周期长达十多年之久，其间还推出了剧场版电影、游戏和多种衍生产品。不同于一般的网络文学作品 IP 的线性流转，这种开发模式是对 IP 的一种不紧不慢的立体式开发，在保持粉丝忠诚度的方面具有更强的黏合力，大幅延长了系列文化产品的生命周期，适用于系列小说的改编和开发。

纵向延展的复合场域具有相对的封闭性，产品生产围绕固定的 IP 内容源，在多个场域间通过动态竞合完成共振。封闭性复合场域能够在集中的 IP 内容基础上开发出发散性的多门类产品，随着复合场域中的文化资本不断增殖，IP 的文化影响力不断扩大，资本转化率也可以得到显著提升。

（二）横向整合的开放场域共振

横向整合的开放性场域指多个原生 IP 的整合性文化产品开发，以及 IP 助推下的其他非文化产品的开发。IP 开发的横向整合可以发生在纵向链条的任意一个环节，以某一产品开发的场域为原点，整合在切面上的其他场域，实现横向开放性共振。横向整合的多个场域通常由文化品牌或内容平台“串联”。文化创意企业可以通过以下两种方式将不同场域的合作进行整合。

第一，品牌化内容联动（图 5–2）。文化品牌可以将旗下的文化产品进行多向整合，达到横向场域共振的效果。从美国著名漫画公司漫威的漫画改编电影的案例中，我们可以借鉴内容横向整合的经验。2008 年起，漫威停止将自己的漫画 IP 卖给好莱坞，转而自己拍摄电影，该公司接连推出了《钢铁侠》《雷神》等 11 部超级英雄电影，全球票房总计 83 亿美元。漫威在一系列超级英雄电影中，创造了一个统一的世界观，打通了人物故事背景，通过不断将故事情节“串联”，将英雄们的人生经历逐渐完善。漫威还让不同的英雄主角到其他电影中客串配角、反复登场，形成了一个庞大的超级英雄亚文化生态圈。漫威用纵横交错的故事主线与人物关系，用漫画电影及衍生产品牢牢地将受众包裹其中。超级英雄文化是场域行动者的惯习元素，打通了每一个独立 IP 的受众群。又如迪士尼动画王国，迪士尼公司联合了一众优质 IP 资源，将其经典形象汇集并创造了一个动画王国，新形象可以持续被添加进这个王国，经典形象通过故事延续与产品创新保持自己的吸引力。这种组合 IP 已经成功地打造了一个以迪士尼文化理念为入场信念（doxa）的复合场域。复合场域中同样存在着布尔迪厄所说的异端与正统的斗争，新的动画形象和文化产品不断涌现，旧的动画符号依然在维持自己的市场活力，争夺着资本和受众。在这种复合场域的斗争中，场域资本在时间的推移下不断增殖，IP 价值开发实现了最大化与长久化，文化品牌能够建构出一个具有持久生命力的亚文化有机体。网络文学中的形象在图像化之前，很难被整合在一起，但是当文学 IP 进入视觉开发阶段，人物可视化的形象就可以被融合进新的场景或故事，延长旧 IP 的生命力，协助新 IP 打开市场。横向共振具有一定的开放性，文化企业可以不断添加新的内容、构建新旧关联来延长文化符号的生命力，推动文化品牌的长期繁荣。

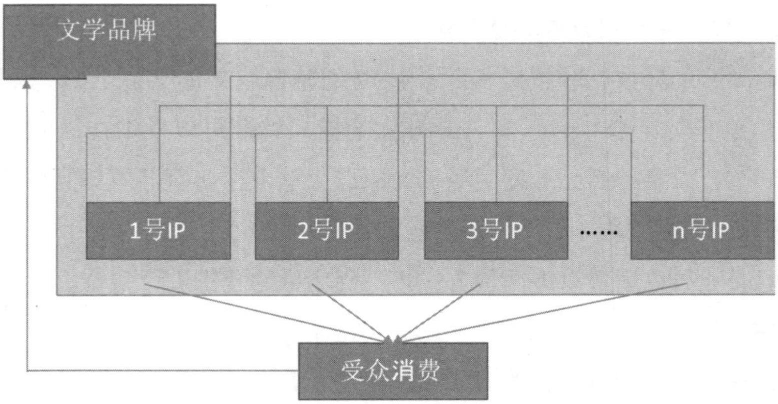

图 5–2　品牌化内容联动复合场域

第二，平台化价值补贴。文化企业平台可以在营销 IP 产品的同时，将 IP 文化价值渗透到平台运营的方方面面。以互联网公司打造的内容平台为代表，平台通过对原生 IP 进行开发，借助 IP 的影响力反哺平台的非文化产品推广，能够实现 IP 内容产品对平台其他产品线的价值补贴。横向整合的开放性还表现在，IP 的粉丝群可以转化成其他场域中的行动者，进而影响不同场域中的资本结构。以乐视平台对《芈月传》的 IP 价值开发为例，自 2015 年年底，乐视视频平台播出了由网络小说改编的战国古装巨制《芈月传》，截至最后一集播出，该剧收获了 113.2 亿次的播放量。《芈月传》不仅通过商业赞助、视频广告、海外版权销售为乐视赚取收益，还成为乐视的明星 IP 源，推动非文化产品的销售。乐视用芈月系列“会员机”和“纪念机”的形式推广超级手机、超级电视等非文化产品，仅 2015 年“双 12”一天就获得了 5.1 亿元的销售额，由单一内容拉动了整个平台的产品销售和品牌推广。在乐视平台的整合下，IP 的文化价值渗透进其他横向相关场域，通过文化资本的跨界增殖来吸引其他场域行动者的注意，进而促进文化资本向经济资本的转化。电视和手机的潜在消费群体和《芈月传》的受众群体存在交集，交集中的大量人群都在芈月 IP 文化价值的影响下转化成了电视和手机的实际消费者。乐视成功地通过单一优质 IP 推动了整个平台的商业变现，充分带动了平台“串联”下的多场域横向共振。

总的来说，纵向场域延展与横向场域整合是可以相互结合、相辅相成的。在过去的几年里，很多文化企业过于关注版权收益却忽视产品质量，过于关注开发效率却忽视整体经营，最后造成衍生产品质量下降、IP 多元开发虎头蛇尾，IP 价值很快就被榨干的结果。不同的文化场域具有不同的客观结构和运转规则，在 IP 多元开发的过程中，场域行动者要拥有全局性的视野和前瞻性的思维，多方面通力合作，以故事驱动为核心，针对市场需求，实现版权资源各种形态的转化。文化企业只有充分考虑复合场域中的可供性要素、深刻认识场域中和场域间存在的网络关系，才能够整合多场域的联动运转，达到场域共振的效果。

从根本上讲，IP 在不同场域间的流转就是要通过挖掘和转化文化产品的多种价值，实现价值开发最大化，塑造文化产品持久的生命力，推动文化资本向经济资本转化，在文化和经济的双重维度上使优质 IP 推动文化产业发展，创造更多的社会财富。场域共振的概念强调优质 IP 在流转过程中，各个场域不是独立运转的，而是场域之间存在着“巧创新”的作用力，正如共振的物理学概念一样，系统需要特定的频率，过高或过低都不能达到共振的效果。因此，在 IP 跨界开发的过程中，不是投入越多经济资本就越能提升文化产品价值，也不是拥有了优质 IP 的影响力就可以走捷径。场域共振的概念试图从宏观层面入手，提供一种独立化创作与合作化管理的思路来解决不同场域的关系问题，同时也提供了几种网络文学 IP 的跨界开发模式，但是也存在着对 IP 产品多元价值和行动者开发策略研究等方面的局限性，需要进一步从其他的理论视角入手来解决微观问题。

第二节　论新媒体电影的版权问题①

2010年10月，一部名为《老男孩》的网络电影迅速蹿红，“青春一去来不及道别”的忧伤让无数告别青春走向而立之年的“80后”流下了眼泪。《老男孩》是中国电影集团和优酷网共同推出的“11度青春”新媒体电影计划中的一部。在这11部由新锐导演加盟的新媒体电影中，除《老男孩》之外,《哎》《泡芙小姐的金鱼缸》《阿泽的夏天》等，也受到了观众的好评。②这似乎在预示着，电影这一艺术形式可以通过新媒体用一种新的途径表现出来，此后，新媒体电影的发展一直如火如荼地进行着。

一、新媒体电影的发展现状

（一）新媒体电影的内涵

关于新媒体电影，目前还没有一个较为明确的定义，但以《老男孩》为例，它一夜之间走红使这个正在形成中的概念进入人们的视线。北京大学李道新教授认为：“‘新媒体电影’最重要的特征是与网络平台及网络受众联系在一起。这是一种介于传统电影与网络视频短片之间的新生事物，比传统电影更具灵活性和草根性，但比网络视频短片更专业、更有理想和抱负。”从电影文化角度看，新媒体电影打破了原有的电影生产格局，带来了电影的民主化，是一场全民电影运动。人人都可以“下厨”DIY电影。新媒体电影是以观众为中心的电影制作、发行和放映，观众可以互动参与电影创作，观众的鼠标可以选择、控制电影的播放，观众的评论可以影响电影的传播。③

根据新媒体的特征，我们可以定义新媒体电影为基于新媒体形态和技术产生的电影形式，是指以有线或无线网络为传播工具，以电脑、手机和其他移动终端为载体，同时兼容电视等传统传播媒体，面向更加广泛的视频受众的

① 此文由《试论新媒体电影的版权保护问题》修改而成，已征得合作者李天昀同意收录其中。

② 李皓:《浅谈新媒体电影的现状及发展》，载于《新闻世界》2011年第7期。

③ 代欣:《浅析新媒体电影发展之路——以“11度青春系列电影”为例》，载于《今传媒》2011年第7期。

影像产品。按照新媒体电影传播的载体及制作形式，可将新媒体电影大致分为三种类型，包括网络电影、手机电影和其他在网络和手机以外播放的新媒体电影。[①]

（二）新媒体电影的特征

1. 改变传统电影制作模式[②]

新媒体电影在很大程度上改变了传统电影由于经济权力等造成的单线单向生产模式。很多从事新媒体电影开发、制作的运营商都一改传统影视机构集中投资拍摄电影以期获得利益的做法，将工作重点放在了整合各方影视制作资源上，包括：选拔网络自荐的新锐导演；审核通过网络征集的电影剧本并进行专业筛选、加工制作；对投资拍摄的剧组进行统筹监控，尽量避免资金浪费。这种做法将电影剧本、拍摄的权力交给了广大电影爱好者，使更多爱好电影的人可以通过很低的成本和相对简易的手段有机会涉足电影的生产，电影生产过程从剧本的选择、演员选拔到整个拍摄过程都将与大众保持很好的互动，很好地体现了新媒体电影的互动性、平民化、参与性强等特点。

2. 发行渠道多样化

新媒体电影从时间和空间上彻底突破了传统电影的发行限制。随着数字时代的来临，观众对影片的接受实现了真正的自由。一方面，通常新媒体电影篇幅较短，能够借助各种移动媒体主动将自己呈现在观众面前。另一方面，移动通信技术的普及让观众对新媒体电影的获得、接受、观看都变得更加容易。以新媒体技术为依托的新媒体电影正是由于有了新的传播渠道和相应的新的发行模式，才蕴藏了巨大的市场效应和经济利益。同时，新媒体技术也能很好地整合传统电影，使其符合新媒体的内容要求。例如，将传统电影制成一些短篇、片段供网络、手机用户下载观看，改变传统电影的发行模式，以产生更大的效应。

3. 产业价值链的延伸

新媒体电影产业的经济链条不再是单线的延伸，而是围绕电影产品呈现出多点多链接发散性网络。通过对传播渠道的整合，整个新媒体电影产业链

① 林三芳：《新媒体电影的勃兴与困顿》，载于《当代电影》2011 年第 11 期。
② 杨致远：《新媒体电影的发展机遇与挑战》，载于《现代视听》2009 年第 6 期。

条具有了多个价值增值点。在新媒体电影的产业链上，有手机制造商、移动运营商、网络平台、内容供应商及广告商等多方力量，他们的利益是紧紧联系在一起的，每一方都可以通过新媒体电影实现自身利益的扩大化，从而实现利益整合，创建出一整套包括网络电影 / 手机电影点播下载、在网络 / 手机上互动参与创作、网络影视游戏的开发与互动、移动增值业务在内的商业运营模式。

（三）新媒体电影的类型及发展现状

新媒体电影的内容可以开发成两种类型的产品 ：一种是欣赏型内容产品，另一种是实用型内容产品。欣赏型内容产品主要是以观众的欣赏需求为目的、对电影内容进行编辑和包装而成为具有独立欣赏价值的内容产品。这种编辑一般改动较少，以原版原声的片头片尾曲、插曲、预告片、精彩桥段、经典对话、经典动作场面和画面等为主要形式。

随着大批新媒体电影的涌现，各大视频网站纷纷开始争夺资源，力求在新媒体电影领域分得一杯羹。截至 2011 年第三季度，中国在线视频市场规模预计达到了 19.4 亿元，同比增长超过 95%，2011 年中国在线视频行业市场规模将在 62 亿元左右[①]。艾瑞咨询最新行业数据统计预测显示，随着几家综合视频网站的相继上市，以及门户视频网站资金的不断充裕，视频行业正处于一个竞争空前激烈的大环境。而国内视频网站大致走向了四个不同的方向：优酷和土豆在保证正版和独播权的前提下，通过广告支撑投入，而不是网友付费模式；56 网则始终坚持具有娱乐特色的 YouTube 模式，并注重增值服务；奇艺、乐视、搜狐视频致力正版高清；激动网和第一视频的目标则是视频资讯。[②]然而直到现在，视频网站仍未厘清其商业模式。一方面是豪掷千金购买或者自制影视版权，另一方面是各家视频网站都没有实现盈利。

① 自该文章发表 10 余年以来，我国在线视频行业市场规模呈现高速上升，2021 年我国网络视频用户规模 9.75 亿，用户使用率 94.5%，在线视频行业市场规模 1392.3 亿元。据贝哲斯咨询发布的在线视频平台市场调研报告，至 2028 年全球在线视频平台市场规模将会达到 1560.84 亿元。——编者注

② 《“新媒体电影”探索华丽吸金新路径》，资料来源 http：//finance.jrj.com.cn/industry/2011/06/13085210183571-1.shtml（2011-06-13）。

二、新媒体电影现存的版权困境

目前，大量的视频网站已经成为盗版的乐土，囊括了许多优秀的电影作品，严重影响了电影的票房收入，难免侵害电影版权人的权益，使其维权行动举步维艰。

（一）新媒体电影的精神权利

有人曾说国际互联网络将成为作者精神权利的“终结者”。在势如洪水的网络传输面前，新媒体电影守卫作者与作品之间人格联系的精神权利受到巨大冲击。在传统的印刷技术时代，由于技术条件的限制，侵权者几乎不可能给创作者的精神权利造成很大的侵害，如要造成很大的侵害，则必须花费很大的成本。因此，这种技术局限性为作者精神权利的保护提供了天然屏障。但在网络环境下，新媒体电影的交互性、虚拟性、开放性、数字化特征为侵权者提供了极大的方便，并使得这种侵权的影响范围迅速扩大。一方面对已有电影作品的“借用”，不仅可以不留任何痕迹，而且可以使原作品同“借用”产生的作品真假莫辨。另一方面，在网络环境中，人人都可能成为电影出版者。上网者不仅可以经由网络直接发行自己创作的作品，而且可以把接收到的他人的作品向特定的或不特定的对象“重发”出去。网络发行使作品绕过了发行商和市场，给发行管理制度带来多方面的影响，必然引起包括精神权利在内的新的版权问题。①

（二）新媒体电影的版权困境

传统的视频作品都是有版权的，在《中华人民共和国著作权法》第三次修正并自 2021 年 6 月 1 日施行前，新媒体电影 10 秒到 30 分钟的短片究竟如何在版权上界定曾是一个问题。据统计，在视频网站中，有很大一部分内容是网友截取电视、电影的断片，这些影视作品片段在某些视频网站中甚至占了内容总量的 1/5，而对于这样的做法是否侵权一直是一个焦点问题。可以说，版权问题一直都是悬在所有视频网站头上的一把利剑。

当前，虽然法律上有了明确的界定，但我国互联网视频行业仍在遭遇

① 包韫慧、陈丹、梁靖：《数字环境下我国版权保护利益平衡机制研究》，载于《北京印刷学院学报》2010 年第 1 期。

“冰火两重天”的考验。一边是数千万级网络版权、上亿规模的侵权诉讼，此起彼伏的非理性甚至是恶性竞争不断上演，一大批企业时刻遭遇“版权、非理性竞争”等潜在危险的冲击。对于视频网站来讲，由于视频网站资金投入与产出的矛盾，以及为了获得高的点击率，他们对待网友的侵权行为不仅持一种宽容的态度，而且对于网友的侵权行为，视频网站还可以“由网友上传”作为视频侵权的挡箭牌。如果版权方追究责任，视频网站就像其他网站一样，仅删除侵权内容便以为万事大吉。另一边是电视广告限播令带来的互联网视频广告收入倍增，让互联网视频行业迎来一轮又一轮爆发式增长。因此，对于新媒体电影来讲，解决好视频网站的版权问题始终是发展的当务之急。[①]

三、新媒体电影版权纠纷及其原因分析

对于互联网而言，任何一个兴衰都可以在瞬间改变。虽然新媒体电影发展得风生水起，但现在横在它面前的是一座难以跨越的网络版权大山。国内视频网站的绝大部分内容都有侵权的嫌疑，接踵而至的侵权官司是视频网站的致命伤，而广告主们由于担心惹上版权纠纷而不愿多在视频网站上投放广告，令视频网站的生存环境雪上加霜。

（一）网络视频网站的侵权形态

1. 视频分享网站用户发布侵权作品

2007 年，国内有了首起网络视频直接侵权案——新传在线因《疯狂的石头》在上海诉土豆网案。拥有《疯狂的石头》信息网络传播权的新传在线（北京）信息技术有限公司在一次调查中发现，在上海全土豆网络科技有限公司经营的“土豆网”上，会员通过注册上传了《疯狂的石头》这部电影，并且通过网站向在线用户提供免费在线播放。根据新传公司统计，仅在 2007 年 6 月 8 日至 6 月 28 日，就有 130 多个网民将《疯狂的石头》上传至土豆网，新传公司因此流失大批观众，经济损失惨重。2008 年 5 月，上海市第一中级人民法院作出一审判决，土豆网因侵犯电影《疯狂的石头》的著作财产权，被判立即

① 张佰娟:《论微视频的个体表达及其文化意义》，吉林：东北师范大学，2008。

删除土豆网上的侵权电影，并赔偿享有该电影网络信息传播权的新传在线（北京）公司经济损失及合理费用共计人民币 5 万元。土豆网不服判决，向市高院提起上诉，最终还是维持原判。

2. 视频点播类网站自行发布侵权作品

2007 年，宁波成功多媒体通信有限公司诉北京时越网络技术有限公司以网络电视方式播放电视剧《奋斗》侵犯了其信息网络传播权。2007 年 6 月，《奋斗》制片方将此剧中国内地的信息网络传播权独家授予宁波成功多媒体通信有限公司。北京时越网络技术有限公司在其经营的悠视网提供《奋斗》的在线播放。宁波成功多媒体通信有限公司认为北京时越网络技术有限公司侵犯其信息网络传播权、复制权、获得报酬权等版权。法院经审理认为，北京时越网络技术有限公司未经权利人许可，通过互联网在线播放的方式使用《奋斗》，使网络用户可以在其个人选定的时间和地点获得《奋斗》的内容，侵犯了宁波成功多媒体通信有限公司从北京鑫宝源影视投资有限公司获得的中国内地独家信息网络传播权，应依法承担停止侵权、赔偿损失等法律责任。

3. 视频搜索类网站帮助搜索侵权作品

POCO 网是一个与迅雷结构技术类似的 P2P 网站。由于 POCO 网提供多媒体资源分享软件，吸引、帮助网络用户下载包括《杀破狼》在内的免费电影，《杀破狼》的国内发行商广州中凯文化发展公司将 POCO 网的网站运营商广州数联软件技术有限公司告上了法庭。2007 年 11 月 22 日，上海市第一中级人民法院对这起上海首例 P2P 软件侵权案作出一审判决，以广州数联软件技术有限公司在网络平台上教唆、引诱网络用户传播侵权电影为由，判决其停止侵权行为，并赔偿广州中凯文化发展有限公司经济损失 5 万元。广州数联软件技术有限公司在明知个人网络用户不可能是影视作品版权人的情况下，仍然设立内置式搜索引擎，帮助网络用户快速寻找侵权影片，导致侵权作品大量传播。根据《信息网络传播权保护条例》的相关规定，广州数联软件技术有限公司尽管未直接实施下载侵权电影的行为，但其所设立的排行榜和搜索引擎实质上引诱和帮助用户实施了侵犯版权方信息网络传播权的行为。①

① 俞露：《网络视频侵权研究》，载于《贵州大学学报（社会科学版）》2010 年第 4 期。

（二）新媒体电影的盈利模式单一

新媒体电影的内容经过分门别类，一般有以下销售途径：第一种，制片方以较高价格一次性出售给网站、手机等新媒体供观众点播和下载。第二种，制片方以较低价格与新媒体销售商就点播下载收入或广告收入进行分成，其盈利模式与成品影片的卖断或分账模式是一样的。第三种，由于欣赏型内容产品所特有的观赏价值，制片方把这些内容产品的播映权卖给户外移动电视、移动多媒体广播等新媒体运营商或内容集成商，运营商或集成商把它们制作成相应的节目进行播放，以此吸引广告赞助来获得盈利。第四种，可以通过与新媒体设备制造商合作，采取内容产品内置的方式销售给设备厂商。①

然而，对于发布新媒体电影的视频网站而言，至今仍在探索属于自己的盈利模式，还难以摆脱传统凭借惊人点击与流量发布网络广告的窠臼。而盈利模式的缺失造成的结果就是成本与收益一直不成正比，再加上网络服务器、宽带使用成本的增加与诉讼法律风险的增大。据披露，美国的 YouTube 每月投入为 90 万美元到 150 万美元，绝大部分投入交给了服务器提供商和宽带提供商，今后能否有持续的资金流提供新鲜血液成为最大的制约，在国内即使是如土豆网、偶偶视频、爆米花视频等几家较大的微视频网站，也还在探索自己成熟的盈利模式想绕开一如既往的无奈烧钱——钱总有一天会被烧光，到那时，再无盈利模式支撑，或许就是微视频业衰败之时，曾经发生的新传、光芒、千橡等公司陆续或裁减或撤离视频网站事件，已经是国内视频网站经历过寒冬的例证。

（三）高涨的版权价格

顶级大片一直以来都是市场稀缺资源，加之视频行业竞争激烈，势必推动版权价格的上涨。视频行业从“盗版横行”发展到了“抢买正版”的新阶段，是内容价值的合理体现。这虽然促进了电影和网络视频业态间的互动，可是对影视制作公司来说，来自电影网络版权的收益比例至少在笔者写作时还并不大。而对视频网站来说，最有利的合作方式是广告分成，这却有损版权方的利益，因为制作成本的风险无法均摊。在相当长一段时间内，广告收益与日益增长的版权费之间的矛盾将是制约独立视频网站发展的主要矛盾。高昂的版权

① 钟乙华：《新媒体环境下的电影营销》，载于《当代电影》2010 年第 4 期。

价格对整个业界来说并非好事。视频网站本身就是一个高成本运作的项目，即便没有版权压力，电信线路和机房的成本都能够让经营者喘不过气。也许正是这种版权方与视频网站间的不对等关系，让优酷网、土豆网有了曾经的所谓版权资源共享的战略合作。但如果这种方式广而推之的话，最终将导致视频网站间内容的同质化。到头来独家的内容也会变成各家均有，而目前影视剧高昂的网络版权费中泡沫已经逐渐显现。

（四）版权分销过于频繁

随着版权环境的改善、版权价格不断走高，以及版权分销市场逐渐成型，跟在线视频广告相比，版权分销市场规模较小。数据显示，2010 年，网络视频行业总规模 34 亿元人民币左右，其中网络视频版权分销市场总规模约 6.8 亿元人民币，2012 年，网络视频行业保持了 50% 以上的增长，版权分销市场规模达到 10 亿元人民币。版权分销过于频繁，造成的直接结果是，所有网站拥有同样的影视剧，对于用户来说看哪家区别不大，其意义仅体现在视频网站资本运营方面。有关研究报告指出，随着视频内容日趋雷同，用户点击大多数出于偶然，视频用户在各个视频网站之间的飘移现象严重。2011 年，艾瑞咨询对众多视频网站访问用户的月统计数据也显示，单个用户月访问次数在 5 次以下的占据很大比例，基本上，视频网站 80% 的流量来自搜索引擎，只有 20% 来自对视频网站的主动访问。[①]

中国目前版权结构比较多重，版权方往往授权多家代理公司出售版权作品，比如制片方的第一版权方，他可以把版权逐级向下卖给代理公司代理，也可以卖给院线代理，甚至电视台，这些机构均在同购片方达成代理事实后，就有权自己定价，继续售卖版权作品。也就是说，某个视频网站所购买的电影，通过其他版权方或代理方也可以买到。要想真的达到版权买断，就得跟所有版权方和代理机构一一达成独家播放权，或者在电影未开拍前，或趁制片方未和任何代理机构形成代理意向就与制片方谈判，购买独家版权资格，并享受一级代理商权利。可以想象，即使制片方会迁就一点，将版权作品整体出售（行业标准做法是拆分出售，因为这样做总体利润会更高），版权转让费也一定是单

① 秦茜：《土豆优酷神秘联盟联播模式或报版权方利益》，载于《IT 时代周刊》2010 年 5 期。

个企业所承受不起的天价。[①]

（五）视频网站的乱象竞争

2010 年，视频版权分销商——北京盛世骄阳文化传播有限公司称土豆网盗播其享有独家信息网络传播权的 328 部影片，公布了盗播截图证据，并且表示，将保存这些证据为进一步诉讼做准备。而土豆网方面表示，北京盛世骄阳文化传播有限公司曾向土豆网发来多达 600 多部剧的庞大片单，但对方并未提供任何一部剧的版权文件证明，此行为已经扰乱了正常的版权交易市场。随着行业的转暖，网络视频业已摆脱"烧钱机器"的称谓，全行业的盈利也风生水起，不过，行业内的竞争依旧激烈，版权问题依旧是打击对手的重要法宝。业内专家表示，网络视频业的版权交易亟待规范。网络视频行业经历了此起彼伏的诉讼，核心问题都是版权。这一方面显示了这一行业对视频资源的争夺日渐激烈，另一方面也表明行业发展到了一个转折时期。正是在这一系列诉讼之中，网络视频业逐渐向正版化方向发展，越来越多的互联网企业开始重视版权，这集中表现为各视频网站对热播影视剧的独家首播权的获得、对世界杯网络视频资源的争夺等。[②]

（六）政府部门的利益博弈

政府部门之间的利益博弈也是造成互联网影视产品版权争而不绝、治而不住的部分原因。网络版权治理的积极推动者国家广播电视总局和工业与信息化部各自基于部门的职权约定而产生管辖权的部分交叉，而双方在监管层面职权交叉点展开的博弈行为会给视频网站的版权规范管理带来一定的负面影响。国家广播电视总局通过对自拍视频、直播视频的内容监管及电视电影版权作品的发行渠道监管，进入网络视频的监管领域。工业与信息化部"三定方案"的职责范围明确包括"第十一项统筹规划公用通信网、互联网、专用通信网，依法监督管理电信与信息服务市场"，以及"第十三项承担通信网络安全及相关信息安全管理的责任"，网络视频的监管似乎应是工信部的主职主业。因此，

① 傅若岩：《网络版权价格迭创新高视频行业面临盈利挑战》，载于《IT 时代周刊》2011 年第 18 期。

② 《盛世骄阳、土豆网缠斗继续？》，信息来源：http：//www.dayoo.com/roll/201010/20/10000307_103742770.htm（大样网）（2010-10-20）。

对于推动国家广播电视总局与工信部等有关部委建立网络版权治理的协同机制，就势在必行。

2009 年 8 月 14 日，国家广播电视总局发布通知，要求通过互联网连接电视机或机顶盒等电子产品，向电视机终端用户提供视听节目服务的企业，必须取得信息网络传播视听节目许可证。但事实上，取得许可证的条件颇为苛刻，因此彩电厂家联合上书工信部，寻求行业主管部门的支持与保护。工信部旗下中国电子视像行业协会积极行动，在联系国内彩电巨头企业联名施压国家广播电视总局的同时，上书相关部委，希望国家广播电视总局扶持互联网电视的发展，建立有效的监管方式。2009 年 3 月，政府报告中提出要支持和推进三网融合，随后国务院发文推动三网融合，但在互联网电视的内容监管方面，广电部门、彩电制造商和互联网络视频集成商之间的利益博弈多年不断，而作为管理单位的国家广播电视总局和工信部在网络电视上各持不同立场。国家广播电视总局介入工信部的互联网监管领域，工信部进入国家广播电视总局的互联网电视渠道，这种政府部门的利益较量导致目前网络电视缺乏统一的管理标准。

四、对新媒体电影解决版权纠纷的建议

值得欣慰的是，网络视频内容的规范化推动数字版权保护进程正在加快。多家视频网站联合组成反盗版联盟，各种反盗版组织的成立，表明视频版权方的版权保护意识更加强烈，而社会各界也应采取多种措施来共同营造网络视频产业的健康发展环境。

（一）建立新媒体电影数据库，统一管理

视频内容提供的成本压力和持续性压力，是导致盗版资源流传的因素之一。在视频互联网产业中，必须出现一股强大的力量来整合内容资源。[①] 如果成立新媒体电影数据库，对电影版权进行统一的管理，不仅可以分摊版权的高成本，也有利于规范整个新媒体电影的版权市场，同时，数据库可以利用长尾

① 施忠：《网络视频的版权与模式挑战》，信息来源：http：//www2.ccw.com.cn/06/0647/a/0647a17_1.html（2006-12-24）。

理论，帮助视频网站进行差异化经营。

将长尾理论运用到网络视频遵循内容为王的法则，仅用电影行业大热门的思维管理数字时代的网络视频，则与网络的特性背道而驰。要让丰富的片源库价值最大化并非易事。国内的视频网站由于一直缺乏数据库支持，在版权购买时往往跟风影视热点，高价购得“大热门”；但在成本计算的时候，又不使用电视行业的规则，而是采取直线摊销的方法，降低了“大热门”的盈利压力。而这个“大热门”当年没有盈利的话，能在日后收回成本并且盈利的希望就会比较渺茫。[①] 建立数据库后可以避免热门扎堆现象，通过推荐系统为广大中小成本的新媒体电影提供更多的销售途径，也极大丰富了观众对新媒体电影的选择，实现新媒体电影的有效供给。

（二）建立新媒体电影版权基金

除了建立新媒体电影数据库外，在独家内容争夺上，可以建立一个新媒体版权基金，如 2011 年 4 月北京厚德雍和资本管理有限公司、北京东方信达资产经营总公司、中关村创业投资发展有限公司建立的国内首支影视新媒体版权基金——北京中关村新媒体版权基金。该基金专注于各类优质电影、电视剧、动漫类节目的新媒体专有许可权，以及相关的电影、电视剧、动漫类项目制作投资。[②] 这样做，便从产业链的角度规范了新媒体电影从制作到销售的每个环节，不仅掌握了上游内容的版权，而且可以用合理的价格分销给视频网站，以帮助这些网站实现正版化，同时大大避免新媒体电影播出销售和衍生产品制作的版权纠纷。这样做，其实对内容制作方而言也是有利的，因为只有视频网站赚钱了，才会有钱去买版权。[③]

（三）探索新的商业模式

视频行业商业模式的核心是收费和广告两种模式。截至 2012 年，视频网站已经明显划分为几大类，第一类是像土豆网这种开始偏向于自制剧网站，第二类是像优酷这种自制剧与购买剧两条线发展的网站，还有像爱奇艺、腾讯

---

① 张艳：《用户收费：视频网站最后的稻草？》载于《视听界》2011 年 4 期。

② 《国内首支影视新媒体版权基金成立》，信息来源：http：//news.xinhuanet.com/legal/2011-04/29/c_121363315.htm（新华网，2011-04-29）。

③ 《“新媒体电影”探索华丽吸金新路径》，信息来源：http：//finance.jrj.com.cn/industry/2011/06/13085210183571-1.shtml（2011-06-13）。

等购买版权的网站。同期，网络视频公司的盈利模式分为广告收入、版权分销和用户付费三大主要方式。有传媒行业分析师认为，高版权价格时代下，独播模式输多赢少，市场可行的模式是良性分销，面对如此高价的热剧版权，选择理性分销可以促进良性的盈利模式构建。2011年，广告价格上调成为视频网站行业的整体发展趋势。优酷网、乐视网等网站的广告价格上调幅度都在15%～20%。尽管如此，相对于视频网站面临的高昂的购片和带宽成本而言，广告收入仍显不足。因此，自制剧和收费观看无疑为视频网站提供了有效的收益渠道。

（四）明确政府监管制作，版权保护与时俱进

一方面，2009年《关于加强互联网视听节目内容管理的通知》的发布意味着将由国家广播电视总局担任网络视频的监管者角色。视频网站除了获得国外影视内容的播放权，还要经过内容审核，获得国家广播电视总局审批。但对于拥有大量的国内影视剧版权及国资企业的网站，这种影响就小很多。因此，在确立监管部门的职责时也应让相关的行业组织介入，从而维护视频网站的利益，形成多方竞争的良性局面。

另一方面，网络版权保护也应与时俱进。旧有的版权保护规则，带来的一大结果就是视频网站之间陷入版权混战，而无暇顾及技术发展、产品创新和行业发展。版权“过度保护”的结果就是任何公司和利益团体都可以打着“版权保护”的名义进行诉讼。这里有的是恶意诉讼行为，也是对国家公共司法资源的极大浪费。“版权保护”的初衷不是为了限制版权本身，而是让版权所有者的付出得到应有的回报，同时，在这个基础上，版权使用方自身也能实现收益。然而，当一些版权二道贩子和寻租者，以“版权保护”为幌子牟取暴利时，我们要反思，传统的版权规则该如何与时俱进，如何通过法律完善来减少恶意诉讼者的生存空间。①

新媒体电影的出现为视频网站的发展带来了新的契机与挑战。网络视频的版权问题一直困扰着视频分享网站的发展。我们不仅要结合新媒体电影参与性、即时性、原创性、互动性的特点从多方面对新媒体电影进行版权开发与保

① 廖庆升：《版权纠纷困扰视频网站 利益之争亟待行业规范》，信息来源：http：//tech.ifeng.com/internet/detail_2010_10/22/2870105_0.shtml（凤凰网，2010-10-22）。

护，更要注意社会效益优先的原则。除了保护版权人的正当利益外，也保护利用者的利益和全社会的公共利益，更要注意作品产生的社会效益。只有保护他们的利益，允许其最大限度地利用作品，才能有动力创作出更多更好的优秀作品。携手合作共同解决版权问题，实现双赢和共享，才是根本目的。[①]

第三节　文化产业 IP 开发的受众定位和价值演进[②]

近年来，IP 成为中国文化产业领域格外瞩目的热词，并被学界和业界赋予多种含义，而不同含义体现出 IP 价值的某种特殊功效或某种特定需求。从字面上看，IP 是“Intellectual Property”的缩写，可被译为“知识产权”，在港澳台地区被称为“智慧财产权”，是一个法律意义上的专业术语。知识产权是文化资产的主要形式，是权力拥有者对智力劳动成果所享有的民事权利，是一种无形资产。一般而言，与文化资产紧密相关的知识产权多指版权（又称著作权，Copyright）、商标（Trade Mark）、专利（Patent）、设计权（Design Right）等。[③]随着文化产业的实践发展，IP 被赋予各种丰富的内涵，不再是知识产权的单纯简写，而是在承载形象、表达故事和彰显情感的文化生产过程中，成为一种经过市场验证的情感载体，成为一种有故事内容的人格权。[④]

一、文化产业新常态下 IP 生产特征

优质的文化产品只是 IP 的起点，它需要经历多领域的共享与涵养，才能最终形成超越具体平台和单一形式的 IP 价值，才能具有无限延展的生命力。IP 概念的普及与热潮强调文化产业语境下文化资源的商业价值，同时也规范

① 张巍婷：《数字环境下我国版权保护利益平衡机制研究》，载于《北京印刷学院学报》2010 年第 1 期。

② 此文由《新常态下文化产业 IP 开发的受众定位和价值演进》修改而成，已征得合作者白晓晴同意收录其中。

③ 向勇：《文化产业导论》，北京：北京大学出版社，2015 年版，第 182 页。

④ 程武：《UP2016 腾讯互动娱乐年度发布会报告》，信息来源：http://up.qq.com/webplat/info/news-version3/7694/22238/22440/22441/m14392/201603/444892.html（2016-03-25）。

文化资本的处置原则。在文化产业的各个领域中，电影电视、新闻出版、网络文学、网络游戏、表演艺术和节庆会展等不同门类之间建立了广泛而密切的联结，这种联结既孕育和生产了 IP 内容，又为 IP 内容的价值转换和经济增值提供了广阔的拓展场域。

（一）文化的产业化与内容的 IP 化趋势

文化产业在美国被称为“版权产业”，是美国经济的支柱产业之一。美国好莱坞能够在全世界范围输出优质的 IP 内容，得益于美国电影产业文化航母型的集团结构和成熟的版权保护体系。曾经一段时间，国内知识产权盗版乱象的存在，使得文化产业的发展处处遭遇掣肘。2006 年，《信息网络传播权保护条例》公布并于 2013 年修订完善；2008 年，国务院印发《国家知识产权战略纲要》；2010 年，打击网络侵权盗版专项治理“剑网行动”启动；2014 年，北京、上海和广州等地的知识产权法院相继成立，政府层面的知识产权保护体系日益规范。在产业层面，无论是文化企业购买国外 IP 还是改编国内 IP，都将“IP 热”推到了前所未有的高度。“IP 热”不仅培养了文化生产者的版权观念，而且推动了文化消费者付费使用文化产品的消费意愿。知识产权的法律规范和产业实践促进了文化资源的商业开发，为文化产业的长久繁荣提供了保障。当前的“IP 热”体现了民众知识产权的素养提升，是中国文化产业发展到成熟阶段的产业自觉，是中国文化产业发展到新常态时期全社会对 IP 关注的观念转型。

与传统产业的知识产权保护性运营模式不同，文化产业视野下的 IP 运营，更加注重不同领域的价值流转和多元演绎，更加注重“一源多用”的跨界开发。文化产业的结果，不仅产出“叫好又叫座”的文化产品，而且产出具有可持续开发价值的内容 IP。“IP 热”反映出新常态下文化产业发展的双重面貌，第一是“内容为王”的创新意识，第二是“版权为王”的经营策略。创意内容是文化产业的价值源头，但内容是一种无形资产，只有将无形的创意活水封装在法律熔铸的容器之内，才能为文化企业提高文化资源的开发效率，保护内容创作者的合法权益和创意才华。“IP 化”时代的到来，意味着文化产业进入一个内容驱动和全产业链拓展的新常态。

文化产品的开发周期可以分为创意阶段、生产阶段和流通阶段。[①] 随着互联网和移动互联网的使用成为人们的一种生活方式，在以版权为核心的文化产业内部，文化资源向文化产品的转化模式已经出现了新的变化，文化产品的消费过程和事后反馈也成为文化产品开发的重要环节。从图 5–3 可以看出，文化资源转换为文化产品过程分为五大阶段，分别是文化产品的创意阶段、生产阶段、流通阶段、消费阶段和需求分析，文化消费的需求分析将整个转化环节连接成一个文化价值循环的闭环。在生产阶段，文化内容的版权化是文化商品生产的核心环节，是文化商品能够发行流通的前提条件，这个环节也正是 IP 生成的过程。文化商品的改编型生产采用了版权先行的模式。改编型生产的流程是先获得版权，再进行改编创作，然后进入商品的流通和消费阶段。改编型生产的内容创作属于创意阶段的价值导入型，改编后的新内容也受到版权保护。

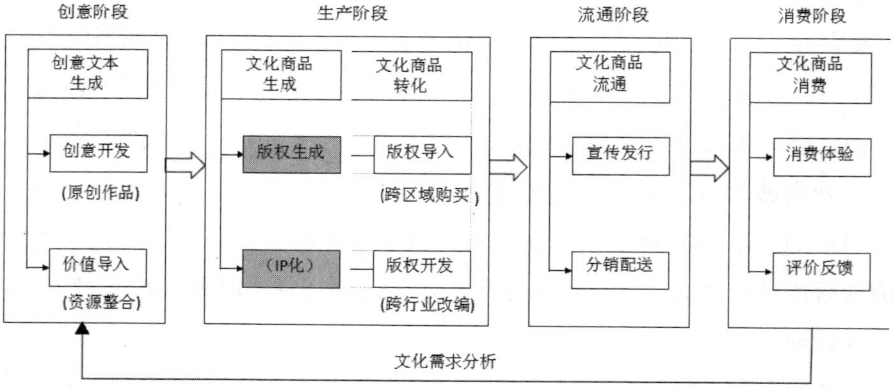

图 5–3　文化资源向文化产品的转化流程

(二) IP 价值的“一源多用”与平台经济

互联网和移动互联网技术大大提高了人们获取信息的效率，文化企业可以更加快速便捷地获取信息、实现合作，搜索和筛选优质的网络文学文本或者国外已经成功的电视节目，然后通过版权购买引入国内，进行加工与再生产，将优质的境外 IP 本土化。互联网不仅提供了更多的优质内容源，还建立了一个流通渠道，让受众的反馈能够快速到达生产端，从而为内容的有效生产提供

① 董云翔:《文化资源向文化商品的转化浅析》，载于《商情》2008 年第 1 期。

参考。互联网催生了一种互动性与对等性的传播方式，对推进“粉丝经济”的发展起到了决定作用。IP 的跨界开发离不开“粉丝经济”的支持，原生 IP 只有得到“超级粉丝”的认可，才具有多元开发的商业价值。

平台经济是文化创意与互联网结合的新经济模式，是互联网企业在成熟的渠道基础上整合了无边界的内容资源，打造出的一种兼顾“渠道为王”与“内容为王”的新型商业模式。多元化的平台经济可以搭建出文化产品从创意、生产、宣传到流通的全流程框架，为 IP 的创作与开发提供天然的外部条件，能够有效延长 IP 开发的产业链与生命周期。在平台经济的推动下，IP 的多元开发已成为文化产业领域里常规的发展模式。美国好莱坞电影 IP 的开发，也正是基于这种生态链式的集团化运营才得以发扬光大，成为影响全球文化市场的娱乐旗舰。

优质 IP 采用“一源多用”的开发策略，实现了文化生产与文化需求之间的可控性。文化消费的不确定性是文化产业的典型风险性特征之一。文化需求决定市场风向，但文化需求是无限且多元的，即使是经验丰富、杰作频出的电影巨匠也很难预测下一波影音产品的票房大热。互联网平台的成熟与扩张一方面提供了数不胜数的优质内容资源，可为优质 IP 的筛选提供庞大基数，另一方面还衍生出多元化的融资模式，通过发挥“粉丝经济”的热量推动 IP 的价值转换，可以为中小微企业进行文化产品的生产提供资金保证，进而推动整个互联网文化产业的生态建构与多元发展。

二、明星 IP 的基本要素与主要分类

（一）明星 IP 的要素：价值观、形象、故事、多元演绎与商业变现

明星 IP 是具有较高曝光度、知名度和稳定粉丝群的优质 IP。明星 IP 包含五项基本要素，各要素符合一种由内到外层层包裹的洋葱型结构。其中，最中心的要素是价值观（Values），依次向外展开的要素为形象（Image）、故事（Story）、多元演绎（Adaptation）与商业变现（Commercialization）。在图 5-4 的模型中，越向内层，IP 价值的实现越由内容创意者决定，而 IP 的文化属性越强，越向外层，IP 价值的实现越由文化企业决定，而 IP 的商业属性越强。

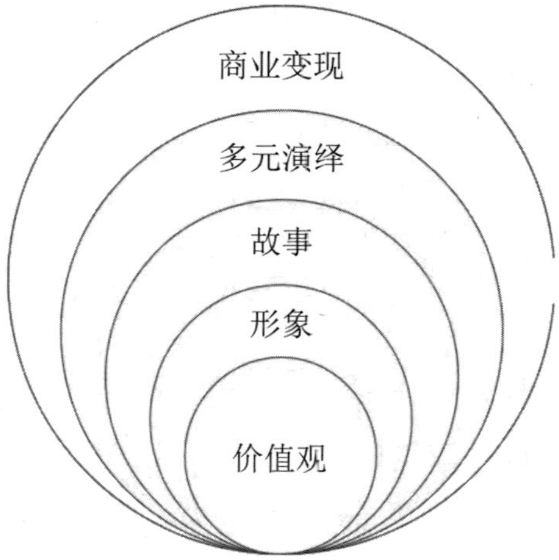

图 5-4　明星 IP 基本要素的洋葱模型

1. 价值观——内容基石

价值观是原创 IP 内容是否具有开发和传播价值的第一标准。IP 的载体（电影、电视剧、游戏等）作为文化商品，同时具有经济效益与社会效益，文化信息在传播过程中不可避免地会对消费者的精神思想产生影响，因此文化企业在筛选和开发 IP 过程中，需要过滤掉暴力、色情、同性恋、封建迷信等非正能量的内容，着重表达契合社会共同认同的核心价值。具有开发潜力的 IP 内容只有得到受众的认可，才有可能集聚更大范围的“粉丝效应”。IP 开发商在后续改编过程中会综合考虑，如电影《寻龙诀》和《九层妖塔》对网络小说《鬼吹灯》的影像开发，就合理规避了不被大众理解和接受的部分内容，解构盗墓题材，强化探险 / 冒险类型，定位共享的价值观念与精神取向。因此，共享的价值观是 IP 开发过程中最重要的正向坚守。

2. 形象——基本单元

形象鲜明是潜力 IP 跨界开发的落脚点，尤其是可视化的角色形象（无论是真人形象还是拟人形象）。在 IP 系列文化产品中，电视剧、电影、游戏等视觉化的文化产品是 IP 内容变现的核心部分。根据文化产业 IP 开发的实践经验，文字、声音的多元利用率远远低于影像的多元利用率，个性鲜明的角色形象是明星 IP 的基本单元。当然，形象需要时代化的个性予以支撑，需要与消费者的生活环境发生连接。以“暴走漫画”为例，虽然“暴走”IP 的多元开发中包含一系列的形象贴图和动态表情，但是“暴走”IP 不是一套单一的卡通图，而是来自漫画，起源于可以引发广泛同理心的故事和强烈的个性形象。这种别具一格的个性形象识别度极高，可以不断地进行发散演绎，创意出各种引人入胜的故事，受到广大网友的喜爱。具有法律意义上的 IP，不一定是文化产业意义上的 IP，如《新华字典》等工具书，缺乏基本的角色或形象，其衍生品开发的市场价值就不会太大。除非对这些知识进行创意加工，赋予这些知识内容以形象和故事。

3. 故事——受众联结

故事在某些创作语境中又被称为世界观，具有共鸣性的内容表达。明星 IP 的故事是具有一定创意、富含情感且打动观众的内容，可被改编或补充，能够在不同载体的转化下保持故事的延续性。从中国古典美学的视角来看，故事是“象”的一种形式，是能够引发情感共鸣或文化认同的内容。《易传》有言，“言不尽意”“立象以尽意”，指概念不能将事物的语意完全表达清楚，文化产品所塑造的“象”，往往能通过让人感同身受而把语意、意蕴表达清楚，并有效接受。正因为如此，无论是儒道哲学还是社会知识，流传千古的学说道理大都载于故事与传奇之中，而非抽象的概念或体系的法则里。美国认知科学家罗杰·C. 享克指出，“人生来就理解故事，而不是逻辑”，“故事给予过去的经验一个生命，故事使已经发生过的事件令人难忘”①。文化记忆往往表现在一种故事中，当某一记忆被植入丰富的故事内容中，就能够传达出真挚的情感或明白的道理，给受众带来的接受效果最好。

4. 多元演绎——“粉丝”扩容

多元演绎是优质 IP 在形象的基础上，在不同的内容载体上对故事进行的延伸，通过持续建立情感联结来扩容受众，并将更多的受众转化成“粉丝”。对于 IP 型文化产品来说，没有消费者的认可，IP 的商业价值与文化价值就无法实现。“粉丝”是忠诚度和热情度都非常高的受众，IP 孵化与开发的目的就是将更多的普通受众转化为超级“粉丝”，通过“粉丝”的忠实消费实现 IP 价值开发的最大化，进而延长 IP 的生命周期与变现能力。多元演绎不仅是明星

① Roger. C. Schank. *Tell me a story*：*A new look at real and artificial memory*. Simon & Schuster Trade，1990.

IP 吸引受众的关键要素，而且在维系超级“粉丝”的过程中发挥着更加重要的作用。明星 IP 的跨界开发过程就是要不断深化和强化“粉丝”效应，有效地延长 IP 的生命周期，实现明星 IP 的可持续开发。

5. 商业变现——资本转化

在商业意义上，IP 是受法律保护的知识产权，具有可流转的财产属性，可以从文化资本转化为经济资本。原创内容可以通过授权的形式在文化企业之间实现买卖，不同的文化企业通过对原创内容的多元演绎而生产不同的文化商品，借助原有内容的影响力来销售更多形式的文化商品，这样可以在降低市场风险的同时也扩大收益渠道。在内容授权的过程中，内容创意者与文化企业通过谈判签订书面协议，文化企业付给内容所有人（如小说作者）一定的权利金以取得一定期限内独家（或联合）开发或出售该内容版权的权利。在“内容为王”的文化产业中，优质的内容在经营好价值观、形象、故事和多元演绎的 IP 要素后，便能够获得持续可观的商业收益。

（二）明星 IP 的分类：老经典、新经典和快时尚

雷蒙·威廉姆斯（Raymond Williams）指出，某一特定时期的文化形态应该包括剩余的（residual）、主流的（dominant）和新兴的（emergent）三种形态，涵盖了过去、现在和未来的时间尺度。①广泛传播的 IP 内容反映了一个时期大众文化的形态特征。因此，根据内容生产的时间累积和影响力的持久性，可将明星 IP 分为老经典（Old Classic）、新经典（New Classic）和快时尚（Fast Fashion）等三种形态。老经典代表了剩余的文化形态，新经典代表了主流的文化形态，而快时尚则代表了新兴的文化形态。

1. 老经典 IP（Old Classic IP）

老经典指已经超过著作权保护期②或公共版权的 IP 内容，一般来源于民族物质文化遗产、非物质文化遗产或自然山水资源，具有典型的民族个性和地方特色。比如，如果对中国古代四大名著中的人物形象与故事内容进行开发所形成的

① Raymond Williams. *Marxism and Literature*. Oxford：Oxford University Press，1977.

② 根据《中华人民共和国著作权法》第二十一条，公民的作品其著作权利的保护期为作者终生及其死亡后五十年，截止于作者死亡后第五十年的 12 月 31 日；如果是合作作品，截止于最后死亡的作者死亡后的第五十年的 12 月 31 日。

IP 都属于老经典 IP 的范畴。老经典 IP 得益于文化基因，是民族文化在历史长河中深厚积淀的集体硕果，是民族精神的集中体现和民族文化的基因载体。文化产业视域下的老经典 IP 包含的关键要素有传统文化基因、民族价值认同、时代精神风貌和文化创新意识。理查德·道金斯（Richard Dawkins）在《自私的基因》中指出，文化基因（Meme）是文化传承中的基本单元，指通过以模仿为主的非遗传方式，将某种以语言、思想、观点、习俗、行为方式为表现形式的民族文化实现代际传承。一方面，文化基因具有相对稳定性，在传播中虽然被不断复制、模仿和再创造，但其最重要的特征相对稳定，具有强大的繁衍能力和向“他者”渗透的能力；另一方面，文化基因具有变异性，是不断进化和发展的，它总是在不同的社会语境中寻找更适合的存在形态。[①] 文化基因总是在变化中保持自我，同时又发展自我，老经典 IP 的新时期活力就恰恰体现了文化基因的这种特性。

中国是具有先天优势的文化资源大国，丰富的历史文化资源是当代文化创意生产的宝贵财富，充分灵活地运用这些老经典 IP，将成为本土文化企业进行内容生产的巨大优势。意大利作家伊塔洛·卡尔维诺（Italo Calvino）在《为什么读经典》中曾言，“一部经典作品是一本从不会耗尽它要向读者说的一切东西的书”[②]。老经典 IP 的文化生命力经久不衰，不同时代的作者和读者都对其进行着不同的诠释和再造。在网络文学领域，被称为“网络第一神书”的《悟空传》等大量类似网络小说的故事架构都改编自《西游记》。在电影领域，1995 年上映后日益深入人心的系列电影《大话西游》、2013 年电影票房高达 12.48 亿元票房的《西游·降魔篇》、2015 年斩获 9.56 亿元票房的动画电影《大圣归来》的人物形象和故事框架也都源于《西游记》这一老经典 IP。在网络游戏领域，由网易开发并运营的“2012 年中国大陆同时在线人数最高”的网络游戏《梦幻西游》、2014 年推出的首款 3D 推塔（DOTA）动作手游《乱斗西游》等，其价值观框架、故事场景和游戏角色也都运用了《西游记》的原著设定。老经典 IP 最能体现一个民族的传统价值观，具有高度持久的文化热度与历久弥新的文化价值。

2. 新经典 IP（New Classic IP）

新经典 IP 是由团体或个人创作，具有一定故事性的完整版权内容，其特

---

① ［英］理查德·道金斯：《自私的基因》，卢允中等译，北京：中信出版社，2012 年版。
② ［意］伊塔洛·卡尔维诺：《为什么读经典》，南京：译林出版社，2006 年版，第 94 页。

点是创作超过十年，内容尚在著作权保护期内。新经典 IP 是当代文化的原创产物，或由时尚文化产品沉淀而成，或是改编自老经典 IP 的文创，且经过了较长时间的市场检验。新经典 IP 的关键要素包括行业领先水准、时代精神体现与普遍价值认同，能够反映当代社会人们的集体无意识，即无数同类型经验在心理底层积淀的普遍精神和集体认同。因此，新经典 IP 内容通常具有通约性、时代性与民族性的特点。

经典作品具有可持续开发性，且不会仅局限于精英文化，在大众文化领域，对于经典的解读和诠释也有广阔的市场。新经典 IP 不仅是曾经流行一时的热门文化产品，还要经历一段时间的社会考验，成为人们反复追忆和致敬的内容，虽然原作已经成为历史，但是对原作的多维改编和再度开发仍然可以不断进行。在文化传播全球化的时代，美国迪士尼动画中的米老鼠、唐老鸭等动画形象，以及 DC 漫画旗下的超人、蝙蝠侠等超级英雄形象，都已经成为世界人民心中的新经典 IP。新经典 IP 的回旋式商业开发能够为文化企业带来持久性的经济收益，如《变形金刚》《星球大战》等系列电影也已跻身新经典 IP 的行列，而且通过不断推陈出新，唤醒人们心中的文化记忆与情感共鸣，收获新一轮的经济效益与品牌价值。风靡全球的《哈利·波特》等新经典 IP，更是凭借系列小说、电影、主题公园等全产业链的开发模式，成就了新经典 IP 的文化帝国。在国产文化产品中，《葫芦兄弟》动画、《还珠格格》《甄嬛传》电视剧的故事内容和人物形象也进入了新经典 IP 的开发行列。当然，国产新经典 IP 的生命力主要体现在网络碎片化文本（如表情包、网络段子等）的不断改编和运用，文化企业还未能将新经典 IP 进行数十年的规划和开发。

3. 快时尚 IP（Fast Fashion IP）

快时尚 IP 就是当下文化市场时常出现的“现象级”产品。快时尚 IP 内容受到著作权保护，能够在文化市场制造短时间内的强烈反响和爆款收益，一般由个人或企业原创（或改编），是多维产品开发的新兴 IP。信息时代的到来，快时尚 IP 的数量正在呈指数级的态势增长，新的快时尚 IP 高频涌现，通过整合媒体的营销效力争夺受众的眼球经济。近年来，自媒体的兴起使快时尚 IP 的成名速度越来越快、传播面越来越广，也使过气的 IP 消失得越来越快，极易被新的 IP 取代。2007 年的《杜拉拉升职记》等小说作品、2015 年的《花千骨》《琅琊榜》《芈月传》等电视剧作品，都属于快时尚 IP 的文化产品。

根据生命周期分类，快时尚 IP 可以分为两种：一种是切片型，其本身没有可供成长的空间，故事性或拓展性较差，其结果必然是昙花一现；另一种是延展型，这种 IP 具有被进一步开发的潜力，其生命周期与文化活力可以被人为延长，并能够向新经典 IP 转化。根据创作方式分类，快时尚 IP 可以分为个人原创、组织共创两种，每种内容创作的方式都可以带来“现象级” 的优质 IP，也有可能很快被人遗忘。在文化产业中，成熟的技术手段已经成为打造优质文化内容的必要条件，绝妙的创意与故事、系统的协作与管理是决定文化生命力的关键要素。当前，国产的快时尚 IP 往往能够获得一时的话题热议与收益爆发，很难形成持久性的影响与收益。如 2007 年的《杜拉拉升职记》系列产品，所属企业曾想趁着话题热度将文化产品迅速推向文化市场，以达到爆炸式的整合营销效果，但粗糙的制作加工使受众对杜拉拉的热情很快就被浇灭，尽管后来《杜拉拉升职记》的小说还在续写，但 IP “杜拉拉” “升值记”的发展步伐就显得力不从心，最终销声匿迹了。

三、明星 IP 的受众定位和市场价值

老经典 IP、新经典 IP 和快时尚 IP 具有独特的受众定位和市场价值，能够满足受众不同的文化需求。通过洞察不同明星 IP 所能够满足的受众需求，在 IP 开发伊始就关注受众需求，文化企业可以实施差异化的 IP 孵化、开发、传播和营销等运营策略，进一步吸引更多的忠实受众群，提升文化产品的社会价值与经济价值。

（一）老经典 IP——民族认同、人文情怀与低准入性

老经典 IP 是民族文化基因的载体，此类 IP 的持续开发是一个民族文化群体客观存在的内部需求。老经典 IP 通常具有以下受众价值。第一，民族文化认同。老经典 IP 的繁荣能够强化民族身份认同。在经济全球化的时代，经济实力的提升还远远不够，只有强有力的文化输出才能在国际舞台上获得强势话语权。中华民族拥有五千年的灿烂文化，老经典 IP 的重现活力意味着这些文化元素不是被历史淘汰，而是在当代依然散发活力，甚至传播到更广阔的国际

市场，如迪士尼的《花木兰》就是改编自中国的经典文化。老经典 IP 的持续开发和跨文化传播能够增强中国人的文化自信心与民族自尊心。第二，体现人文情怀。老经典 IP 改编的出发点是一种对人文情怀的观照，很多受到过高等教育的人士对于传统文化精粹有着强烈的热爱之情。老经典 IP 对国粹的致敬，通常能够满足该类消费者对于文化情怀的需求。第三，低认知准入性。很多老经典 IP 具有广泛的认知基础，对于绝大多数受众来说，其解读和欣赏的认知准入门槛较低，如西游记 IP，全国人民都对西游题材足够熟悉，西游 IP 往往能够配合文化企业的宣传营销吸引各个年龄段、各种教育背景的人群前来消费。

（二）新经典 IP——怀旧满足、圈层区隔与身份构建

新经典 IP 产生于一个多元包容的时代，其定义与分类也具有一定的相对性。新经典 IP 的受众价值包含以下几个方面。第一，怀旧情结的满足。怀旧的基础是生命经历与文化记忆，很多新经典文化内容是陪伴一代中国人成长起来的，能够唤起一代人对过往经历的记忆。新经典 IP 脱胎于当代文化，经历一定时间完成过滤和沉淀，在不同年龄段的人们心中，拥有不同的价值认定和消费满足。比如，在“60 后”人们心中，邓丽君的抒情歌曲是新经典，而在“80 后”人们心中，周杰伦的 R&B 音乐才是绝对的新经典。第二，多元圈层的区隔。新经典 IP 不仅具有一定的受众代际差异，还存在着文化趣味间隔。比如，古装情景喜剧《武林外传》是通俗文化领域的代表性新经典 IP，但秉持高雅文化趣味的受众却往往不认可其新经典的身份。第三，文化身份的构建。在追求个性和自由的社会文化背景下，不同人群对不同新经典 IP 的认可构成了不同的文化群落，这些新经典元素是他们文化身份的一部分，也就是说，新经典 IP 塑造了受众不同的文化身份。例如，摇滚迷和戏曲迷、电影迷与动漫迷，在一定意义上，这些不同的文化身份主要是由其所崇拜的不同文化新经典而决定的。

（三）快时尚 IP——娱乐解压、猎奇满足与社交素材

快时尚 IP 能够满足的受众需求，与经典 IP 差异较大，其文化基因的成分相对减少，而时代精神的成分相对较多。第一，娱乐解压作用。快时尚 IP 通常具有很强的娱乐性和休闲性，这种娱乐性能够缓解消费者在生活和工作中的压力，使消费者获得娱乐体验和精神愉悦，这是快时尚文化产品具有较高市场占有率的主要原因。第二，满足猎奇心理。快时尚 IP 能够满足人们对新鲜或

新奇事物的渴求，很多小说或电视剧爱好者在没有新的作品可观看的时候，都会感觉到“书荒”或“剧荒”，这就是一种由于受众在个人偏好下对新内容的渴求，而源源不断涌现的快时尚 IP 可以消除受众的“荒芜”感。第三，社交素材来源。快时尚 IP 的影响力往往是时段性和爆发性的，短期内公共媒体和社交平台上都会充斥着有关某一快时尚 IP 的信息和评论。这些信息潮会促使受众去了解热议话题，使之能够在社交中获得话语交流和内容传递的素材。人们通常以这些热门话题作为谈资，才能够在社交中与他人增加共同语言。

四、明星 IP 的演进方式和转换逻辑

老经典 IP、新经典 IP 和快时尚 IP 之间并不是彼此割裂、毫不相关的，它们可以在不同的发展阶段进行转化。老经典 IP 的反复改编不代表中国内容原创力的衰竭，快时尚 IP 的不断涌现也不代表高水准文化产品的缺失。正如图 5-5 所示。总的来说，从历史经典到现代时尚，是文化产业对历史文化资源的开发和利用，是当代大众文化对传统民族文化的基因表达；从娱乐时尚到文化经典，是文化产业对文化产品生命周期的延长和对文化价值链的拓展，是当代高品质文化产品在时间沉淀下对民族文化的重组与更新。

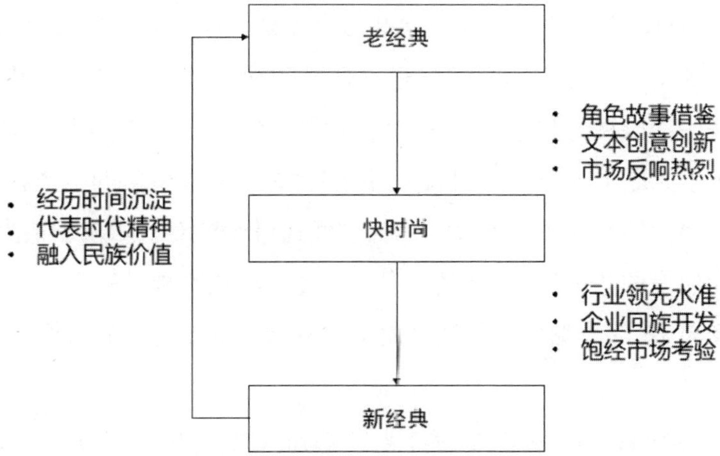

图 5-5　明星 IP 的演进关系和价值逻辑结构

（一）从经典到时尚：商业维度的价值演进

经典作品向时尚作品的演进有两方面的驱动力：一方面是文化基因的原动力，经典的改编在保证文化传承的同时也影响了社会大众的文化归属与价值认同。经典作品在传承过程中也不断随着时代变迁而演变，这种演变以受众为中心，是特定时期受众对经典文化的发展所提出的要求。另一方面是商业利益的驱动力，随着民众精神文化需求的提升和国家文化产业的发展，优秀的历史文化资源是文化企业内容生产的素材宝库，文化企业对经典文化作品的多元开发在深厚文化资源的基础上推动了内容的商业变现。

老经典 IP 的改编与开发是民族文化进步的内在需求，也是文化产业发展的客观要求，是在中华五千年历史文化资源中汲取营养，是我国身为文化资源大国的巨大优势。如果将老经典作品束之高阁，或仅通过观赏原作的方式去追忆和传承，那么文化传承的流量会大幅度减小。老经典文化与当代文化易出现断层。这种断层将加深西方人对中华民族持有的刻板印象。他们认为中国文化等于中国古代文化，中国当代文化处于贫瘠状态。老经典文化元素的开发和改编是一条精巧的链条，使中国古文化与当代文化相交汇生成一段中间地带，富含底蕴且平易近人。

从接受美学的视角看，老经典 IP 的改编和开发更加不是当代文化贫瘠的表现。接受美学曾提出“期待视野”的概念，也就是受众在欣赏一部作品之前，已经有了自己的评判和预期，这是其理解文本的基础与条件。期待视野的产生受到读者既往生活经验、阅读审美体验和社会风尚的制约，因此是动态的。当读者的期待视野与作品相融合的时候，受众才真正接受和理解作品。[①] 皮埃尔·布尔迪厄（Pierre Bourdieu）指出，“艺术作品价值的生产者不是艺术家，而是作为信仰空间的生产场，信仰空间通过生产对艺术家创造力的信仰，来生产作为偶像的艺术作品的价值”[②]。因此，时代精神必然会对新作品产生影响，老经典 IP 的改编作品虽然借用了已有的人物设定或故事框架，但是其

① 陈明星、袁曦临：《文化基因的传承和期待视野的变化》，载于《图书馆建设》2016 年 3 月刊，第 96—100 页。

② ［法］皮埃尔·布尔迪厄：《艺术的法则——文学场的生成和结构》，刘晖译，北京：中央编译出版社，2001 年版，第 195 页。

内容通常是对当代思想精神的表现。1987 年版中央电视台制作的电视剧《西游记》，高度还原原著且美化人物形象，契合改革开放初期大众对文化需求的渴望、人民实诚朴素、思想同一化的精神状态；周星驰电影《大话西游》的独特表达方式则反射出 20 世纪 80—90 年代社会解构、戏谑、质疑的情感症状；周星驰电影《西游·降魔篇》表现出 21 世纪中国社会价值回归的内在愿望；动画电影《大圣归来》则是在文化市场的娱乐化发展趋势下，面向青少年文化市场的休闲文化产品。

“西游记 IP”系列产品的演进过程说明，不同时代对经典作品成功的改编和诠释都要体现当代的时代风尚和历史语境，创意创新的过程包含着一定历史时期艺术家的精神气质和思想表达，包含了这一时期受众的作品期待、审美解读和理想寄托。在此基础上，文化产品往往能够获得市场的热烈反响。这个过程既是经典作品时尚化的过程，也是一个文化传承与创新衔接融合的过程。

（二）从时尚到经典：文化维度的价值演进

文化由经典到时尚的过程是可逆的，高水准的时尚文化可以经过历史沉淀而成为经典文化。宋代《大唐三藏取经诗话》是西游记故事见于说话文字的最早雏形，此时西游记的故事是典型的流传于市井的时尚文化。明代吴承恩著《西游记》，标志着时尚文化在经历了长时间的社会筛选和文化过滤后成了新经典。此后，《西游记》在漫长的历史沉淀中又成为老经典作品，成为中国四大名著之一，焕发出代表民族精神的永恒的文化生命力。当代很多时尚文化作品受到质疑，精英文化的坚守者认为时尚文化无法进入经典之列，比如《大话西游》等。但是随着这些时尚作品一次又一次被以影视、戏剧、戏曲等不同产品方式改编，在不同时代获得了新的生命。在历史的过滤和沉淀下，反映时代精神和民族价值的新经典内容演变成了老经典，成为历史长河中具有代表性的新时代文化的组成部分。

在文化产业中，快时尚 IP 因热度高、回本快，可以短时间获得巨大收益，文化企业往往高度重视其孵化。但是，快时尚 IP 的弊端也在于“快”，一个明星 IP 的价值被榨干，文化企业又不得不去寻找下一个明星 IP 进行开发。久而久之，快时尚 IP 产品质量良莠不齐，粗制滥造的文化产品充斥市场，粗制滥造的“IP 化”文化产品的口碑越来越差。这样，受众对 IP 文化产品避而远之，而更偏爱非改编的原创作品。事实上，恰恰是那些步调缓慢、精耕细作的 IP 产品才最终斩获了巨额的经济收益。“哈利·波特”和“指环王”系列 IP 电影，都是根据优质小说改编的电影，“哈利·波特”系列电影用 10 年时间完成，“指环王”系列电影制作时间长达 7 年。IP 电影不仅仅是借势小说实现商业收割，同时也可以在电影领域内实现专业突破。根据互联网电影资料库（IMDB）的数据显示，“指环王”电影三部曲共获国际奖项 351 项，提名 284 项，包括 17 项奥斯卡金像奖。同样是火爆一时的 IP 改编作品，这些产品不仅仅是一波热的快时尚 IP，而在精良制作和产业链延长的开发下，经过了十余年的时间仍然散发市场活力，成为全球大众文化中的经典内容。

文化商品的消费不同于功能商品的消耗，文化消费包含着再创造与再传播的过程，文化的发酵力具有广泛长远的影响。因此，打造更多的经典作品是文化企业需要着重考虑的问题。优质的经典内容可以成为民族文化的一部分，而昙花一现的快时尚 IP 极易被历史遗忘。如果文化企业生产的文化产品都仅仅追求更快更多更同步，文化生产的目的都是以商业利润为核心，那么尽管眼前繁华，但是百年之后，我们的时代仍然是一个文化贫瘠的时代。商业价值的高回报和文化价值的经典性不是相互排斥的，优质 IP 的可持续开发就是要不断提高 IP 文化产品水准、拓展 IP 产品价值链、延长 IP 产品生命周期，通过将快时尚 IP 的开发步调慢下来，将其转化成新经典 IP 甚至成为经典的文化资产，推动经济资本向文化资本的持续转化。

总之，优质 IP 需要在传承文化基因与体现时代精神中找到平衡，同时要兼顾商业利益与文化素养。文化产业 IP 概念的风靡一时不希望是一种短期效应，文化企业对版权开发范式的探索将是一个长久的过程。随着文化产业版权管理的日益规范，老经典 IP、新经典 IP 和快时尚 IP 等在不断回旋转化和多元开发中，促进文化产业的生态建构和持续发展，进而推动中国由文化资源大国向文化产业强国演进。

第六章　文化品牌的艺术创新与创意战略

创意战略是目前文化产业发展的思维模式与管理实践。创意战略以文化资源为根基，以产品策划、品牌塑造和产业扩散为途径，是推动文化资源向文化产业转变的重要手段。独立书店作为互联网时代传统阅读的价值捍卫者，是城市文明的精神坐标，是一种空间生产意义上的新公共空间，具有文化、创意和产业集聚的复合体功能；同时，也是一个被赋予意义、情感和价值的文化空间，存在一种可被感知的气氛美学，包括感官、情感和精神等不同层面的场景体验。通过剖析独立书店的价值定位，通过建筑设计、灯光照明、音乐声音等舒适物的不同组合，可以营造出不同的受众感知和场景体验。

根据克里斯·比尔顿的创意战略模型，从价值创新、成本创新、容量创新、市场创新、边界创新、学习创新等六个维度，对诚品书店、太阳剧团、印象系列和宜家家居等品牌进行创新模式。品牌的塑造需要创办人采取跨界与混合的创新模式与创意战略，需要将实体产品与演出服务营造为双向互动的美学空间与体验场域。

第一节　独立书店的价值定位与营造策略

书是知识的载体、娱乐的爱巢和精神的港湾，读书可以增长见识，提升素养、愉悦心灵。书店是现代生活最有温度的文化标志，是都市空间最为舒适的文化环境，是城市公共生活的精神家园[①]。互联网，尤其是移动互联网在给

① 王笛：《公共空间与公共领域——东西方比较视野下的中国城市公共生活》，载于《南国学术》2018 年第 3 期，第 404—415 页。

我们的生活和生产带来巨大便利的同时，也对许多传统行业产生猛烈冲击。在电子商务和网络书店的挑战下，传统店铺和实体书店面临种种经营困境。但与此同时，一批隐身于街区巷弄、藏匿于地库阁楼的独立书店，却由于坚持特色定位、多种经营而得到了长足的发展。独立书店正作为一个微型文化综合体（Cultural Complex），通过特色的文化定位和环境打造，以书籍展售、主题展览、演讲座谈、读书沙龙等多元经营，在激烈竞争的商业实践中勇敢探索互联网时代“书店 +”模式的生存法则。

独立书店成为精英文明、经典文化和文化多样性的守护者，是传统阅读文化和社区邻里文化的捍卫者。独立书店彰显的不仅是小众市场的精英目标和特立独行的文化定位，更是一种独立的人格信念、文化理念、精神信仰和价值观念的坚定守卫。独立书店正是以这种价值观为核心依托，通过空间生产的多重场域建构，实现空间生产的多维拓展，展示独立书店的“书店 +”模式的经营力量。

一、独立书店的价值目标：作为新公共空间的文化综合体

书店不仅是一个充斥物质图书的物理空间，也是一个充溢知识、精神和价值的文化空间。书店包括列斐伏尔所指出的物质空间、精神空间和社会空间，分为空间的实践、空间的再现和再现的空间等三种不同的空间生产。[①]一般意义而言，文化空间包括公共文化空间、准公共文化空间和私人文化空间。一方面，公共文化设施的有效善用、文化文物机构对文化创意产品的创意开发、社区经济的创意总体营造，成为新时代文化产业发展新的增长点。另一方面，传统意义上的商业空间也逐渐转化成新文化空间、准公共空间。这不仅体现经营者的社会责任，更反映了一种商业竞争的创新策略。独立书店作为一种全新的文化空间，是一种准公共空间。这种文化空间，既不像购物商场、集贸市场等传统商业空间完全依靠市场机制的自由竞争，盈亏全靠经营者自身的经营能力；也不像表演艺术中心、美术馆等公共文化空间，完全依靠政府的财政

① 孙全胜：《列斐伏尔“空间生产”的理论形态研究》，北京：中国社会科学文献出版社，2017 年版。

投入。独立书店呈现一种半公共文化产品的中间状态，既可以采取自由竞争获得市场收益，又可以凭借精神坚守和价值情怀，获得政府的财政支持和社会的捐赠资助。

传统意义上的公共文化空间，是由政府部门主导建设公共文化平台，比如博物馆、演艺中心、美术馆和图书馆，通过引导社会多元资本的积极介入，让公共文化产品实现社会采购，采取一种公共文化产品的创新模式。美术馆、图书馆或演艺中心本身是一个公共文化品牌，是一个非营利组织，绝对不能以盈利为目的，当然实际经营现状也不可能以盈利为主，但在实际运营过程中，这些文化空间要兼顾市场竞争、消费者需求、经营绩效等经营性指标。现代意义上的准文化空间，是我国房地产业、金融业等很多行业的知名企业介入文化艺术领域所催生的一种空间形态。这些企业纷纷支持、赞助文化机构，甚至直接开办美术馆或图书馆。独立书店作为一个文化综合体，是哈贝马斯所谓公共领域与私人领域相融合的新公共空间[①]。这个文化综合体，既不是传统的公共空间，也不是狭义的商业空间，而是一个新公共空间。在这个新公共空间里，文化空间交换的双方是私人部门和公共部门的价值诉求，交换的原则是公共利益和私人利益的价值平衡，交换的对象是半公共产品和半私人产品。从私人产品抵达公共产品或从公共产品到私人产品的转换不是线性的，中间有半公共产品和半私人产品的过渡地带，其转换风险比传统商业或传统公益要大得多。因此，需要政府出面支持、扶持和资助独立书店。作为新公共空间的独立书店，其经营核心不能单纯追求营业收入和财税贡献，而要提供文化共享的知识生产、价值认同的文化传播和社会连接的空间建构。

政府在推动独立书店的发展中既要扮演市场管理和经济调节的角色，又要扮演公益文化扶持和公共空间建构的角色。文化发展并不是让产业和事业泾渭分明，更不是使文化事业与文化产业之间有很辽阔的交叉地带，中间还有很多半公共文化品和半私人文化品。文化空间扮演的就是平衡公共文化品和私人文化品的转换关系，把应该纯粹由政府建设管理的公共文化服务，转变成政府和私人企业的合作共享，其中有一定的公共性，也有一定的盈利性，有半公共

① ［德］哈贝马斯：《公共领域的结构转型》，曹卫东、王晓珏、刘北城、宋伟杰译，北京：学林出版社，2014 年版。

性，也有半私人性。因此，新公共空间解决的关键问题是如何协调半公共文化品、半私人文化品的协同发展和价值共享。

互联网尤其是移动互联网重新定义了独立书店作为文化空间的功能属性。作为文化空间的书店，是文化聚落、创意集聚与产业集群等复合功能的空间叠加。在这个新公共空间里，经营者要充分考虑相关利益者的参与，比如消费者、政府部门、社区居民等。文化空间既要有博物馆、美术馆和演艺中心等文化功能的聚集，又要有创意研发、生产制作、交易体验等产业的聚集。而在这些文化空间的聚集中，历史文化、名人传说、文化遗迹、特色工艺等象征符号，就构成书店独特的文化资本。独立书店作为文化综合体的文化聚集，保证了书店的文化资本是从本土的文化资源中生长出来的，而不是靠招商引资从外部生硬引进的；独立书店作为文化综合体的创意聚集，保证了书店的创新活力和孵化功能；独立书店作为文化综合体的产业聚集，保证了书店不是一个纯粹的商业机构或公益组织，而是文化价值和商业价值都要兼具的共生组织。作为文化综合体的独立书店，提供了特色各异的文创活动，是一个融合文化跨界、艺术流行和媒体互动的创新工场，是一个展现科技、产品、空间和创意的价值场域。

独立书店作为新公共空间的使命在于扩展了读书人的公共生活，连接了读书人的社交生活，展示了读书人的精神追求、情感依恋和价值目标。独立书店不是独立于市场、政府之外的存在空间，更是具有独立的精神气质、环境氛围和文化追求，具有“选书特色”、“文化传播”和“社会关怀”等独特意涵，代表了一座城市的文明面貌[①]。

二、独立书店的营造手段：气氛美学营造的场景体验

独立书店是读书人的文化体验空间，维持着现代人文明样态的生活方式。独立书店所构建的场景是移动互联网时代下人们的一种新的生活方式，是一种特定活动的共同兴趣，强调特定地点的某种特质，更是一种关于空间和地方的

① 林韦洁：《台中独立书店风景》，载于《台中好生活》2016 年第 5 期，第 18—20 页。

美学视角。空间嵌入的意义使场景成为可能，美学直觉加上由欲望转化而来的活动和舒适物（Amenities），使我们能够更加清楚地分辨不同场景。[①] 在这里，读书人通过私密性的个人阅读走向公共场域，通过精神性的知识获取走向多元化的场景体验。单向空间的复合性拓展，主要体现在书籍、文创品和咖啡设置的实体空间的标准搭配。[②] 台湾地区几米艺术中心作为销售几米作品的独立书店，是一个资源整合、产业交流、品牌打造和品位培育的文化综合体，包括感官体验、情感体验和精神体验等三个层面的场景体验。

首先，独立书店的场景体验具有文化共享的价值观。几米艺术中心是一家拥有展陈功能和叙事空间的艺术画廊，是具有原创、艺术、对话和叙事功能的文化空间。在这里，几米绘本所包含的故事、态度、信仰和价值观向等内容，通过社会或心理的形态、价值或认同的结构、文学或美学的探索等叙事层次，以文字、影像、音乐、舞蹈、戏剧、工艺、多媒体和设计等对话形式，以叙事空间和艺术装置等呈现方式，综合展示几米艺术的文化价值。这种文化价值的实现可以采用一季一档、门票、会员制、教育课程、展览出版品、展览纪实或年度展品拍卖等经营形式获得商业回报。走进独立书店，我们看到的往往不是成排成柜的满目图书，而是充满温暖的书店主人的价值情怀。

其次，独立书店的场景体验具有多元叙事的故事性。几米艺术中心是一家以特色活动和通感体验为载体的茶咖料理空间。这个空间以感官、记忆、想象力和人际互动为媒介，开展演讲、座谈、读书会、专题研讨会、小型音乐会、研习营、创作营、会员之夜、企业内部活动、学校课程、会员课程、专业课程等形式多样的特色活动，最后通过展览主题所延伸的创意料理、每月的套装活动、每周的散装活动和每季的指标活动等方式实现商业收益。独立书店强调店员、环境、空间与消费者之间的情感互动和灵魂价值。

最后，独立书店的场景体验具有美感体验的场域性。几米艺术中心是一家以商品销售和美感经济为特色的商品空间。这个空间的商品销售以设计探索、生活态度、品牌认同和收藏分享为目的，包括书籍影像产品、工艺设计、

---

① ［加］丹尼尔·西尔、［美］特里·克拉克：《场景——空间品质如何塑造社会生活》，祁述裕、吴军等译，北京：社会科学文献出版社，2019 年版。

② 钟靖：《重塑边界——独立书店的另一种可能》，载于《出版参考》2019 年第 4 期。

家具家饰、生活用品和服饰配件等产品类别，分为展览特定商品、几米品牌商品、咖啡周边商品、设计师商品等多种商品，以每季展览新品上市、每月品牌商品上市和季节性活动等方式实现商业运营。[①] 独立书店销售的不仅是物象层面的纸质图书，更是意义层面的精神价值，是一种知识的传播、文化的传递和情感的连接。

独立书店场景体验的营造有赖于气氛美学的制造。气氛美学是关于空间感知的美学理论，是某种空间性的无形感知，是一个按审美定调的意义空间。气氛这种空间特征，指气氛在空间上永远是“没有边界的、涌流进来的，同时还是居无定所的，就是说，它是无法定位的”[②]。气氛美学是独立书店最重要的空间特征，是某物与在场的连接所构成的场域性。这种某物，以图书为载体，包括知识、信息、故事、情感，通过书店与购书人的“情绪感染”和“精神传递”，实现一种无意识的审美感知。品咖饮茶、欣享文学、乐办活动，都是独立书店建立气氛美学的重要媒介。

独立书店是一个情景交融的友善空间。按照波默气氛美学的理论指引，独立书店可以通过材料、符号、通感和隐喻等手段来制造气氛美学。独立书店要重视建筑设计和建筑材料，光亮和声音的构造也非常关键。独立书店空间设计的核心就是制造场景体验，真实反映读书人日常生活的情感需求和社交生活的情绪表达。河北保定“新鲜空气”书店采用天然、木质的雅致设计，杭州言又几书店采用江南植物的种子意象，都是一种具有鲜明场景感的建筑设计。闻名遐迩的诚品、方所、MUJI 和 BOOLINK 等“网红”书店，都在相见的第一眼就给造访的购书者营造一种欲说还休说、显现真实的场景体验。

在丹尼尔·西尔和特里·克拉克看来，场景是由不同的文化元素以多种方式组合在一起的。理想的独立书店场景在真实性、戏剧性和合法性等场景体验方面具有不同的文化元素和舒适物。这些舒适物包括建筑材料、灯光照明、座椅书柜、阅读体验、咖啡餐饮、爱心互动、购物体验等一系列硬件营造和软件营造的组合。

---

① 向勇等主编：《百年文创力——文化创意产业案例集》（第一辑），北京：北京联合出版社，2012 年版。

② ［德］格诺特·波默：《气氛美学》，贾红雨译，北京：中国社会科学出版社，2018 年版。

独立书店场景型的生活美学空间，则要求独立书店采取复合式的经营策略。这个多元化的经营策略以生活场景为基础，以气氛营造为出发点，实现文化附加值的层层拓展。比如儿童绘本书店结合儿童用品，营造儿童在家中的游乐安居的生活环境。如果独立书店要贩售咖啡、甜品和餐饮，就要营造悠闲恬淡的空间节奏；如果独立书店结合度假民宿，则要与当地“人文地景产”的社区营造核心要素相契合，营造具有地方感的场景体验。

在互联网时代背景下，独立书店既是一个文化综合体，又是一个文化命运体，更是一个思想共生平台。独立书店的受众是知识的阅读者、社会的观察者和精神的朝圣者，独立书店要能为这些不同需求的受众提供不同内涵的特色服务。如今，能存活的独立书店在形式上虽然各不相同，但在实质上都是对情怀、理想、价值和记忆的坚持，具有本土情怀和独特精神。通过这种始终如一的文化涵育、价值坚持和连绵不断的商业探索、市场运营，独立书店正努力打造成各个城市最温暖的人文阅读空间。

第二节　创意战略视野下文化品牌的创新模式[①]

随着社会经济环境的变迁，经济发展模式转型与产业结构升级已经成为中国社会经济发展的新常态和新趋势。其中，以文化资源的开发为根基的文化产业成为驱动产业转型的重要力量。北京大学文化产业研究院编撰的《中国文化产业年度发展报告（2015）》显示，2014 年中国文化产业增加值达 2.1 万亿，约占 GDP 比重的 3.77%，而 2005—2014 近十年文化产业增加值年均增速超 15%。以文化为根基的文化品牌有不同的经营方式，通过文化元素的包装、创意战略的运用，产生与一般商业品牌不同的效益。雷诺和史瓦普认为，具有创造力的人才对组织而言是重要的，而团队的创造力则是通过创意过程的管理来实现的。[②]借由观察国内外知名文化品牌的经营案例，结合文化品牌的创意战略，以英国学者克里斯·比尔顿（Chris Bilton）的创意战略模型为理论框架，

① 此文由《创意战略视野下文化品牌创新模式研究——基于诚品书店等文化品牌的个案分析》修改而成，已征得合作者徐淑敏、邬荣霖同意收录其中。

② ［美］雷诺、史瓦普：《激发团队创意》，施贞夙译，中国台北：联经出版社，2000 年版。

进行系统分析与实践比较，将理性的管理及感性的创意融合，探讨文化品牌是如何以创意的思维与理性的管理的双重平衡破茧而出的。

一、创意战略理论的文献探讨

创意管理相关研究普遍认为，“创意”变为“产业”的过程在于“创意管理”。经济学家熊彼特（Joseph A.Schumpeter）在1992年提出“创新理论”，认为能够成功创新的人便能够摆脱利润递减的困境而生存下来，不能够成功重新组合生产要素的人则会被市场淘汰。战略大师迈克尔·波特（Michael E.Porter）于1985年提出“价值链”（Value Chain）的概念，指出商业战略是创造一系列的流程①，企业需要发展独特的竞争优势，须为其商品及服务创造更高附加价值。2005年，金伟灿等提出“蓝海”创新战略，打破了传统市场以竞争对手为考虑的战略手段，转而以找出市场空白处作为战略考量，将创新分为创造、提升、减少、消除四种手段，认为企业为消费者增加价值（Added Value）是为创新奠定基础。英国学者克里斯·比尔顿认为，创意要与组织结构和组织战略息息相关，是“创意管理”让“创意”真正成为文化产业。②他将创意战略分为创意商业创新、创意领导力、创意企业家精神和创意组织化管理等四个核心要素。其中，创意商业创新包括价值创新、成本创新、容量创新、市场营销创新、边界创新、学习创新等六个创新模式。③

二、文化品牌的个案选择

按照文化品牌起源于东方与西方，以表演类服务产品和非表演类实体产品，这里将从四个角度来挑选文化品牌的典型案例（见图6–1）。其中，“诚品书店”代表源于东方的非表演类实体产品，将传统书店以文化品牌的角度来经

① ［美］迈克尔·波特：《竞争优势》，陈小悦译，北京：华夏出版社，2005年版。

② ［英］克里斯·比尔顿：《创意与管理——从创意产业到创意管理》，向勇译，北京：新世界出版社，2010年版。

③ ［英］克里斯·比尔顿、［新西兰］斯蒂芬·卡明斯：《创意战略——商业与创新的再连结》，向方勇译，北京：金城出版社，2015年版。

营；“太阳剧团”代表源于西方的表演类服务品牌，跳脱传统马戏团的运营模式，加入艺术元素，将表演层次提升至艺术演出和精妙的舞台效果，提升人体表演的极限；“印象系列”代表源于东方的表演类服务产品，将东方的山水实景、人文景观融入艺术表演；“宜家家居”代表源于西方的非表演类实体产品，在贩卖家具的同时，将瑞典的生活方式以体验形式外销国际。按照克里斯·比尔顿的创新战略理论体系，以纵向思想的导引，针对这四个品牌的创意战略进行系统性分析与比较。（见图 6–1 和表 6–1）

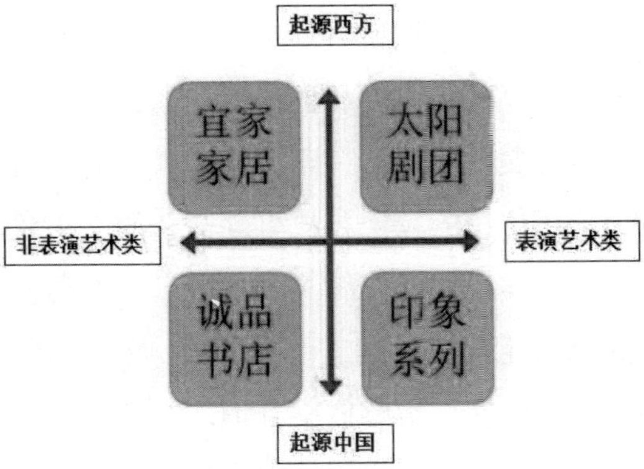

图 6–1　文化品牌的代表案例

创意战略可以看作不同于往昔的经营战略。诚品书店以 24 小时不打烊的战略，突破以往书店有限的时间营运方式；将书店打造成一种具有建筑艺术感的空间，营造出具有欧洲图书馆风格的博物馆般的氛围。其书店并不只是卖书的空间，而是向消费者传达一种人文艺术的理念，每一家店均能以当地风土民情和文化内涵为设计基础核心，并采取多元复合式的经营。从传统贩卖书籍而转向文化商品经营模式，运用连锁而不复制的经营理念，其每年所举办的文化讲座、表演艺术、展览活动超过上千场。在台湾地区，普遍认为诚品书店是文化现象的里程碑。诚品书店成为一种文化想象，象征台湾地区的一种文化向外输出，众多的国际观光客到台湾地区常指定到“诚品”体验。诚品书店成为一个象征台湾文化生活的观光旅游景点，形成了一个具有影响力的文化品牌。

“太阳剧团”的创新战略，包含减少动物表演、增加感官氛围、以艺术表演为核心、提升观众容纳量及创造艺术脚本。太阳剧团的表演以马戏为核心，削减对观众的刺激感、提升幽默感。剧团从观众的感受出发，在表演过程中依然保留高空等高难度动作。剧本设计精致、有创新性，剧团还有在室内演出的剧目供常驻演出。创造艺术脚本则是另外一项创新战略，剧团将剧目重新设计之后，与更具有艺术气息的脚本相结合，让更多不同类型技能的表演者参与，激发剧团设计出更新的剧目。

“印象系列”的创意战略包含实景演出、善用当地资源、以传统文化创新为主轴，兼具色彩视觉美学。它把所有的地景当成表演的舞台，以自然环境为表演最大的市场，包含了当地民俗人文的传统仪式，每一出演出，以创新为主轴，均能融入当地的传统文化。例如，剧目《印象·刘三姐》取材自当地民俗传说刘三姐的故事，运用传统的歌谣与故事创造新的文化演出项目；而张艺谋对于颜色的夸张铺陈，让演出活动充满了颜色视觉的飨宴，光影、构图、色彩成为“印象系列”的精彩元素，这也是一项创新。在“印象系列”每一出的表演中，将现实中的山水、生活、情感渲染升华，并转化为艺术，进入审美的境界。这是一个善用当地的资源打造成功的文化品牌。

“宜家家居”以简约居家的家具风格，通过实际体验的方式让消费者可以感受到一个家的氛围，其创意战略在于展示销售的模式——让顾客尽情试躺、试坐、看见，让顾客自行组合、想象同样的产品在自己家中摆放的模样，将家的设计、家的感觉完整呈现；以不同于低价促销的帝姆纸张方式，印制大量精美的目录，让顾客在看目录的同时，不但看见产品，而且被宜家家居的风格影响，并将精美的目录作为自己设计装潢的依据。除此之外，“宜家”的创意战略还包含平整的包装，便于消费者进行组装及运送，顾客自行取货节省成本等。

表 6–1　四个文化品牌案例的运营特色比较

品牌案例	运营特色
诚品书店	◎ 24 小时不打烊的经营 ◎建筑艺术的空间氛围 ◎连锁而不复制的多元经营 ◎对外的文化影响力
宜家家居	◎展示销售 ◎发送精美目录 ◎平整的包装 ◎顾客自行组装 ◎顾客自行取货
印象系列	◎实景演出 ◎善用当地资源 ◎传统文化创新为主轴 ◎颜色视觉的美学 ◎名人效应
太阳剧团	◎减少动物表演增加感官氛围 ◎艺术表演为核心 ◎提升观众容纳量 ◎创造艺术脚本

三、四个文化品牌的创新模式比较

文化品牌的创新模式指向企业经营的商业模式，创意战略的商业创新包括价值创新、成本创新、容量创新、市场营销创新、边界创新、学习创新等六个创新模式。按照这六个创新模式，这四个案例具有不同的生产模式。

（一）四个文化品牌的创新模式

诚品书店的创新模式中属于第一个价值、第四个市场营销、第五个边界与第六个学习创新模式（见表 6–2）。

表 6–2　诚品书店的创新模式分析

创意战略	创新模式	具体说明
第一个 价值创新	人文艺术文化之平台建立	打造人文艺术空间氛围，建立文化创意产业的载体，向外传递诚品的价值，核心理念在于人文、艺术、创意、生活，在服务的信念部分则是成就生命、分享众生
第二个 成本创新	无	不适用
第三个 容量创新	扩增文化品牌的渠道与平台	诚品书店在跨文化生活用品通路及承包文创园区展馆的经营，在服务的内容上不仅销售书，而且成为多种文化商品的销售渠道，成为包含各种文化的平台，甚至可以跨出台湾的市场，到其他地区发展
第四个 市场营销创新	打造唯美空间氛围的图书馆	汇集各种文艺活动，采用文化吸引读者的方式营销，发行《诚品阅读》杂志，提升人文品位
第五个 边界创新	不局限书籍本身	书籍销售不是主业，而是提升和定义品牌的战略手段；改变书店的定义，向生活美学经营渠道布局
第六个 学习创新	书籍亏损后打造百货通路	打造诚品生活百货渠道，并经营文创园区，建立多元事业体

太阳剧团的创新模式则包含第一个价值、第三个容量、第五个边界以及第六个学习创新（见表 6–3）。

表 6–3 太阳剧团的创新模式分析

创意战略	创新模式	具体说明
第一个 价值创新	提升艺术成分与人体极限	不同于传统的马戏团，太阳剧团向舞台剧取经，将舞台、服装、灯光、剧情视为表演的一部分，提升艺术感。传统马戏团主要是看动物表演，舞台剧主要是着重演技和剧情，太阳剧团将两者结合并加上艺术的元素，让观众看表演，同时得到另外的惊喜与享受
第二个 成本创新	无	不适用
第三个 容量创新	剧团表演	太阳剧团知道如果依然将自己定位在马戏团，那观众的局限性就会很大，例如通常只有小孩喜欢看动物表演，再加上时代的变迁，家庭娱乐产品的增加，马戏团很容易被取代。为了扩大观众群，太阳剧团向舞台剧取经，不但表演变得有主题，灯光、服装、音效也都是表演的一部分。并且为了不丢失原来的观众群，太阳剧团虽然放弃以动物为主的表演，但依然保留大帐篷，甚至将帐篷设计得更精致与华丽，吸引更多的群众扩大受众市场
第四个 市场营销创新	无	不适用
第五个 边界创新	在不同地点同时进行表演	传统的马戏团是以巡回表演的形式演出，并且所有买卖与交易只能在一次的表演中完成，太阳剧团打破了这样的方式，融合舞台剧的节目演出方式，现在的演出分为四类，巡回演出、大型体育场演出、常驻演出和季节性演出。因为表演形式的改变，因此在常驻演出地区，还设有纪念品专卖店。加上演出的数量增加，DVD 与配乐原声带等不同于传统的产品线
第六个 学习创新	不断进步	太阳剧团的创办人知道，观众的新鲜感很容易消失，为了让观众永远看到不一样的太阳剧团，他们每一部新作品的演出，剧组都会仔细研究作品的优缺点，并在下一次演出中得到改善。每一出演出，观众的惊喜、艺术感都会增加

“印象系列”的创新模式则是有第一个价值、第二个成本、第四个市场营销以及第五个边界创新（见表 6–4）。

表 6–4 “印象系列”的创新模式分析

创意战略	创新模式	具体说明
第一个价值创新	结合当地资源的实景演出	善用当地的资源。实景演出是演出艺术的一个全新概念，它将实景山水、真实生活、情感渲染升华，转化为艺术，进入审美的境界
第二个成本创新	大成本动用人力	起用当地大量的农民劳工以自己的职业兼差或专职进行表演
第三个容量创新	无	不适用
第四个市场营销创新	名人效应与媒体报道	张艺谋名人效应与媒体大量报道，安排进入当地特殊的景点旅游行程
第五个边界创新	重新界定旅游体验	以传统文化再创新的实景演出为主轴表演，音乐旋律的素材来自民间，现场演唱将音乐行为、艺术与实景融合，呈现一个全新的音乐概念及难忘的旅游体验
第六个学习创新	无	不适用

宜家家居的创新模式则属于第一个价值、第二个成本、第四个市场营销、第五个边界以及第六个学习创新（见表 6–5）。

表 6–5 宜家家居的创新模式分析

创意战略	创新模式	具体说明
第一个 价值创新	生活方式	推广北欧简单却不失品位的生活方式。对宜家家居来说，家具不只是产品。他们真正贩卖的是北欧的生活方式。北欧的生活方式简单，单一家具只使用单一色系，但整体搭配却不失丰富的色彩；产品设计简洁，没有烦琐的多功能设计；同类产品尺寸多样，符合各式各样大大小小的空间
第二个 成本创新	低价	他们以“每个人都买得起的家具”为使命，因此对于家具的材料选择以便宜并且耐用为原则，通过大批量生产，组装式家具和消费者自行提领、运送，大大降低了单个产品的价格
第三个 容量创新	无	不适用
第四个 市场营销 创新	展示厅	不同于一般的家具行将产品分类展示，宜家家居将床组区、书桌区、厨具区等以更人性化的方式展示，让消费者一看就明白该如何使用、摆放。家庭展示的设计不但让消费者能更深入地了解产品，而且能勾起消费者想成家、买家具的冲动，甚至买下许多原本没有出现在预计购物单里的产品
第五个 边界创新	满足消费者生活及饮食需求	他们将自己定位在推广销售北欧的生活方式。这样的定位，不只在家具产业中发光发热，更能顺利拓展其他相关业务，例如餐饮也以瑞典餐为主；因餐饮深受消费者的喜爱，进而跨至生鲜超市，消费者不但在宜家家居可以享受到瑞典餐，还可以买回家自行料理
第六个 学习创新	让消费者体验家的美好氛围	宜家家居通过调查发现顾客很多时候不知道该如何使用或摆设家具，因此创建了家庭展示厅，将 3 平方米的展示区进行精致的装修与摆设，让顾客亲身体验住在宜家家居组成的家的幸福温馨感。以上的创新确实提高了利润，但宜家家居发现有不少顾客即便理解了该如何摆设，并且购买了大量的家具，可是一到自己的家，亲自摆设后，效果还是不如在商场的好，所以进而推出室内设计服务

比较“诚品书店”等四个文化品牌的采取的创新模式，具有如下不同特点（见表 6–6）。

表 6–6　四个文化品牌的创新模式比较

创新模式	诚品书店	太阳剧团	印象系列	宜家家居
第一个价值创新	●	●	●	●
第二个成本创新	×	×	●	●
第三个容量创新	●	●	×	×
第四个市场营销创新	●	×	●	●
第五个边界创新	●	●	●	●
第六个学习创新	●	●	×	●

●表示有此部分的创新；× 表示没有此部分的创新。

（二）文化品牌创办人的创意战略思维模式

综观四个案例，可以发现文化品牌关键创意模式的展现，在于文化品牌创办人或领导有一种新的视野，创办人独特的认知观可以作为战略形成的雏形。

“宜家家居”创办人不是只卖家具，而是推广瑞典的家居生活美学，满足顾客对于“家”的美好期待；“印象系列”创办人则希冀以独特的山水人文风景加上舞台炫丽的效果来传递当地的文化；“太阳剧团”是来自创办人对于杂耍表演的热衷，为观众提供极致感官的娱乐飨宴；“诚品书店”创办人则希望提供文化产业的孵化、展示和体验平台，追求人文舒适的阅读空间，不断提升市民的生活美学。这些战略雏形是文化品牌创意战略的首要步骤。

文化品牌创办人是否具追求极致的创造力，是创意战略的关键点。1997年，英国工党赢得大选入主唐宁街后，为了振兴英国经济发展，当年7月成立文化媒体体育部（DCMS），组成创意产业任务小组（Creative Industries Task Force），2001年提出创意产业发展蓝图（Creative Industries Mapping Documents），其中包括活化古老的工厂与废弃的厂区作为文化产业演出的空间。对于文化品牌而言，同样需要创办人有如同英国工党起初的独到见解，具备不同于传统的思维。因此，创意认知（Creative Cognition），即文化品牌创办人的创意战略思维模式需要一种具有挑战性的认知能力。

创意认知强调创造力是人类认知的基本特质，具体表现在具有洞察力（Insight）的展现、不同概念的延伸、产生新的知识、新概念的连接等。在文化品牌上可具体展现在艺术、科学与工艺上，在平凡的事物当中创造出复杂的概念、具体的图像或象征性的语言。

简而言之，文化品牌的创办人或高阶领导者能够有一种独特的视野可以形成创意战略的雏形，以向前看的方式形成企业愿景与实践方案，这属于文化品牌创意战略的起点。文化品牌创办人必须具有一定的战略高度与前瞻视野，坚持不懈地推行创意实践。

四、文化品牌创新模式的重新界定

四个案例得到的结论包含如何重新界定旧有的商业模式、形成新的典范转移等。诚品书店重新定义书店为一个公共艺术空间和博物馆。太阳剧团若局限旧有的马戏团表演，会受限于动物保护等各项的因素限制；以挑战人类肢体极限与艺术表演为核心，来重新定义马戏团。“印象系列”则将实景山水的舞台呈现在游客的面前，通过舞台效果重现文化内涵，重新定义舞台剧。宜家家居重新定义家具店为展示美学的省会空间，满足欧洲设计风格的生活追求。

重新界定是一种重新定义问题（Redefine Problem）的创造力表现，旧有的商品在重新界定之下成为新风格或新定位。文化品牌的创意战略除了创办人的风格和战略视野外，重新界定商品或服务则是文化品牌竞争力的关键。

（一）价值创新

文化品牌的创意战略展现时，会呈现独特的创意价值，可以吸引更多的消费者或观众认同。对于企业而言这是核心价值（Core Values）的战略定位。对宜家家居而言，价值的创新在于提供美好的生活方式，其价值展现所提供的是北欧简单却不失品位的生活方式，家具只是符号产品的载体，真正在贩卖的是北欧的生活方式。

在太阳剧团的案例中，其价值创新提升艺术成分与人体极限。太阳剧团向舞台剧取经，将舞台、服装、灯光、剧情视为表演的一部分，提升艺术感。传统马戏团主要是看动物表演，舞台剧主要是着重演技和剧情，而太阳剧团将两者结合并加上艺术元素，让观众得到更为内在的惊喜与享受。

“印象系列”的价值创新是提供整合当地资源的实景演出。实景演出表演艺术的全新模式，将真山水、真生活、真情感渲染升华，进入审美的境界，转化自然山水为审美艺术。实景演出善用地方资源，将现实的山水环境进行艺术渲染，让观众置身其中，感觉如梦如幻。与此同时，实景演出还采用复制与创新的方式，在各地区巡回表演。

诚品书店的价值创新在于人文艺术平台的建立，打造人文艺术空间氛围，建立文化产业的载体，向外传递诚品书店的价值。对于文化品牌而言，是否有清楚的价值主张，成为创新模式的奉行标准。独特的价值创新不仅来自文化品牌创办人的思维观念与意识形态，也包含组织存在的价值与服务。价值链创新是文化品牌存在的核心，要足够引起消费者的认同与满意。价值链创新包含渐进式创新（Incremental Innovation）与破坏式创新等两种模式（Destructive Innovation）[①]。破坏式创新，是指将产品或服务通过科技性的创新，突破现有市场所能预期的消费改变，旨在扩大和开发新市场，提供新功能。诚品书店等文化品牌属于一种破坏式创新模式，文化品牌产出的独特价值主张可以与其他竞争品牌有所区隔，重新设计原有价值链的运作系统。

（二）成本创新

成本创新在于降低生产或服务的成本，成为创意战略的另一优势。在创

① Clayton M. Christensen & Michael E. Raynor. *The Innovator's Solution: Creating and Sustaining Successful Growth*. Boston: Harvard Business School Press.2003

造新创意之前，或许会花费许多经营费用与研发成本，但成本创新则让企业凭成本的优势重新获得更多溢价空间。“宜家家居”以每个人都买得起的家具为使命，以便宜并且耐用为原则，家具材料通过大量生产降低单价，组装式家具和消费者自行提领、运送，大大降低了产品价格。“印象系列”起用大量当地的农民劳工，以兼职方式参与表演，不需要花费太多经费用于专业训练和专业演员的聘用，降低了人工成本，将制作投入向科技手段倾斜，彰显大山大水与万马奔腾的震撼场景。

（三）容量创新

容量创新是指文化企业通过增加销量来实现规模效益。传统文化企业常以降价来增加销量，但在更新创意战略中，扩大销售数量已经不以传统的降价战略，而是基于企业定位的转型。在容量创新上，“诚品书店”通过不只是贩卖书籍来吸引更多的消费者，那些喜好艺术、人文、哲学、音乐的消费者可以在诚品空间达到消费满足。太阳剧团如果依然将自己定位于传统马戏团，那观众的局限性就会很大。通常只有小孩喜欢看动物表演，随着时代的变迁和家庭娱乐产品的增加，传统马戏表演很容易被取代。为了扩大潜在的观众人群，太阳剧团向舞台剧取经，不但将马戏表演注入文化主题，而且灯光、服装、音效也都成为表演的一部分。太阳剧团虽放弃了动物表演，但保留了大帐篷的舞台样式，帐篷设计得更加精致与华丽。其带来的结果，不仅保住了原有观众，还吸引了更多的观众。此外，太阳剧团还通过不断的巡回演出，以达到容量创新。

（四）市场营销创新

通过市场营销的创新战略建立消费者对品牌的认同，是一种市场传播的重新塑造。宜家家居的营销做法不同于一般的家具行，而是以更人性化的展示体验方式，让消费者一看就明白。家庭场景设计的展示方式不但让消费者能更深入了解宜家产品，还能勾起消费者想成家的想象和欲望，进而购买原本没有出现在预计购物单里的产品。印制大量精美的家居目录可以让消费者典藏，在网络上展示消费者使用宜家家居所营造的居家空间，与消费者的互动。“印象系列”则依靠张艺谋的名人效应与媒体的大量报道，或安排消费者进入当地特殊景点旅游，进行营销。诚品书店则打造兼具唯美空间和人文氛围的图书馆，汇集各种文艺活动，采用文化吸引读者的方式营销，发行《诚品阅读》杂志，提升人文理念，通过空间美学吸引消费者。

（五）边界创新

边界创新重新界定了旧有的经营模式，创意战略的内容涉及跨领域或跨市场。文化企业对内需要优秀人才，对外则需要市场机会，及时把握时机是企业创新的关键。

宜家家居将自己定位在推广“销售”北欧生活方式，让其不只在家具产业中发光发热，还能够拓展其他相关业务，如宜家餐厅以瑞典餐为主，进而跨至生鲜超市。

太阳剧团打破了传统马戏团以巡回表演为主的一次性买卖交易，融合舞台剧的演出方式，将演出分为巡回演出、大型体育场演出、常驻演出和季节性演出等四种形式。此外，在表演区还设有纪念品专卖店，DVD 与配乐原声带等不同于传统的产品线。

“印象系列”以传统文化创新为主轴，其节目中的音乐旋律来自民间素材，将原本小剧场的表演跨越边界，融合成壮阔的山水实景，提供给游客全新的影音体验。

诚品书店看到实体书籍的销售已经不是书店的主力，从而提升和定义书店的品牌战略，改变书店的传统模式，将书店朝向生活美学经营，在书与非书之间游走。

通过边界创新，将文化品牌重新提升了层次，可以整合不同产业，实现多边经济的商业回报。

（六）学习创新

学习创新指文化企业通过事前学习、学习成功或失败的经验来创新自己。

宜家家居的发展过程就是不断提升顾客体验、不断改变展示及提供室内设计服务，迎合消费者需求而不断改良提升。太阳剧团深知观众的新鲜感容易消失，所以剧组人员对每一场演出都会仔细研究、评估优劣，并在下一次演出中得到改善。每一次表演，在主题、情感和艺术表现上都会得到提升，在剧本设计上也不断推陈出新，在全世界招募表演者。诚品书店则打造诚品生活百货渠道，经营文创园区，建立多元事业体的发展模式。“印象系列”则不断复制相同的模式与经营手法，其剧本在同一地区长久上演，却没有调整，缺少学习和创新。

综合创意战略商业创新的六个模式可以看出，四个品牌在不同的维度上各有所长。因此，文化品牌的创意战略可以从价值创新、成本创新、容量创新、市场营销创新、边界创新与学习创新等商业创新模式生成、运作、形塑与打造。当前，文化企业所处的市场环境变化剧烈且难以预测，文化品牌的成功模式也难以掌握。文化企业如果重新思考创新模式，可以避开红海竞争的微利模式。迈克尔·波特认为，竞争战略的本质差异问题、创意战略的本质存在于创新实践活动中，意味着选择一套不同的创新活动，以创造独特的顾客价值。①

在跨界与混合的经营实战中，文化品牌的创新可通过不同元素的混搭与组合，形成一种新的战略形态。文化品牌的生成可以是不同领域的跨界混合，文化品牌通过创意战略的创新驱动，可以是可被碰触、方便购买的具有物质属性的实体产品，也可以是经验与感官的过程体验。无论是实体产品还是体验服务，文化品牌如同表演艺术一样，最终要被“植入”整体的空间氛围和生活美学之中（见图 6-2）。

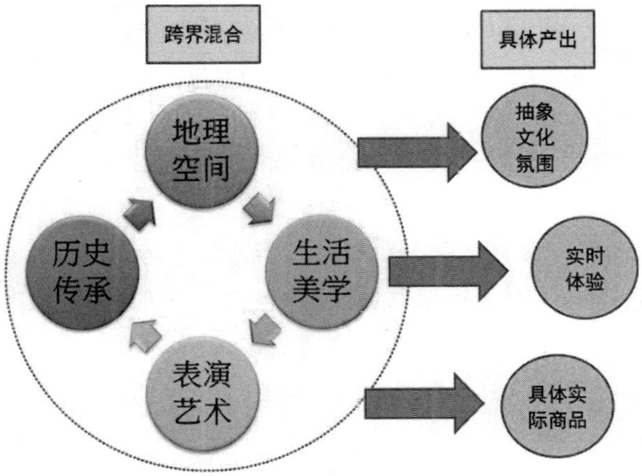

图 6-2　文化品牌的跨界与混合的空间展现

具有创新混合元素的文化品牌，会整合某种地理空间与环境氛围的文化

① Michael E. Porter. *What is a strategy*？ Harvard Business Review，1996.

元素，例如城市的意象、历史的遗迹、新建的建筑等，彰显在地的故事。通过生活美学的陈列或商品铺陈，文化品牌可以拥有表演艺术效果的展示或体验，可以把古老的故事通过创新的形式表现出来。消费者既可以购买具体形象的商品来满足所需，也可以享受文化品牌所营造的文化氛围的实时体验，这是文化品牌的跨界混合的创新手法。

在创意战略的思维框架的推动下，文化品牌可以任意混合与搭配，从而塑造出一种新的用户经验或新的产品。文化品牌的重点在于组织集体共创能力的激发、识别、引导和实现。一个创意的想法可否在组织内部被保存下来，得到延续并成为组织的竞争优势，针对创意组织的团队组成与组织文化都有非常高的要求。对于文化品牌创办人或高阶经营者而言，创意战略的展现是一种跨界与混合的历程与成果。文化品牌创办人或高阶经营者可以通过地理场景的延伸，将其塑造为演出或服务的场地，落实成为生活当中的美学空间，消费者可以感受到当地的历史传统和文化元素。这个美学空间既包括实体产品又包含表演体验，实体产品与表演服务实现彼此的互动，这是文化品牌生成创新的新趋势和新模式。

第七章　创意城市的艺术再造和创意集聚

每个城市都有自己独特的城市记忆、文化符号，挖掘城市的创意元素，以在地艺术为媒介，以文化空间为载体，在文化聚落、创意集聚和产业集群的演进过程中形成独一无二的创意城市。艺术创意推动了物质经济向符号经济、时间经济向场景经济中的双重转型。创意城市包含物理形象空间、产业功能空间和文化意象空间等三个层面，通过空间生产聚集了诸多发展要素，经历了不同的发展阶段。通过面向市场、社会赋能和激发创新的创意交流与价值共享，文化、艺术和创意的交叉点可以培育创意氛围，引领城市的创意集聚。本章以深圳大芬油画村和日本越后妻有大地艺术节为典型案例，探讨创意城市的创意集聚和在地文化的开发激活。

美第奇效应是对创意要素产生交叉点的创新现象的形象描述，具有知识的交叉性、思维的开放性和创意的现实性等特点，催生了交叉创新、跨界创新和创意创新等不同的创新模式。创意城市美第奇效应包括异场域性、创意共生、社交生活和跨界创新等不同生成机制。深圳大芬村油画村通过国内外层面的空间、活动和创意人群等多种要素的连接，建立了一套大芬油画村创意集聚的内在规则，推动了深圳城市文化膜拜价值、社会价值和功能价值的意义覆盖。

文化记忆是每个时代、每个社会所特有的可重复使用的全部文字、图像和仪式的集体记忆。作为空间地域的日本越后妻有，是大地艺术节项目中的记忆场域。艺术作为记忆媒介，节日作为记忆传播方式，在地艺术成为文化记忆的存储器，收录了那些不在场的记忆，同时又面向未来，帮助当地社区重新确立文化身份。文化记忆成为艺术创作的重要资源，而基于此的艺术作品又照亮了社会现实。在地艺术项目改变了艺术家与当地社区的权利结构，将当地社区置于主体地位，充分调动其参与的积极性，真正激活了地方文化。

第一节 创意城市的美第奇效应
——以深圳大芬油画村为例

新时代是我国新旧动能转换、新旧经济转型的重要历史时期。安娜·科伊尔（Diane Coyle）等探讨了“旧”经济和“新”经济的区别，认为“新经济”拥有活力四射的市场基础、网络化的组织形式、全球范围内的竞争规模，以人力资本和社会资本作为自身的价值来源，创新机制灵活，具备高新技术基础，打通了竞争合作者之间的多元机制。随着经济发展模式的转型和产业结构的升级，不仅资源型城市面临转型压力，而且新兴城市也面临升级挑战。[①] 城市发展出现商贸城市、工业城市、商务城市和文化城市等不同的迭代升级的发展阶段，其中，越来越多的城市将文化、艺术和创意作为可持续发展的核心推动力量，将文化城市（创意城市）作为诸多城市转型发展的主要目标。查尔斯·兰德利（Charles Landry）认为，创意城市包括富有创意的人、意志与领导力、人的多样性与智慧获取、开放的组织文化、对本地身份的认同、城市空间与设施和上网机会等要素内涵。[②] 近年来，深圳出台多项政策优化产业结构、广纳良才，致力于打造新的城市文化景观。2017 年 12 月，深圳大学发布的中国城市创意指数显示，深圳位居中国城市创意指数榜前列。[③]

在创意之城的培育过程中，可以通过两种路径促进其实现：一是科技创新，二是文化创意。就第二种路径而言，如何凭借讲求内涵深度的文化与诉诸感动深度的艺术，来激发城市中文化创意产业的蓬勃发展，这是打造创意城市过程中应该思考的核心问题。在城市发展的历史进程中，由传统城市向新兴文

① 李虹等：《中国资源型城市转型指数——各地级市转型评价 2016》，北京：商务印书馆，2016 年版。

② ［英］查尔斯·兰德利：《创意城市——如何打造都市创意生活圈》，杨幼兰译，北京：清华大学出版社，2009 年版，第 45 页。

③ 李丽、陈戴涵：《2017 中国城市创意指数发布》，载于《深圳特区报》2017 年 12 月 11 日。

化/创意城市的转型过渡涵盖三个演进过程：一是文化聚落，二是创意集聚，三是产业集群。同样，在培育创意之城的过程中，文化、艺术和创意究竟能够发挥何种作用？作为深圳城市名片之一，深圳文博会分会场开创者的大芬油画村，在深圳向创意城市迈进的进程中，起到何种作用、扮演何种角色？

一、美第奇效应的概念意涵

对于创意城市的研究，学术界有侧重于创意聚落的研究，提出美第奇效应（Medici Effect）的运用。美第奇效应的概念源于对欧洲文艺复兴的思考，文艺复兴催生了很多艺术创作。当时，意大利的佛罗伦萨是文艺复兴的中心城市之一，而美第奇家族是生活在佛罗伦萨的银行世家，曾出资帮助过画家、诗人、建筑师、哲学家、雕塑家、金融家等多领域锐意创新的人才。在佛罗伦萨这个自由宽松的环境中，不同领域的人才打破学科、文化之间的壁垒，相互了解学习、相互碰撞，使得多学科、多领域的思维交叉，创造出惊人的成就。这就是美第奇效应。

美第奇效应是对创新思维的概括，激活了文化资本、社会资本和经济资本，激发了一种新的资本形态——创意资本①。美国学者弗朗斯·约翰松在《美第奇效应》一书中谈到，在文艺复兴时期的佛罗伦萨，所爆发出的在后人看来惊世骇俗、超凡绝伦的想法蕴含着重要启示，需要我们在确立各学科、文化的“交叉点”②后，形成创新脉络。约翰松因受文艺复兴佛罗伦萨上述现象的启发，提出“美第奇效应”这一概念，借此概念形成了对创新的思考：“当

① 大卫·索斯比尔（David Throsby）指出，创意资本是“集中在城市内特殊的文化设施、文化象征与文化魅力，并影响城市经济。文化区可能会成为一种区域发展的方式。目前，文化区模式随着城市经济不断发展与城市产业转型的变化，已经证明能够成为区域发展的方式；文化产业可能构成城市经济的重要组成部分；文化通过培养社会认同、创造力、凝聚力和活力对城市产生更加广泛的影响”。引自大卫·索斯比尔《经济学与文化》，王志标、张峥嵘译，北京：中国人民大学出版社，2011年版，第135页。

② 弗朗斯·约翰松用“交叉点”解释美第奇效应的发生机制。他认为，“交叉点”好比大脑科学研究，涉及数学、医学、计算机、神经生理学等学科交叉，是各种领域的集散地。在他那里，“领域”指一个人通过一门学科、一种文化或者教育、工作、癖好、传说、习俗、生活经验而获得某种专长。

你的思想立足于不同领域、不同学科、不同文化的交叉点上，你可以将现有的各种概念联系在一起，组成大量不同凡响的新想法。我为这种现象所取的名字是‘美第奇效应’。”①

类似于美第奇家族这样的角色，在推进交叉创新、跨界创新、创意创新的过程中发挥了何种作用？在21世纪，如同深圳一般的城市，通过艺术交叉点的交会能否形成类似的美第奇效应，来实现城市发展向艺术营造和创意之城的进阶？综观美第奇效应的特点，第一是要呈现交叉性，实现涉及商业、技术、设计、艺术等多个领域的跨界，其内在意涵是多元文化的汇聚，深圳恰恰具有非常包容的文化氛围，文化呈现多样性，兼容并包的特征是能够激发多领域交叉的基础条件。第二是要突破一些传统壁垒，具备开放思维。美第奇效应讲求拓展新的领域，创造不期而遇、不确定性的随机组合。深圳城市人才具有很强的流动性，这是其表现城市创造性非常重要的一个特征。当人们生活在一座城市时，创意集聚使得城市呈现出一种没有预估、并非程式化的线性交流，而这种不确定性的交流时常发生在咖啡厅、画廊或“镶嵌”在城市中众多的相关类工作室。这些随机的交流促成了交叉跨界，使得各色创意点子得以无拘束地迸发。第三是创意的现实化，创意需要有一套机制能够把新的想法实现。当在人们的头脑当中形成新的点子时，需要让点子能够具体可感，即点子的现实化，如同美第奇家族提供了非常庞大的财力支持一样。

二、深圳的创意城市转向

深圳的创新发展，催生了中国在21世纪新的创新模式，改变了新的经济增长方式，笔者在此将其概括为两个转型：一是物质经济向时间经济的转型，二是符号经济向场景经济的转型。无论是符号经济还是场景经济，艺术创意都将在其中扮演非常重要的角色。物质经济是生产要素从物质要素向非物质要素转变，这种转变在当今经济的发展中呈现越来越明显的趋势。当前，对一个国家、一个地区、一个企业至关重要的生产资料，恰恰是科技和文化催化所形成

① ［美］弗朗斯·约翰松：《美第奇效应——创新灵感与交叉思维》，刘尔铎、杨小庄译，北京：商务印书馆，2006年，第7页。

的以专利、版权、知识产权和数据财富为代表的非物质资料。另一个转变是整个经济增长从符号经济转向场景经济，这里的场景可以是一个空间，也可以是一个事件、一个活动，它是基于人与人之间的连接，充满了故事性和通感体验的交叉体验性。

整个新经济的转变完全区别于旧的经济模式，无论是竞争、规模、组织方式，还是生产组织，都能在其中看到它的变化。例如，从市场方面来看，旧经济是非常稳定的红海市场。就新经济来说，市场则是蓝海，甚至有人说是“绿海”“紫海”，这意味着市场充满活力，具备实现蓬勃增长的可能。在整个新经济转变的过程中，催生了深圳从一个传统的有一点儿加工型的商贸城市，向创意城市的转向。国内很多城市还是基于农业和工业的商贸城市，这个转向不局限于从商业城市到商贸城市。目前，国内诸多地方有 CBD（中央商务街）和金融街，很多商贸、工业、商业城市也都致力于转型为创意城市。

创意城市具备的风格如同文化产业的价值一般，它不是简单的商品贩售，而是为整个行业、整个社会添加一种新的价值。创意也是如此，它将文创作为这个城市最重要的生产动力、最重要的发展变量，具有鲜明的文化识别特征，进而形成广泛的文化号召力和影响力。创意城市所形成的文化产业和文化市场及文化设计景观，包括物理空间、功能产业和文化三个层面。例如，在由联合国教科文组织发起并参与组织评选的“创意城市网络”中，深圳获选“设计之都”①。除了通过设计来改变传统的印刷、包装、加工业，优化其产业功能外，在城市景观的设计中，人们可以看到政府始终努力地将一些过街天桥和其他公共设施充分地公共艺术化。仅仅如此还不够，深圳还需要进一步加强意向层面的文化，强化这种文化经验的历史感和厚重感。

国际通行的描述或评价一个城市发展，有很多的指数，学界有关于全球和世界城市的研究，也存在一些影响力非常大的外交指数，当然还包括文化指

① 2004 年开始，联合国教科文组织成立了“联合创意城市网络”，先后指定 7 种类型的创意城市，分别是设计之都、手工艺民间艺术之都、美食之都、文学之都、电影之都、媒体艺术之都、音乐之都，位列其中的中国城市有上海、深圳、成都、北京、杭州、长沙、顺德、澳门等。

数。这些指数涉及价值观、便利度、相关人群的生活方式等，在各种各样的城市指数，包括联合国关于文化的分类中，都提到了文化在城市发展过程当中所起到的作用。

以关于两岸的城市排行为例，其涉及城市软实力、硬实力等因素。其中城市软实力囊括了文化知识度、内涵度、创造力、发展力。这些因子如何从单一的文化资源演变为产业集聚？为什么说城市能成为一种品牌，能有一种吸引力？因为它有吸引人的生活方式，有扎根文化认同的文化基因，有夺人眼球的城市外观，有城市的多样价值，也有其独特的生活品质，还有它的产品和品牌作为支撑。从这些角度可以看到这些城市都在塑造一些新的吸附力，它在经济发展之余还有文化影响和社会声誉。

创意城市的发展共经历了 7 个阶段，分别为“停滞阶段、萌芽阶段、起飞阶段、活跃阶段、普及阶段、创意中心形成阶段、创意城市形成阶段”[①]。创意城市包含了诸多要素，例如，技术与人才要素，在创意城市形成的过程中，从早期的停滞阶段到后面的发展阶段，人才发挥着重要作用。从文化聚落到产业集群，其中间要经过创意集聚的过程，创意集聚的本质即是创意人才的集聚。为什么创意人才要形成集聚？创意集聚为何发生在大芬村？难道仅仅是因为租金便宜又不受各种限制慢慢形成的吗？其中缘由一定是基于传统的产业链分工之外的创意人才在互动交流当中，有一种艺术的分享、创意的共创，以及其他的因素，导致创意人才聚集在一起。

三、艺术引领创意集聚

在创意集聚的过程当中，可以看到由此引发的第二个议题，即创意集聚借由艺术引领得以实现。查尔斯·兰德里在《作为创意城市的伦敦》一文中论述，艺术的存在对创意城市的发展具备三个层次的效用：艺术鼓励某种具体形式的批判性想象和创新；艺术关注品质、吸引力、表现能力、我们环境的美与设计，以及如何赋予这一切以生命；无论是作为经济增长的引擎，还是对社

① 汤培源、顾朝林：《创意城市综述》，载于《城市规划学刊》2007 年第 3 期，第 16 页。

会发展的影响，艺术和创意产业都发挥了作用。[①] 从现代纽约所实践的安迪·沃霍尔经济效应可以发现，经过整个20世纪的发展，纽约逐渐成为创意之都。以安迪·沃霍尔为代表的艺术家认为，艺术究竟能起到何种样貌的引领作用呢？主要有四个发现性的结论。[②]

第一，艺术文化尤其是先锋艺术，在整个社会经济当中有非常重要的艺术动能。因此，值得思考与研究的是，大芬油画村的艺术动能，能不能成为布吉街道和整个区，甚至整个深圳市社会经济新的增长动能呢？

第二，艺术引领激发城市美第奇效应的生成。美第奇效应的多领域跨界激发创意实现，仅通过美术的创意，如何使得时尚、电影、音乐、设计等多门类间的艺术进行彼此沟通交流，实现资源共享呢？安迪·沃霍尔从“工厂”产出的艺术品看到了多领域跨界融合使纽约这座城市具备了由艺术引领实现创意集聚、激发城市美第奇效应的特质。

第三，商品可以变成艺术，文化艺术经过包装便可以成为产品。所以安迪·沃霍尔称他自己是一个商业艺术家。深圳大芬油画村作为一线艺术市场的实践者、深圳文博会分会场的开创者、连续13届分会场举办纪录的保持者，大芬油画村的艺术即是商业艺术，这里的艺术是面向市场来进行创作的。

第四，强调社会空间的重要性。安迪·沃霍尔所谓的“工厂”是其本人进行艺术创作的创意工作室，有非常多的创意人士在此集合，沃霍尔的艺术创作自身就是跨界的，从纯艺术创意到自己做摄影、自己拍电影。在此，众多的设计师，与很多其他的时尚衍生产业结合在一起。

从城市总体的经济发展来看，艺术和文化的变量对全领域的经济增长起到了非常重要的促进作用。艺术和文化所处的层面越高，对整个经济发展的效率越高。此外，艺术还对其他行业有引领作用，包括媒体行业、一般的企业管理领域、金融业和其他类型的服务业，通过艺术整合和艺术提升都将对创意集聚、艺术引领起到推动作用。

---

① ［澳］约翰·哈特利：《创意产业读本》，曹书乐、包建女、李慧译，北京：清华大学出版社，2007年，第194页。

② Elizabeth Currid. *The Warhol Economy: How Fashion, Art, and Music Drive New York City*, Princeton, NJ: Princeton University, 2007.

与传统制造业形成对比，整个深圳的发展已经进入后工业经济阶段，腾笼换鸟之后要换新的产业。那么，新的产业有不同的发展模式，既有弹性专业化的，也有垂直分工的。在这个过程当中，最主要是建立生产机制，通过人和人的交流互动和创意共享来催发一种新的经济形态。这种新的经济形态，最容易发生艺术和文化的碰撞，借由人和人之间的互动和创意共享来催生经济发展，实现效率提升。所以，新的经济形态改变了以前传统城市的分散性，通过共享来实现创意，加大创意外溢，并跟整个社区和区域产生连接。

目前，不仅存在弱连接、强连接、分散连接，而且还有基于分散连接提供的优质的人、财、物的孵化平台，来推动社会的创意共生。其中一些艺术活动、夜间活动、咖啡活动，是实现人与人之间沟通交流非常重要的连接桥梁，它经历了从观念的产生到创意现实化的过程。这些活动环境要激发人们新的观念，让这些观念能够产生跨界的火花。那么，大芬油画村有没有起到这样的作用呢？通过搭建大芬油画村的平台，搭建安迪·沃霍尔的平台，深圳能够实现艺术的商品化，然后才能产生其他的"艺术+"效应。

安迪·沃霍尔生活的纽约如同一个社交生活的集聚体一般，促进了人和人之间的沟通交往。集聚的过程实现了"先锋艺术—时尚设计—文化金融—文化科技"一系列四个层次的整合。大芬油画村在诸多领域中建立以艺术引领创意集聚为主导的结构，从整个艺术价值和文化价值来说，前面有文化聚落的部分，后面有媒体效应放大的部分，以各种功能创意的实现来撬动整个区域的文化创意产业发展，来实现艺术引领的作用。在这个过程当中，撬动的主要是对文化的几种价值分享，第一是膜拜价值，第二是社会价值，第三是功能价值。政府作为创意城市美第奇效应的利益相关者，包括众多非营利机构与大芬油画村管委会园区在内，一起参与了三种价值叠加、四种层次分列所实现的以艺术产业为核心驱动的文化创意产业。在此基础上，文化产业实现了与第一产业的连接。当然，在某些区域可能未实现此连接，但是文化产业凭借其可以辐射的特性，能够实现同其他品牌资源的结合，同特色制造业以及工业设计也具备实现结合的可能。艺术发挥了带动产业融合的作用。

通过艺术引领转向下的场景经济，打造创意生态，催发艺术协同的效果。可以看出，艺术如何引领、设计生活，促成当下的社会现象、文化现象、社会风尚等。在艺术园区和艺术聚落的分工，不同于在工业时期的分工，而是基于人和人之间连接的分工，来实现各种各样的创意集聚的实验。不管是工作室，还是工作坊，所实现的是各种各样的艺术连接、创意分享，最后获得商业价值和经济价值。

四、深圳美第奇效应的生成

在未来，深圳大芬油画村要提升创意集聚的功能，包括两种驱动方式。一是自下而上的，起初是一些画工和画商的聚集，自发形成了园区。如早先大芬村的发展是基于环境、租金、交通，使得创意阶层在此集聚。二是自上而下的，主要是通过城市的功能拓展。目前，大芬油画村的发展正处于这个阶段，深圳自上而下的双重治理的结构也正位于这个层面之上。针对深圳大芬油画村的区位禀赋，如何处理、完善一些关键要素呢？比如，前文提及的若干空间，如何来对其进行重新优化呢？以功能空间为例，是按照原创—复制—交易—展览的艺术产业链来划分，还是按照“艺术 +”、艺术复制的产业功能来划分，或按照其提供新的生产要素来划分，涉及空间的重新优化取向。同样，形象空间的环境营造、场景营造及街区项目营造也存在重新优化的问题，其中更重要的是意象空间。想到大芬油画村，不禁就会想到其中的文化体验和文化故事。当然，上述问题也涉及利益相关者，包括政府部门、企业、媒体、管委会、消费者和其他的一些学术机构，需要非常清晰有效地去检视他们之间的互动关系，以便实现创意集聚更优的效果，形成一种创意生态。

深圳大芬油画村要实现这样一种成熟的创意集聚效应，需要建立国内外层面的空间、活动和创意人群等多种要素的连接，建立一套大芬油画村创意集聚的内在规则。这种规则要求简约、具体、可行性很强、具有情感性和故事性，要营造一种有包容性的社会环境。大芬油画村的文化创新，应该是建立在巧连接、多元化、立体包容的规则基础上。大芬油画村是一个创新平台，也是一个集聚高地，还是各种展览展演的窗口。

因此，政府或者政府委托的管理机构在推动创意城市的建设时，需要发挥文化、艺术和创意的引领作用，激发城市美第奇效应的生成。针对文化聚落、创意集聚和产业集群的演进过程，创造一个可持续、弹性化、既松又紧的激励机制最为关键，从而打破静态、专一而严苛的目标引领。政府需审视自身，扮演合适的角色，对发挥美第奇效应的创新平台给予大力支持，不以干涉的姿态扮演纯粹管理者的角色。同时，国际创意城市的建设还涉及地区发展与国家形象，承担着深远意义的国家使命，是一种城市发展目标的功能导引，需要平衡社会、经济和文化等系统活动。深圳大芬油画村的文化聚落和历史遗产相对较少，需要梳理有利于形塑文化聚落的社会要素，营造城市综合景观，吸引创意人才集聚，塑造创意城市全球化资源的连接能力。那么，深圳大芬油画村的文化聚落是什么？其文化环境、地理环境和政策环境应该如何打造，以便实现规模可观的产业集群？据悉，深圳大芬油画村在“十三五”规划中就提出了提升优化的行动计划，目标之一就是要打造一个新的大芬艺术集聚园区，实现优化和功能拓展的创新突破。大芬油画村的创意集聚，最终通过异场域性、创意共生、社交生活和跨界创新等四大机制的协同驱动而成。实现深圳创意城市的美第奇效应，就是要强化这种协同效应。这种协同效应，包括创意优质的内容素材、内容所需的资源筹措、多元运用的授权制度、科技载体的文化扩散、多元平台的整合营销，以及跨界合作的跨业媒体等创新手段，推动深圳大芬油画村发展为城市空间的创意连接器，最终实现文化符号、创意内容、终端设备、孵化平台和价值网络等创意集聚的生态效应，完成文化新经济的创新转型。

第二节　在地艺术的文化记忆重塑与权利话语重置——以日本越后妻有大地艺术节为例[①]

日本越后妻有大地艺术节始于 2000 年，每三年举办一届，从开始筹备的举步维艰到如今声名远播，吸引了国内外无数艺术家参与、游客参观。策展人北川富朗用 20 年的艺术实践展示了在地艺术项目的多种可能性。从 2010 年开始，北川富朗与福武总一郎合作，又策划了濑户内国际艺术节。2018 年，第

① 此文由《在地艺术的文化记忆重塑与权利话语重置——以日本越后妻有大地艺术节为例》修改而成，已征得第一作者唐璐璐同意收录其中。

七届越后妻有大地艺术节举行，濑户内国际艺术节至今已成功举办三届。

国内学术界对此现象的研究，主要聚焦于以下视角：艺术节作为公共艺术，对地缘文化、乡村建设的影响[①]；公众参与艺术节的经验与启示[②]。至今未有基于文化记忆视角，对在地艺术功能进行探讨的。本节从文化记忆的视角出发，观照在地艺术项目中的人、地点、历史和记忆等元素，探析文化记忆在当代艺术实践中的延展功能。

从策划人北川富朗的表述中，我们可以寻找到策划越后妻有大地艺术节的原因：随着城市化的发展，年轻人逐渐离开乡土；原本以农耕为基础的乡村面临人口减少、老龄化突出、农田衰退等问题；更为重要的是，曾经在农业社会中掌握的劳作技术、岁时节令等生活习惯在现代社会已不能发挥太多的作用，无法再为当地人带来自豪感；无法维持生计的局面进而也导致当地人丧失了自身认同。因此，北川富朗的初衷是希望为在此生活的老人们创造出开心的回忆，从而唤起他们的自豪感。[③]把回忆塑造为艺术作品，再重塑当地人的身份认同，这成为越后妻有大地艺术节与其他公共艺术的一项重要区别。

一、地域作为记忆的场域

如果说莫里斯·哈布瓦赫（Maurice Halbwachs）提出的"集体记忆"（collective memory）还不是一个抽象的概念，而是众多个体记忆的集合，[④]那么康纳顿（Paul Connerton）提出的"社会记忆"（social memory）则是群体通过仪式塑造的共同记忆，即并非个人记忆的简单叠加，而是指作为主体的集体记忆。[⑤]在此基础上，扬·阿斯曼与阿莱达·阿斯曼夫妇在20世纪90年代提

① 管怀宾：《公共艺术与地缘文化重构——以日本越后妻有三年展和濑户内国际艺术节为案例》，载于《新美术》2015年第10期。

② 刘小蓓：《日本乡村景观保护公众参与的经验与启示》，载于《世界农业》2015年第4期。

③ [日]北川富朗：《乡土再造之力——大地艺术节的10种创想》，欧小林译，北京：清华大学出版社，2015年版，第2页。

④ [法]莫里斯·哈布瓦赫：《论集体记忆》，毕然、郭金华译，上海：上海人民出版社，2002年版。

⑤ Paul Connerton. *How Societies Remember*. Cambridge University Press, 1989.

出了“文化记忆”。为与自己提出的“文化记忆”区别开来，阿斯曼将哈布瓦赫的集体记忆称为“交流记忆”（communicative memory），是一种随着具体环境而变化的记忆，主要包括回忆、想象、引语和俗语等，在族群中一般不超过三代。交流记忆并非固定的机制，而是分散在个人的头脑里。[①]文化记忆则包括每个时代、每个社会所特有的可重复使用的全部文字、图像和仪式。这种记忆用以稳定和传达社会的自我形象。在过去的大部分时间中（但不仅限于此），每个群体关于认同性和特殊性的意识都依靠这种集体记忆。因此，交流记忆的特点是贴近日常生活，但文化记忆是与日常生活疏远的。[②]可以说，文化记忆是一种从宏观层面出发，超越个体自身记忆的更有力量的集体记忆，它的首要任务是传递集体认同。而社会又借助这种集体记忆来传达规范和价值，从而树立在个体心中的权威。[③]

地域，作为客观的存在，自身并不存在内在的记忆，但却是构建文化记忆空间的重要元素。人们往往会把自身的记忆跟某一地点相关联，使得这种记忆固定而深刻。文化记忆也是如此，在特定的地域中达成最持久的延续。[④]

越后妻有位于日本本州岛的日本海一侧，在行政区划上属于新潟县，由十日町和津南町两个地方自治体构成。全区共有200多个村庄，面积大约760平方公里。越后妻有的地理环境独具特色：信浓川在此流过；虽地处偏远，但产出著名的越光米，有秀美的梯田景观；由于特殊的地形条件，每年的降雪量特别大。而这所有的景观和当地人的生活都与开垦了长达1500年的农业大地息息相关。[⑤]当地人世世代代在此劳作、生活，地域与家庭历史发生了固定而

① ［德］扬·阿斯曼撰：《“文化记忆”理论的形成和建构》，金寿福译，载于《光明日报》2016年3月26日，第11版。

② Jan Assmann. *translated by John Czaplicka*, “Collective Memory and Cultural Identity”, in *New German Critique*, No.65, *Cultural History/Cultural Studies* (Spring – Summer, 1995), pp.128–129, p.132。

③ ［德］扬·阿斯曼：《什么是“文化记忆”？》，陈国战译，载于《国外理论动态》2016年第6期，第21页。

④ ［德］阿莱达·阿斯曼：《回忆空间——文化记忆的形式和变迁》，潘璐译，北京：北京大学出版社，2016年版，第344页。

⑤ ［日］北川富朗：《乡土再造之力——大地艺术节的10种创想》，欧小林译，北京：清华大学出版社，2015年版，第2+18+202页。

长期的联系，成为阿莱达·阿斯曼所称的“家庭之地”或“代际之地”[①]。如果没有城市化，家庭的繁衍生息将一如既往在此进行，这种记忆也将延续。但现代化带来了人们价值取向的变化，偏远、自然条件恶劣、交通不便的山地，不再成为年轻人生活的首选；民宅被空置，学校被废弃；留在乡村的是一些经历过战争、战后混乱而顽强生存下来的老人，他们和这个偏远山乡一起，成为被遗忘的角落。

在地艺术的重要性在此得到凸显。不同于20世纪六七十年代于欧美兴起的大地艺术（Earth Art/Land Art）[②]，越后妻有大地艺术节除了希望唤起人们对自然与环境的关注，更希望唤起社会对生活在“此地”人的关注。艺术家通过驻地调研，与当地社区一起创造与完成艺术作品，从而传达关于当地的文化记忆。如果借鉴扎根理论（Grounded Theory）[③]的表述，我们可以将这种在地艺术创作称为“Grounded Art”。越后妻有为已经逝去的农耕文明提供了一种既感性又牢固的文化依靠，这是一种没有“此时”的此地；地点不会描绘或者想象任何东西，但它会天然地把不在场的记忆调动出来。[④]

独特的地域造就独特的文化记忆。如果大地艺术节推动越后妻有乡土的面貌发生改变，变得便捷、商业化，变成另一个东京，与之伴随的文化记忆断裂，那就与举办大地艺术节的初衷背道而驰。相反，大地艺术节最大限度地保持了地域特性，维护了记忆链条的完整性。许多游客会抱怨大地艺术节的作品太过分散，不利于观赏，不节省时间。但组委会似乎就是要维护越后妻有这样一个独特的地域空间：与快节奏、讲效率的现代化相对而立；不管是艺术家还是游客，来到此地，就与当地人享有同样的生活方式。大地艺术节与一般展览

① ［德］阿莱达·阿斯曼：《回忆空间——文化记忆的形式和变迁》，潘璐译，北京：北京大学出版社，2016年版，第346页。

② 大地艺术也称“地景艺术”，主要利用自然环境中的材料进行创作，是将艺术与大自然相结合的视觉化艺术表现。

③ “进行质性研究的一种方法，通过从数据中进行归纳性分析，关注概念框架或理论的形成……该方法与其他方法不同，因为在搜集数据的时候就将研究者放入其中了——我们用这种数据分析方法来指引和形成进一步的数据收集。”引自凯西·卡麦兹著《建构扎根理论——质性研究实践指南》，边国英译，陈向明校，重庆：重庆大学出版社，2017年7月版，第236页。

④ ［德］阿莱达·阿斯曼：《回忆空间——文化记忆的形式和变迁》，潘璐译，北京：北京大学出版社，2016年版，第476—477页。

将作品集中的做法不同，它彻底地、“不求效率”地把艺术品分散到各个村庄。因为展馆大多地处深山，而深山道路狭窄、交通不便，公交车无法通行，通常只能用小客车往返接送访客，这一做法最初影响了游客参访的便利。越后妻有坚持这样的面貌，并没有拓宽道路架起高速，近几十年来依旧是原来的乡间小道。随着时间的推移，每届艺术节的访客不断增加。[①] 访客通过对越后妻有“此地”的接受，可以更深刻地了解艺术家创造作品的背景与环境，拾起对该地的文化记忆，引导自己进行更深层次的文化搜寻与历史思考。

二、艺术作为记忆的媒介

文字是文化的重要载体之一，文字作为一种记忆媒介，扮演着文化记忆的关键角色。扬·阿斯曼考察了《荷马史诗》之于古希腊、《申命记》之于古代以色列、神庙之于古埃及的意义，认为文字以叙述的方式展示着历史。然而，除了文字之外，艺术也通过特定的方式成为历史展示的基本形式，比如展览。

阿莱达·阿斯曼提出历史展示的三种基本形式，即叙述、展览和展演。其中，“展览”是指对历史文字、绘画和物品等在空间内的布局与整合。例如，博物馆的展览，就是对过去秩序残存碎片的一种展示，物品脱离了原始的相关联系，在展览中被赋予新的联系和新的秩序。[②] 阿斯曼曾以当代艺术家克里斯蒂安·波尔坦斯基（Christian Boltanski）《不在场的房子》的装置艺术作品为例，探讨艺术如何在一个记忆已消除的世界中成为优秀的记忆媒介。在艺术家的造型作品中，记忆的主题始终处于核心位置。波尔坦斯基曾将一块不起眼的土地变为历史之地，用极少的标志使已经不可见的历史重新被人“阅读”，通过作品展现个人历史与国家历史的交汇。[③]

波尔坦斯基将他的创作风格延续到大地艺术，将一种“不在”变成大地

① 根据对参与艺术节创作的中国艺术机构的采访整理而成。

② ［德］阿莱达·阿斯曼《记忆中的历史——从个人经历到公共演示》，袁斯乔译，南京：南京大学出版社，2017 年版，第 130—131 页。

③ ［德］阿莱达·阿斯曼：《回忆空间——文化记忆的形式和变迁》，潘璐译，北京：北京大学出版社，2016 年版，第 416、437 页。

艺术作品。他参与了历届越后妻有大地艺术节，从第一届的《亚麻衣》到后来的《夏之旅》《最后的教室》《No Man's Land》等作品，都是利用从当地居民那里收集的物件，比如白色亚麻衣、拖鞋和旧衣物等，传达一种人们曾在"此地"停留的生活气息。这些人曾生活在此地，又不得不离开，但所有人的记忆都被艺术物化而得以保护了。

回忆往往是面对某种压力的温和对抗，这些压力可能会逐渐趋向标准化和一元性。[①] 越后妻有大地艺术节恰好体现了以在地艺术形式对城市化、对单一追求效率的社会目标的对抗。回忆包括功能记忆和存储记忆两种模式，二者相互补偿。前者是有人栖居的记忆，最重要的特点是群体关联性、有选择性且面向未来；后者是所有记忆的记忆，收录的可能是与现实失去有生命力的联系的东西。如果说功能记忆通常与一个政治诉求相联系，或用来厘清一个不同的身份认同；那么，存储记忆则是这些角度的反面，在它被控制或被消除的地方发挥作用，成为未来的功能记忆的保留地。我们在讨论记忆的话题时，往往会遗漏那些被遗忘的记忆，但其实遗忘也是文化记忆必不可少的部分。因此，包含被遗忘记忆的储存记忆，成为文化知识更新的基本资源，也为文化转变的可能性提供条件。同时，它可以作为当前功能记忆的一种参照，对当下社会产生意义。[②]

艺术成为文化记忆的存储器，收录了那些不在场的记忆。艺术家们从不显眼或不可见的地点着手，虽然这些地点既不是重要的遗产地，也不是重大历史的发生地，但仍以微弱的存在启发着艺术家的思维。艺术家创作大地艺术作品或其他当代装置艺术品，聚焦于引起或屏蔽人们关注的机制，以及回忆与遗忘的力学之上。如阿莱达·阿斯曼所说，"正因如此，他们对一个悬而未决的问题做出了非常重要的贡献，即我们在当代承认的历史是什么或者我们在何处接受历史"[③]。艺术的介入，其实是对这一文化原则的问题做出了重要的元层

① [德]扬·阿斯曼:《文化记忆——早期高级文化中的文字、回忆和政治身份》，金寿福、黄晓晨译，北京：北京大学出版社，2015年版，第85页。

② [德]阿莱达·阿斯曼:《回忆空间——文化记忆的形式和变迁》，潘璐译，北京：北京大学出版社，2016年版，第147、151—154页。

③ [德]阿莱达·阿斯曼:《记忆中的历史——从个人经历到公共演示》，袁斯乔译，南京：南京大学出版社，2017年版，第144—145页。

次的反思准备。

在越后妻有大地艺术节实施之初，艺术家的创作作品最初不能为当地人所接受，因为他们认为，这样做就是允许外人破坏祖辈传袭下来的土地。艺术家在当地驻村，进行调查、研习，与居民多次沟通，当地人对艺术项目和作品传达的理念逐渐接受，外来人与当地人的信赖关系也逐渐达成。这样，艺术家成为当地的一部分，与当地人一起回忆并将这种文化记忆表现出来。俄罗斯艺术家伊利亚与艾米利亚·卡巴科夫（Ilya & Emilia Kabakov）夫妇创作的《梯田》，是在梯田里放置正在忙于农事的农民雕像，用以展现犁田、播种、插秧和割稻的场景。从展望台远眺，雕像与梯田融为一体，仿佛鲜活生动的立体绘本。他们的创作表明了这样一种文化关注：当地人在山区不辞劳累地开垦梯田，在常年冰雪覆盖的大地种植水稻，值得被人致以深深的敬意；世人不能将这些农人的贡献遗忘，应该了解这里后继无人的困境。梯田主人从最开始拒绝他们的提议到最终同意，且与艺术家达成共识。更让人意外的是，由于雕塑作品的影响，之前因为骨折不再种田的梯田主人也重新开始种地。[①] 对于梯田主人来说，《梯田》的作用，是帮助他找回久违的种田的自豪感、确立一种身份、唤醒过去的记忆，也指向未来，并开启生活想象。对于国家和民族来说，艺术家用自己的创作，将这些几乎被遗漏的历史点滴缝缀起来，编织成承载重要文化记忆的瑰丽锦缎。或者说，艺术家利用那些看似无用的东西或被遗忘的东西，制造新的物质档案，用艺术之镜反射当代社会。文化记忆成为艺术创作最佳的素材来源，启发了艺术家发展出新的记忆艺术的形式。艺术作为记忆的媒介，启发和照亮当下我们每一个人。

三、节日作为记忆的传播方式

一般而言，节日具有强烈的历史意义，是文化记忆的载体与媒介[②]。越后

① ［日］北川富朗：《乡土再造之力——大地艺术节的 10 种创想》，欧小林译，北京：清华大学出版社，2015 年版，第 14 页。

② 王霄冰：《文化记忆、传统创新与节日遗产保护》，载于《中国人民大学学报》2007 年第 1 期，第 44 页。

妻有大地艺术节每届展期约50天，濑户内国际艺术节每届展期约30天。虽然有一些艺术作品在越后妻有会长期保留（约200件常设作品），但每届艺术节都会有艺术家创作的全新作品，至今约1000件。对新作品的期待成为当地居民和参访者的艺术渴望。三年一展构成一种新型的文化“节日”，成为当地民众、志愿者和访客等共同参与的仪式性时刻，在时间和空间上保证了群体的聚合性。在越后妻有大地艺术节的场域中，山川、河流、梯田、空屋和废弃的学校等空间成为新的节庆场所；在濑户内国际艺术节的空间辖区里，数个岛屿上的美术馆、废弃民居成为节庆场所。

节日在文化传承中发挥着重要作用。相较于文本教育，节日的体验性和参与感更容易发挥文化记忆的功能。随着全球化的推进、文化交流的深入，以及现代科技的发展，节日的传播范围在拓展，影响力也在增强。在中国，许多年轻人不仅过春节、端午节和中秋节等传统节日，也会过圣诞节、母亲节和万圣节等外来节日。

越后妻有大地艺术节正是通过定期重复和特定的地域，巩固“在地”理念的传达和传承，以一种新的节日形式确保文化意义上的认同再生产。在此之前，由于人口减少，村庄里连基本的庆典活动都无法举行。大地艺术节通过三年一届的庆典，让村庄里的老人们重新笑起来。在解释为何三年举办一届时，北川富朗表示，为了将艺术节准备得更完善，作为一种激励，为村庄的运营和政府的决策留出张弛的空间。[①] 对于当地居民来说，通过与艺术家一起对自身历史、家族历史和地方历史进行回忆，有助于确认身份认同。在大地艺术节期间，外界关注而产生的自豪感所激发“在地”认同，不同于日常性的认同，会因为特殊的时段而使这种认同更加庄严和隆重，超出日常生活的边界，具有一种审美超越的价值。对于国家和民族而言，这种超越生活日常的集体认同，成为节日的重要意义。

当然，节日的互动性带来的效应，除了唤起当地人的自豪感，也给外来的参访者以感动或启示。以空屋项目[②]《产土之家》为例，这座只有五户居民

---

① ［日］福武总一郎、北川富朗：《艺术唤醒乡土——从直岛到濑户内国际艺术节》，李临安、杨琨、张芳译，北京：中国青年出版社，2017年版，第170页。

② 空屋项目尊重当地居民的意愿，当地居民与设计师一起参与废旧房屋的改造，并最终成为空屋项目的负责人。

志愿入村改造的空屋，成为越后妻有大地艺术节重要的展示空间，也成为村民和访客的聚会场所。除了室内陈设的陶瓷器皿等艺术品展示以外，在大地艺术节举行期间，村民集聚于此，一起采摘野菜，一起在餐厅制作食物，用以款待客人。正如中国春节期间家人一起包饺子一样，这种集体协作的场面，构成节日的重要内容，让只有五户居民的小村庄火热起来。在村民看来，虽然这片土地自然环境恶劣，但此刻会产生深刻的对传统的自豪。这种自豪感，借助大地艺术节期间的活动，还可以传递给来访的客人和志愿者。

在越后妻有，不同国家和民族的人们以大地艺术节这一节日为媒介，开展丰富多彩的协作，而与之相关的文化记忆也得到更广范围的社会传播。大地艺术节招募大量志愿者，不仅解决了人手不够的压力，而且可以促进不同行业、年龄和地域间的人们的亲密合作。越后妻有大地艺术节的志愿者团队“小蛇队”，是一个超越国界、行业和年龄，没有领导人的自主性组织。这些志愿者年龄构成从十多岁到八十多岁，地域构成除了日本居民，还有的来自欧美、韩国、中国等国家。基于共同的艺术关注，大家从世界各地会聚到越后妻有，活跃在大地艺术节各个活动的第一线。他们很多是以游客身份参访艺术节后而自愿加入志愿者行列的。从 2010 年开始，“小蛇队”也帮助志愿者团队“小虾队”[①] 在濑户内国际艺术节开展义工活动。

四、赋权社区：重置的权力结构

在一般艺术节或艺术展览上，活动的主角一定是艺术家。越后妻有大地艺术节开创了一种社区赋权的创新模式，充分调动自下而上的社区参与，让当地居民成为艺术节的主人。首届濑户内国际艺术节更是以“海洋复兴”为主题，直接瞩目生活在海岛上的人，以重塑他们的生活愿望。

从越后妻有大地艺术节空屋项目的创作流程可以看到，社区在其中扮演了重要的角色，甚至占据艺术创作的主导地位。艺术家通过政府或当地居民了解情况，搜集可用的民居信息，对建筑物进行评估，制定可存续的时间和工

① 在日语中，“小蛇”与“小虾”发音相似，前者为 KOHEBI，后者为 KOEBI。

程预算等计划，然后跟屋主和村落协商。协商的过程一般如下：首先，大地艺术节组委会向屋主介绍项目内容，需要获得屋主及其亲友的许可；其次，艺术家对民居进行调研并提出艺术改造的初步方案，召集聚落说明会，与村庄的居民协商改造事宜及改造后民居的使用方式，并在此过程中充分调动当地人的参与积极性；最后，在整理、改建和艺术创作的过程中，尽量使用当地材料，将工程承包给当地工匠和工务店。[①] 当地社区参与了空屋项目改造和活化的全过程，并有机会表达自己的意愿。因此，最终的艺术效果往往连艺术家都感到惊叹。《梦之家》的创作者玛丽娜·阿布拉莫维奇（Marina Abramovic）说："《梦之家》是为大地艺术节而创作的，但后续的发展却令人难以置信。当地居民把这栋房子当作自己的家，持续照看，成为社区的一部分。作品诞生于艺术的脉络，又融入了现实生活。"[②]

社区受到尊重，居民的主体性得到凸显、村民的积极性被激发，他们逐渐接受大地艺术节的活动形式，并在其中发挥主动性。社区开始把艺术节看作关乎自己的生活并以此为豪，原本依靠艺术家单一的力量无法完成的作品，在社区居民的帮助下可以顺利完成。例如，许多艺术家由于对当地材料不熟悉、工程技术也有限，搭建大型装置作品会有很大的困难。但如果邀请到了当地愿意参与的村民，他们往往能迅速抓住要领，利用材料顺利完成作品。作品由艺术家与村民共同创造的模式，在当地的接受度和认可度更高。在大地艺术节期间，很多居民协助艺术家一起完成作品，热情地向游客介绍这些作品，介绍自己的村庄和自己的家人。就这样，当地社区从"袖手旁观"的姿态转变为积极响应和热情参与，真正成为大地艺术节的主体力量。民间参与成为政府之外推动公共事业发展的重要动力。那些被遗忘的社区老人重新找到自信，自发支持大地艺术节的许多活动。在首届大地艺术节举办时，大多艺术作品的放置点还只是陈列在较容易获得许可的道路、公园等公共空间，随着社区的深入参与和居民切实获益，当地居民更愿意将属于私产的自家田地与房屋交给艺术家创作，积极参与艺术改造计划。据悉，在 2018 年第六届大地艺术节中，已经有

① 根据对参与艺术节创作的中国艺术机构的采访整理而成。

② ［日］北川富朗：《乡土再造之力——大地艺术节的 10 种创想》，欧小林译，北京：清华大学出版，2015 年版，第 73 页。

更多的作品走进更多的村庄，并深入到村庄的各个私有空间。

越后妻有当地社区居民除了协助艺术节组委会和艺术家进行作品创作和成品维护外，他们自己也成为艺术作品的表现对象。例如，霜岛健二的作品《“记忆—记录”足泷的人们》，创意灵感正是来自津南足泷村的居民形象。艺术家通过驻地调研，与居民逐渐熟悉，最后呈现的作品是与村民们的真人大小一致的雕像。这些雕像从姿态到细微特征高度还原了居民的形象，成为让当地人颇为自豪的作品。大成哲雄和竹内美纪子的作品《上虾池名画馆》则从第四届大地艺术节开始，成为持续展出的经典作品。这些作品是一系列摄影照片，模仿名画，只是将主角变为上虾池村的村民和风景，极具幽默感。再如爱德华·蒙克的《呐喊》，被村民生动地演绎出真人版。这些照片调动了当地社区参与的积极性，他们在艺术节期间会兴奋地向游客介绍照片中的自己。①

越后妻有这一模式也被参与其中的中国艺术家们带回了中国。例如，有艺术机构在安徽肥东县一个即将废弃的学校，通过与仅有的三名学生和当地社区对话进行驻地创作，最后用展览的方式呈现对乡土的记忆。比起单纯的装置作品，这些在地元素为艺术作品注入了鲜活的生命力，成为当地文化记忆的一部分。艺术家植根于大地，表现自身的艺术诉求及这片土地上生活的人的独特性；同时，不同国家和地区的艺术家以多元文化的视角，将此地与外界连接，成为“全球本土化”的一种文化表现。

越后妻有大地艺术节为当地社区积极参与其中提供了渠道和路径。大地艺术节保证了村民全过程参与，并保证了他们的利益诉求，从而鼓励了他们参与的积极性，实现了社区赋权。这种社区赋权模式反过来又保障了艺术节的顺利开展和可持续运营。在国家力量和中央政府无法企及的被遗忘角落，通过创设机制充分发挥民间力量，调动个体的热情，真正找回曾经的自信，才能在面向未来时充满希望。越后妻有大地艺术节以在地艺术介入的形式重塑了社区活力，取得了经济上和社会上的收益。

越后妻有大地艺术节创新了公共艺术的组织方式和表现形式。在大地艺术节的作品创作和活动组织中，艺术家让位于社区居民。当地居民从幕后走到

---

① ［日］北川富朗:《乡土再造之力——大地艺术节的 10 种创想》，欧小林译，北京：清华大学出版社，2015 年版，第 33 页。

台前，从背景变成前景，与艺术家一起回忆、一起努力，亲手将日常的风景、不再耕种的田地、破旧的空屋和废弃的学校变为文化记忆的场域，生产着与自身相关或被遗忘的记忆，从而将过往的历史和对未来的期待“串联”起来。这种在地艺术项目彰显了重塑文化记忆的独特优势，不仅让外界重新发现在地独特的地域资源，珍惜人与自然相处的和谐之美，而且更为重要的是让当地居民有机会参与艺术创作，加强自身的身份认同，重建文化自信。

当前，中国正处在大力推动传统优秀文化的创造性转化和创新型发展、推动乡村全面振兴的新时代，以越后妻有大地艺术节为代表的在地艺术项目为我们提供了一种社区发展、乡村振兴的全新模式。文化记忆与特定的地域、特殊的群体息息相关，艺术创作应该因地制宜、因人而异。只有将当地社区和居民置于艺术营造的主体地位、尊重社区意见、鼓励居民参与，艺术才可以发挥出传承文化、激活社会和重塑经济的综合效应。

第八章 文化治理下的传统工艺传承创新

国家级非遗传承人是国之瑰宝，是中华传统文化最精深、最精粹和最有温度的守护神。新时代如何从文化创意的视角推动传统工艺的创新发展，是社会各界共同关心的重要命题。本章围绕三个问题展开：首先，阐明新时代传统工艺传承与创新的新战略；其次，梳理海内外传统工艺传承创新实践的新范式；最后，提出传统工艺传承创新的文化治理新机制。

第一节 新时代传统工艺传承与创新的新战略

一、从新时期到新时代：经济转型与产业升级

大国工匠、匠人精神是最近的热点话题。关于匠人的讨论，首先，应当聚焦在“人”“如何成为人”命题上。2018 年 8 月，世界哲学大会在北京大学召开，来自全球的 6000 多名学者参与了大会，会议的主题就是“学以成人”。首先，关于如何做人，每一位国家级传统工艺传承人的言谈举止都展示了所在行业的精神气质。其次，要注意传承人高超的技艺、独门的手艺，而且达到所在领域的最高境界，才有资格称为匠人。最后，是德行，这是最为重要的。真正的匠人精神，是以人为载体、经由高超的技艺来展示德行与精神追求的，因此在谈到匠人精神时，一定要看追求怎样的精神境界、怎样的人生高度。

中国社会的文化发展观念，已经进入了文化力 3.0 时代，可以称为“大”

文化发展观，传统工艺也应当从大文化发展观的视角来审视其价值与功用。“大文化发展观”区别于“小文化发展观”和“中文化发展观”。党的“十七”大第一次提出“五位一体”的建设、提出“大”文化发展观，我国第一次把文化建设和政治建设、经济建设、生态文明建设、社会建设并置在一起，而且从某种程度来看，文化建设是其他“四个建设”的统合、黏合剂、推动动力及建设目标。

党的十八大以后，国家进一步强调了“五位一体”建设，党的十九大宣布社会进入新时代。社会面对的传统工艺不是一种技艺，而是在技艺里面所传承的中国传统文化精神。这种传统的文化精神与技艺，对时代的进步、产业结构的转型、经济增长方式的调整，到底能发挥怎样的作用，这是值得深入思考的问题。为解决这一问题，首先要了解当今的时代背景：在经济发展方面，我国社会经济增长模式发生变化，传统的要素驱动和资本驱动开始转变，以前中国社会用物质资源（矿产、土地），以及资金、金融推动经济发展，如今仅仅依靠这样的推进方式，国家和地区发展会出现疲软的情况。在此背景下，就需要寻找新的增长动能，即创新驱动、财富驱动。

新的增长动能来自两个领域，一个是科技创新，还有一个是文化创新。文化创新包括传统工艺传承人所在的领域，传统工艺传承的文化要素成为新的生产要素来推动经济发展，它与科技一样重要，在新时代一样扮演着为经济发展提供新生产要素的角色。传承人创造出来的技艺、技巧、产品，以物的形式为载体，进而通过非物质的形式表现出来，成为新的生产资料，这种生产资料能帮助实现中国经济的传承和发展。

在中国，从要素驱动进入创新驱动，中间所要经历的效能驱动，就要思考如何用好政策。可以看到，从资源、资本到知识再到创意、文化，这些都构成了经济发展现在需要的生产动能。中国经济在发生根本的变革，要从传统物质精神过渡到符号经济。传统经济依靠物质要素、关注生产力，符号经济则关注生命力。传承人身上的匠人精神，就是以生命的体验、以人的身体为载体，以手艺为载体来展示技艺和德行，那是一种生命力。目前，整个社会生产都在发生变化，从生产力模式的以物为中心追求效率，转向以人为中心追求生命的体验和生命力。其中无论是符号还是人们关注的场景——所谓场景，是指人们不再简单依赖时间，而是把时间和空间结合在一起，在空间中去看人和人之间价值观的连接，看大家是不是有共享的故事的体验，以及利用通感的眼耳鼻舌身在一定环境当中营造全方位的体验——这些都是需要通过生命体验的方式，包括传统工艺传承人用传统工艺的方式来呈现，这是当今经济发展的一个重要前提。

如果我们对党的十九大提出的“追求美好生活”这一命题进行拆解，可以看到美好的生活等于“美的生活 + 好的生活”。“好的生活”是追求功能的价值和效用，追求便捷，追求时尚现代，“美的生活”则是指要有审美性、精神性、体感性、物感性。美的生活是以文化为手段创造的，好的生活是以科技为手段创造的。在以前的社会发展中，这两条线在各自轨道上发展。十九大提出消费升级，要求社会发展将二者融合在一起，因此在社会中要塑造两种力量：一种创造物质财富的丰富度，叫作经济力；另一种是传统工艺传承人所做的，用最少的物质消耗来创造最大的幸福感能力，叫作文化力。只有这两种力量共同作用才能推动国家进步。传承人所在的领域要用最少的物质消耗、最简单的物质——有些可能也需要稀缺物质——经由手艺变成具有高附加价值的产品。

什么是文化力？在折纸游戏中，用最简单的一张纸，不同的人通过自己的创意巧思和手工匠艺，创造出不同的文化价值，最后转化成不同的经济价值。这张纸的成本非常低，可是每个人最后表现出来的文化产品的销售价值有很大的区别。现在提倡环境友好型、经济可持续发展型模式，就是因为可以最大限度地降低物质财富的消耗。以当今我国对外文化贸易为例，我国的文化出口按照联合国贸发会议组织统计是世界第一，但其中大部分是以民间工艺品、包装印刷等“物”的形式走出去的，这些“物”的形式大部分占用物质资源，是以消耗物质财富、牺牲环境为前提的，而实际需要的是把传承人的手艺技艺、版权、变成品牌走出去。传承人的能力在于通过文化力的塑造，去营造“美好生活”时代国家大力提倡的几大产业，或者说，传统工艺作为文化产业的组成部分，如何跟旅游、体育、休闲、养老、健康等结合。传统工艺要在五大幸福产业中发挥引领作用，要以传统工艺展示高超技能，需要将文化力分成四个层次，不断融合、提升。

1. 文化力的 1.0 时代

非遗传承人所拥有的创造力，被称为文化力的 1.0 时代，即文化原创力，就是非遗传承人的匠艺精神。文化原创力从时间的视角来看包括两种方式：一种是历史的，历史的物质文化遗产包括传统工艺，是从历史中代代相传传下来的；另一种是现实的，指现实产业中创造的新经典。传统工艺恰好是唯一以人为载体、把历史和现实串联在一起的形式。其他的形式中，历史遗迹、古代文物是先人创造的，自然山川是自然馈赠的，只有传统工艺是由百姓和非遗传承人传承下来的。这种文化原创力，是文化艺术（包括民间艺术在内）的繁荣，它体现了文化的膜拜价值，这种膜拜价值具有唯一性、原真性。传统工艺及一些传统民间工艺，本来体现的是日常生活陈设之美、日用之美，而追求传统工艺非遗传承人自身的唯一性，就需要有国家提升其价值，使其具有膜拜价值，就像艺术品一样只能去收藏而非日常生活中使用。当然，也可能是因为技术、工艺、材质稀缺性带来这一结果。还有一些工艺，采取大量复制的做法，脱离了膜拜价值。如何维持膜拜价值的高度和如何实现经济价值非常重要，因为膜拜价值不宜直接转化成经济价值，如果要膜拜价值直接转化成经济价值，唯一的途径就是工艺生产出产品和所有权的让渡。实际上，膜拜价值是在为下一步其他能力价值打基础。艺术品到拍卖市场去拍卖，其实对整个经济发展、文化产业来说，不是典型的文化产业，而是一个非常传统的模式。使用数十月、数十年雕刻产品，然后以高价售卖，这种非常传统的模式仍然停留在文化原创力 1.0 时代。

2. 文化力的 2.0 时代

2002 年，我国第一次把文化产业、文化事业并置提出之后，进入到文化生产力时代。如何把传统工艺独特的匠人精神跟文化产业结合起来？关键就在于培育文化生产力要素。传统工艺生产为什么不能变成文化产业？进行文化产业为什么要对传统工艺适度拓展？对于这些问题的探讨，出现了时间的困惑、观念的争议，甚至还受到非议。

第一，高技术生产手段与文化产业、传统工艺、手工制作是否矛盾、是否互相冲突，这是一个重要的问题。传统工艺是以人为载体来展示高超技艺的，传统工艺和产业结合的产业价值环节中，我们需要思考哪些环节是以人的身体为载体、哪些环节是半高科技化。如果完全对高科技进行排斥，对这些技术充耳不闻，不利于产业的发展。

第二，关于生产主体的变化。现在的生产方式大多是作坊式的、以个人为中心的、家庭式的、师徒式的，当然也有一些地方有合作社甚至公社组织形式，以及传统工艺非遗传承人成为卓越的创业者等。比如，阿胶胶囊作为驰名中外的产品，阿胶本身是国家级传统工艺，其董事长是国家级传统工艺非遗传承人。生产性工艺和艺术性工艺有，但仍然面临如何能够创新的问题。

第三，关于市场化的生产目标。尽管传统工艺的行业训练、技艺和市场可能存在差距，例如，传统工艺大师玉雕展，从技术来说令人叹为观止，但有些作品在主题、造型和选题，甚至是命名与呈现方式等方面都有极大提升的空间。

第四，关于是规模化的生产效益。传统工艺如何规模化？以章丘铁锅为例，2018 年年初《舌尖上的中国 3》的热播使得济南市章丘区这一区级传统工艺产品成为热点，在很短的时间内拿到 10 万件产品订单。但因为事先准备不足，以及受章丘铁锅的 12 道制作工序和数月人工打磨等技艺条件限制，生产商为了确保品质和品牌，本着良知将订单退掉。虽然这种行为是生产商坚守行业品质的表现，令人敬佩，但面对市场热潮却没能把握住，实在令人遗憾。因此，我们应当在产品的规模化和限量的稀缺性之间寻找平衡。

第五，关于金融化的生产方式。传统工艺也像艺术品一样是消费品，是审美对象，也是投资品，可以通过金融手段来放大其价值。这就要求在文化原创力变成文化生产力方面，把传统工艺的价值和传统工艺的生产方式拓展开。传统工艺的载体是文化产业，在这一阶段，党和国家提出了文化治理政策，即解放和发展文化生产力。从 2003 年文化体制改革到 2011 年十七届六中全会，叫作文化力的 2.0 时代。

3. 文化力的 3.0 时代

十七届六中全会标志着进入文化创新力时代。这是党的历史上第一次以中央全会来讨论文化议题，并且专门为文化议题发布公报。这次会议进一步把文化纳入综合国力的组成部分，进一步确认了五位一体建设的重要地位。文化创新力载体是文化经济，也就是用文化的手段把传统经济改造成文化经济。社会的任何商品，其售价中原材料、运输、物料、管控成本、人员工资等成本的比例低于 1/3———一瓶矿泉水的成本只有 3 块钱，但它卖了 9 块钱，那它成本占它价值 1/3——这一产品就是文化经济时代的文化产品。

为什么利润达到 2/3？因为其中有工艺、品牌、文化的价值，将文化的产业化和产业的文化结合在一起，就产生了文化创新力。

4. 文化力的 4.0 时代

进入新时代，党和国家将文化软实力的地位进一步提升。经济、政治、生态文明都要为文化服务，整个社会发展从经济社会、政治社会，转向文化社会。2007 年提出建设国家软实力，估计在 2050 年后国家才能建设文化软实力。

在文化力发展背景下，文化政策也相应产生变化，1.0 时代看待文化政策使用的是一元思维，强调意识形态。当然，这种政策思维与传统工艺距离较远，与和新闻出版、美术中的部分作品如何讴歌时代、弘扬时代关系更加密切。后来，文化政策发展为二元思维，事业和产业融合。从 2012 年起，诞生了融合思维、多元思维，即文化事业和文化产业相融合、文化事业中各个行业融合、文化产业中各个行业融合、文化产业和其他产业融合。

在文化发展的 3.0 时代，必须通过社会效益、经济效益并重，通过文化生态的营造，发展变革文化生态体系，传统的以项目、作品、个人、产业价值链为主的发展方式，被以生态为主的发展方式代替。在此背景下，传统工艺发展会面临一些冲击。首先是科技化问题，怎样保持动态平衡，如何既坚持手工的温度又有现代科技的高度，尤其是现在包括 VR、AR 在内的数字创意技术；其次是金融化问题，它既是助推的产品、手段，也提供人们看待传统工艺产品的新方式，将其看作金融品；此外，还有国际化、高品质、品牌化，以及传统工艺如何跟其他产业融合发展等问题。这一问题的提出，是基于现代社会消费需求的变化。人们的精神消费追求正在提高，从最开始追求生理的需要，发展为追求安全，最后是追求归属、尊重，以及自我实现，这些都需要文化的参与。马斯洛的需求层次理论和中国的太极图一黑一白可以有机结合——黑代表物质需求，白代表文化需求，传统工艺在塑造这两种生活方式的平衡当中都要扮演它的角色。

“二战”以后，社会普遍追求产品的功能性。以一个保温杯为例，希望它能够保温 3 小时、12 小时或者更长时间，同时保证水的品质，这就是功能需求。随着时代的发展，人们更多地开始追求产品在功能性之外的友好性，比如杯子不同的颜色、造型，甚至设计师、传统工艺大师的手艺与杯子的结合。这既是为了增加产品的独特性，更是为了增加市场的唯一性。杯子的功能价值没有变，但是生产方式变了，因为满足人们的消费方式在变化。这是精神消费，就是 design，商品在人们眼中逐渐成为符号。

当今时代，消费者追求产品的体验性。对于一个杯子，在依靠科技实现的保温功能之外，人们还需要增强它的观感和触感。整个社会生产已经发生了变化，变成社会化大生产，注重以人为中心建立生命连接。产品面向的消费者依靠产品中的文化价值来获得满足，而所谓的新中产、所谓的消费升级、消费崛起，就是在考验产品能否满足这些人的消费需要——他们有明确的社交态度和道德水准，他们对设计文化充满专注、自信，他们有极高的人文素养和审美能力、对高尚事物有自己的追求和感动，这正是文化能够跟传统商品结合的原因。

举例而言，有一家设计公司和很多工艺大师合作，生产一些既有精妙工艺，又有独特功能的产品。它设计的杯子，既有场景创造，又有功能价值。它的功能价值在于要用最短的时间把 100℃ 水变成人体最适应享受的一杯温开水。它的创造场景就是把 100℃的水倒到杯子里摇不到 1 分钟变成 55℃。在确认其功能价值后，杯子直接被命名为“55℃杯”，这一精巧的设计也获得许多设计奖。而更重要的则是将这款杯子进行了人格赋权：公司对消费者进行画像，把他们设计成杯子的代言人，拿到杯子就如同看到自己、像找到同伴一样。比如，为小女生设计的杯子小巧、可爱；为独立女性设计的杯子赋予女神气质。另外，这款杯子还可以作情绪的代言，如针对女性特殊的生理周期，当情绪失落的时候，55℃杯可以随意蹂躏和摔打，但拿起来还是 55℃杯。公司还跟传统工艺大师合作生产降温碗、降温勺。由此可见，一个好的产品应当终身和消费者产生联系，只有与价值观连接、与生命连接，形成终身需求，才是真正的价格赋权。

在确定生产一款传统工艺产品时，首先要找到像 55℃杯这样的生命场景，然后持续不断地进行开发。围绕55℃杯成立的北京五十五度科技有限公司，还做各种相关的解决场景，比如解决消毒的问题、解决特殊职业者的需求等。设计师、创业者让产品更有创意，专门为创新人士研发了能量加持杯，给男士设计了邦德杯，其中硬汉形象、质感都是通过手工打造实现的。再如邦女郎杯，杯身纤细优雅给女士一种新奇感。仅仅一个杯子，不断实现产品品牌延伸，是因为商家清楚商品价值要在功能价值、文化价值叠合之后产生新的文化场景消费。

二、从泛娱乐到新文创：文化商品的价值内涵与迭代升级

从泛娱乐到新文创，社会的价值观念变化带来商品价值的不断提升，在这样的时代背景下，传统工艺的作用体现更重要。日常消费的商品（不只是文化产品）可以分成四大类：日用品、流行品、奢侈品、艺藏品。传统工艺对于这四类产品都有增加其价值的途径。比如传统工艺和日用品的结合，就像章丘铁锅的发展建议一定要强调章丘铁艺，让人们从对物的关注、锅的关注过渡到对铁艺的重视，然后把铁艺的要素、生产工艺整理总结为特殊的工艺，跟社会日用品某一部分结合在一起。与流行品、奢侈品、艺术品结合也是如此。很多传统工艺大师希望自己生产的传统工艺作品就像艺术品一样具有收藏价值、是顶尖产品。现在的文化经济时代，日常品要与流行品、奢侈品、收藏品相结合。（以前不同的行业、不同的企业、不同的人有各自的定位，现在从产业升级、消费升级来说，人与人之间是圈层互动关系。）这样，商家的策略就拥有2的4次方，即16种产品创新模式。怎样实现创新？从传统工艺的角度来看，需要将任何每一个商品进行分类，从内容形式、材质和场景几方面思考传统工艺手段增加文化价值的方法。当然，传统工艺的重点一般是在内容和材质，尤其材质的加工是重点，而除此之外还有形式、内容和场景，需要传统工艺人士作进一步提炼努力。

以特色小镇为例，如果尝试将展示非物质文化遗产和地方叙事相结合，可以有四个层次：第一个层次就是自然山水的结合，第二个层次是情感的结合，第三个层次要从中展示精神，第四个层次则是展示灵魂，所以要通过传统

工艺产品来体现生活提升、生活革命。

提出传统工艺的新文创经济，需要思考传统工艺产品是不是同时具备几个特点已成为新时代的文化基因、方便打造成蕴含传统工艺的新产品：第一，传统工艺产品当然属于美学经济；第二，传统工艺产品需要属于体验经济，要涉及眼耳鼻舌身以及精神的体验；第三，传统工艺产品应当是手感经济，注重手感，注重材质；第四，则是惊奇、惊讶（surprise）。当消费者拿到一个东西时，不断地发出意料之外、情理之中的感叹。传统工艺产品是否符合这几个特征？应该怎样寻找这些价值跟传统工艺产品的联系？一般而言，要从这几个角度提取它的元素。例如，从山水资源提取风土资本、从物质文化资源提取故事资本、从非物质文化遗产中提取人情资本。

要研究传统工艺行业的价值，首先要从社会效益的角度进行评价，比如围绕传统工艺产品的价值内涵，及其对公共文化推动的力度，对社会环境、自然环境的影响程度，分别设计 12 个指标；然后从经济价值的角度评价，包括发展现状、发展潜力、消费需求、投资价值等。评估完这些因素之后，可以把传统工艺产品和技艺向经济价值的转化发展分为四个区：有些传统工艺产品在强势区，价值很高；有些传统工艺产品在一般区，价值一般；有些传统工艺产品是社会价值高，经济价值低；有一些传统工艺产品是地区传统工艺，文化影响力的评估上存在局限。

对于四个区的不同传统工艺产品，应该实行不同的政策。以福建莆田的传统工艺规划为例，莆田木雕传统技艺就是一种传统工艺，其社会价值排在第五位、经济价值排在第三位，所以就确定了针对性的开发模式，而且其资源分布原本就集中在强势区。对各类传统工艺在进行分区可以发现，传统工艺基本集中在三种价值和五种小类上。价值包括膜拜价值、展示价值和体验价值。一般情况下，膜拜价值可能有所欠缺，以景德镇陶器为例，陶器的包装中有传统工艺大师的签名证书，但证书或证书编号无法确保它的传统工艺价值的膜拜性、唯一性，只有非遗传承人的技艺、匠艺能够保证原真性、在地性、唯一性，而在绝大多数国家级的传统工艺传承以外，大部分的作品难以达到顶级艺术家作品的影响力和价值认同度，大部分仅具有展示价值。然而展示价值又意味着技术复制的缺失，作为工业设计品又缺乏娱乐性、参与性、互动性、时尚性，难以具备感官、情感、精神三个层次的体验价值，这两种缺失使得大部分传统工艺产品是中间品。在发展路径上：或者努力提升价值，使得传统工艺大师拥有艺术家一样的地位；或者走入民众生活，学习借鉴工业设计、变成体验产品。

在这个过程中，无论是传统工艺产品还是其他文化产品，都在记录人的生命记忆。创造力心理学家米哈里·希斯赞特米哈伊提出，创意就是赋予物品意义的过程[①]。物品中包含每个人特别的回忆、联想、故事、精神赋能，彰显每个人的意识和性格。传统工艺产品从三个层次记录人的生命记忆：第一，本能，即它的外观；第二，行为，即人们的使用；第三，使用者的反思。非遗传承人需要思考如何从这三个层次对自己所创造的传统工艺产品进行不同层次的创意。

关于本能层次，人们在同一个星球上生存，对一些相似的信号、味道、色彩，甚至“美丽”这样一些概念，其实是共通的，不受种族文化的影响，传统工艺产品对听觉、形状、造型、触觉、材料肌理、质量都非常关注，这是本能层次的传统工艺文创。关于行为层次，强调传统工艺产品要有实用性，要解决人们生活方式的某一个需求，并且它易于使用、能够有持续的舒适感，传统工艺产品希望传统工艺大师将其实用的意向通过重量、材质和外表表现出来。关于反思层次，强调传统工艺大师应该预设，消费者使用产品后是否能够想到自己的精神、性格，是否能够跟传统工艺产品、跟传统工艺大师的精神融合连接，变成一个精神体系，然后产生系统的文化产业模型再进行开发。把技术、人才、环境、政策变成商业模式，促进文化资源的利用。

不同的文化价值可以将文化产品分为在地型、在场型和在线型三种类型。在 2018 年对文化产业的新分类方法中，传统工艺在内容创作上有一些创作和表演服务属于第二大类，还有一些可以与第三大类创意设计服务相结合。

在国际语境下与西方文化产业强国比较而产生的分类方式中，传统工艺的定位应当归纳到提升型行业中，其他的文化产业类型包括追赶型、弯道超车型、战略型等，传统工艺和广播、新闻出版等都属于丧失比较优势、需要提升

① ［美］米哈里·希斯赞特米哈伊：《创造力——心流与创新心理学》，黄珏苹译，杭州：浙江人民出版社，2015 年版。

的行业类别。

在文化产业不同形态的分类中，民间工艺、传统工艺属于传统文化产业。传统文化产业意味着公共性比较强、收益期比较长，当然也需要政府前期的投资，这一门类还包括文化旅游等。在传统文化产业之外，还有高新技术、先进文化产业、数字内容、创意设计、动漫等行业，这一划分手段不是绝对的，而是需要通过前文提到的技术逻辑去解决。

传统工艺属于文化产业的遗产层次，包括物质文化遗产和非物质文化遗产，通过不同手段的不断开发，可以产生传统工艺跟艺术结合的新方法。以苏绣、湘绣为例，绣娘的工艺手法特别好. 对于已经去世 50 年以上的艺术家，企业可以去复制他们的作品，对于有些还健在的艺术家，复制其作品可能是不尊重艺术家的行为，在产业实践中应当通过政府搭建平台来直接与艺术家进行合作。在传统工艺跟表演艺术结合的尝试探索中，台湾地区有一个舞团，他们所有的服饰、配饰，每一次表演都邀请传统工艺大师设计制作，做完以后就限量生产，每一个舞台剧就产生一套传统工艺作品，这些作品跟舞团的巡演一起游历各处。

三、从老方法到新手段：传统工艺传承创新的驱动模式

文化产业越注重展示价值，其市场属性就越高。这就需要依靠政府从“巧创新”驱动、故事驱动、超级 IP 驱动和全产业链驱动等四个方面出台一些新的政策，切实推动传统工艺的传承创新驱动。

1.“巧创新”驱动

将科技创新和文化创新结合在一起。为寻找具有高膜拜价值的资源，企业会与博物馆合作，比如中国台北故宫博物院、荷兰阿姆斯特丹凡·高美术馆。我们去景德镇考察就会发现，传统工艺产品本身缺乏识别性，基于这种情况，如果传统工艺产品跟全世界顶尖博物馆馆藏文物合作，能够取得符号授权，那么一笔一画、每一个动作都是传统工艺大师制作，同时消费者能看出其中有凡·高、齐白石的文化价值符号，就能够获得市场成功。传统工艺生产也是文化生产，文化生产最重要的就是进行符号生产，注重符号的识别性——在

材料、匠艺本身之外，是符号的传达性。比如，吴冠中的作品，不再仅仅把它作为平面画进行展示，而是跟景德镇传统工艺大师合作，并且将音箱跟瓷器结合在一起等，这样就能使作品既有功能性，也有文化性。功能性需要依靠硬创新（科技创新），文化创新需要依靠软创新，二者结合就是“巧创新”。

“巧创新”需要符合 SMART 原则：S 是社会创新（Social Innovation），传统工艺产品本身也是一个大家关注的社会公共议题；M 是市场创新（Market Innovation），这是传统工艺产品需要加强的创新原则；A 是审美创新（Aesthetic Innovation），强调要从匠艺之美、民俗之美上升到超越之美、朴实之美，审美有三个特色——感性之美、理性之美和超理性之美，如何从感性之美过渡到理性之美、超理性之美，是行业要关注的重点；R 是连接创新（Re-connection Innovation），这是传统工艺创新往往缺乏的，消费者和传统工艺大师是再连接的，但更要强调产品让消费者彼此之间不断建立再连接，洛可可 55℃杯的例子较为生动地反映了如何建立连接；T 是技术创新（Technology Innovation），不仅包括技艺的创新，还包括新生产工具的使用，探索在保证匠艺手感的前提下，如何寻找更优化的工具来为生产服务。

2. 故事驱动

传统工艺产品在技艺以外必须要强调故事，是故事把消费者与产品连接在一起——消费者本身作为外行来称赞传统工艺产品，只有依靠故事，才能够形成共鸣。

中国台湾地区法兰瓷邀请传统工艺大师进行合作的作品，以海角清莲的台湾地区地图设计为蓝本，在地图轮廓中表达从个人的生命悲欢，到整个台湾地区民众过去 400 年的发展历史、在国际领域风雨飘摇的经历，进而表达“什么是台湾人、什么是我的父亲、什么是我的宝岛”，实现了从土地的连接、个人的连接到通过工艺品连接。而它又是一个限量的收藏品，不是唯一的，但也不是海量生产的，由此发展出一种新的模式。

反过来可以看到，传统工艺在生产的时候也可以先找故事，然后进行创作。“巧创新”范式中提到跟博物馆合作寻找符号价值，寻找内容、形式、材料、场景。在这一合作过程中，首先要做的不是传统工艺大师设计形状样式，而是先找内容、思考作品要表达怎样的内容。内容需要寻找一经宣传就能形成大家共鸣的内容，与博物馆合作正是因为消费者都熟悉博物馆。此外，也可以采取征集的方式，例如，法兰瓷 2018 年尝试的“让爱被看见”，就是首先征集数百个故事，随后从中优化 10 个故事，请设计师和广告公司分别负责拍摄和创作，而后和当事人访谈，最后将每一个故事设计出一套产品，实现一源多用。故事通过符号创作，才能把传统工艺大师通过数十月、数十年艰苦卓绝所创造出来的传统工艺作品赋予更多价值。例如，吴冠中的画作被收藏不再流通，不会影响相应传统工艺产品，因为原作上的符号一直有衍生价值。传统工艺大师创造出的精妙绝伦的构图，不能止步于原作售卖。产业发展要发挥“一源多用”，内容来源于传统工艺，但各类文创产品都可以通过故事、角色、技术等与之相结合。

3. 超级 IP 驱动

将故事变成 IP，衡量传统工艺产品的价值，除了将有形物看作传统工艺文创产品之外，更要思考其无形的 IP 是否存在。从物质经济到符号经济，传统工艺产品为社会贡献的生产要素在商标、专利、著作权之外可能极为缺乏。这就是传统工艺产品面临当下困境、产业链不发达的一个重要原因，因为产业只是在售卖有形物。传统工艺产品的理想状态应当是，有形物不进入市场，而成为博物馆收藏品、社会公共品，有形物产生的 IP 可以不断衍生。有了 IP，就可以做各种衍生品。IP 价值可能各不相同，在评估传统工艺大师的作品时要按照企业方式进行评估，用资本市场作资本处理，其中，版权是非常重要的评估标的。

目前，综艺、游戏、动画、电视剧、小说、舞台剧、歌曲都可以通过电影来转化，而传统工艺产品尚未通过电影进行转化。但传统工艺艺术已经成了拍摄对象，比如优酷网、土豆网投资的《了不起的匠人》专门拍摄传统工艺非遗传承人，其形式是以传统工艺和纪录片结合在一起，然后和网络大电影结合，进而再与展览结合在一起，形成一个产业链。有了传统工艺 IP，意味着在实物以外还有版权，因此就可以进行实物的销售和授权。不同的授权可以使传统工艺产品持续发挥价值。当然，传统工艺的版权价值不是依靠法律意义上的版权归属来获得的，而是需要从四个角度去评估：第一，是否有故事；第二，是否有形象；第三，是否有明确的受众；第四，是否可以通过授权获取多次收益。故事来源可能有三种：可以是跟历史相关的文化故事传说，也可以跟现在来自老经典和新经典的动漫形象结合，还可以是来自互联网热门话题。三种方式有不同的价值消费点，比如，老经典的消费点在于民族认同，新经典在于怀旧，快时尚在于娱乐、减压。

IP 的价值提取是从内而外的过程，可以利用超级 IP 的洋葱结构模型进行分析。同时，还需要利用互联网的方式，将传统工艺技艺的一部分适度开放。比如，将生产设计的某一部分开放到互联网上，用户可以通过 UGC（用户生成内容）进行原创，核心环节来自传统工艺工作室、生产部，这样就实现了外部资源的连接，在此基础上结合专家生产，就能够实现 IP 价值共生。在不同的生产方式中，PGC（专家生成内容）是专家服务，是为价值观服务，传统工艺非遗传承人从某种程度上属于互联网上的 PGC 群体，需要在此基础上寻找更多的 UGC 为形象故事服务，最后发展为 EGC（企业生成内容）。如果没有这套开发系统，传统工艺就不能转化为 IP，传统工艺 IP 就无法成为超级 IP，整个产业链就不能从产品的产业链过渡到 IP 价值链。只有通过前面环节的安排，传统工艺产品的经营公司才能同时经营产品和传统工艺 IP，而其中传统工艺 IP 品牌可以多次变现。传统工艺产品在中国台湾地区已经有上市公司，肯定不是依靠买卖有形物上市，而是依靠 IP 价值变现。现实中也有传统工艺与其他 IP 结合的案例，例如，传统工艺和动画电影《大鱼海棠》和迪士尼的合作，都是快时尚 IP 与传统工艺结合，这是值得产业去寻找发掘的。

以小罐茶的设计师为例，出于对点心和点心模具的兴趣，设计师先进行文化整理，收集整理了很多唐代以来的点心模具；随后，设计师用点心模具在 798 艺术馆做展览，然后成书出版，最后变成点心。这个过程有文化上膜拜价值的营造、有 IP 的打造、有自己的价值观挖掘，然后有自己的民族工艺的产品，最后则是生态驱动。

4. 全产业链驱动

从工艺美术行业来说，从内容创意到生产、再到营销、再到售卖，这是一条产业链，而完成这一产业链之后还可以有横向的拓展，尝试探索跟影视、设计、会展、出版等行业的关系。上述点心工艺的传承就实现了这两条产业链，进一步发展第三条产业链，即探索和工业、农业、现代服务业的相互关系。在产业融合的视角下，传统工艺生产跟第一产业、第二产业、第三产业融合，甚至包括一些学者提出的将服务业、流通业跟人有关的行业分开后出现的第三、四、五产业，在融合发展中，卖原材料、卖品牌、卖工业品、卖体验服务、卖动感等，每种产品的商业模式各不相同，可获取的收益结构也不一样，这样就有了多次售卖的可能性。

在影视、动漫、出版、传媒、演艺等行业，都存在着在6种产业间实现有效融合的企业。例如，影视行业的华策、华谊推动大电影产业，动漫行业的奥飞动漫，电视行业的杜拉拉文化品牌经营公司，传媒行业的众多自媒体，演艺行业的开心麻花，都进行了整个文化IP的价值转换。

国家非常重视产业的协同发展，在《关于推进文化创意和设计服务与相关产业融合发展的若干意见》中就包括对传统工艺艺术的发展指引，探讨传统工艺如何跟特色农业、装备制造业、消费者工业结合，如何跟旅游科技、人居环境、体育产业结合。国家在2014年用这一文件推动包括传统工艺在内的文化创意跟相关产业融合，就是因为需要一系列产业的划分，这是现阶段中国社会尚未达到的。迪士尼作为巨型公司，拥有基于前面提到的四大生产模式的全产业链驱动，而中国缺少像迪士尼这样的集团。目前，尽管有腾讯、百度、京东等公司，但这些企业在众筹以外还缺少真正支持传统工艺发展的计划，真正从社群平台到传播平台，再到互娱内容平台的结合。传统工艺传承者应当思考，怎样利用社群平台这种现代工具把能量、粉丝吸引过来。与专门做传统工艺的App相比，怎样利用好现有的BAT平台，应该是传统工艺非遗传承人需要仔细思考的问题。

第二节　台湾地区传统工艺传承创新实践的新范式

中国台湾地区的桐花在产业上给人很大的启示：一朵花用工艺的方式与故事相结合，在短短5年的时间，把客家人非常讨厌的桐花变成每年产值一千亿台币的金矿，其原因就是将传统工艺和故事进行了改造。台湾的客家人在房前屋后都有桐树，桐花毛茸茸的、掉在身上很不舒服，客家人会把桐花扫到路边。2003年，台湾地区客家委员会专门成立以桐花意象作为文化服务的专案小组。专案小组通过文创的眼光来重新审视桐花的美，把客家人的精神——纯洁、顽强、坚韧、乐观跟桐花意象捆绑在一起，将桐花定位为客家人之花，然后请设计师、工艺大师以桐花的形状及桐花的护肤等功能来做各种文创，实现了用故事驱动、用设计带动整个文创产业。专案小组非常注重工业设计和传统工艺生产，将桐花的意象跟客家人从事的各类生意进行整合，政府在设计、营销品牌上进行引导，推动了它的发展。

中国台湾地区的宜兰县的白米木屐村也是通过传统工艺来实现社区新生的典型案例。白米木屐村原本是一个破败的小镇，这里生产一种树，出口到日本，很适合做木屐。1945年后，中国台湾地区不允许再砍伐这种树木，村子为了发展产业就修建了水利厂。20世纪80年代，因为污染破坏环境停办水利厂，村子中没有产业，劳动力都外出打工，结果变成空心村。20世纪90年代，当地政府为寻找村落的文化资源，木屐的制作历史在和老居民的交流中被发现了，并且结合号称具有一千年的古树开发意象，以木屐工艺作为载体来发展文创、激活社区。村落在各方面都进行了发展建设：有的针对膜拜价值，比如做世界木屐收藏最丰富的博物馆；有的针对展示价值，比如木屐展示馆、白米木屐故事馆；还有针对体验价值的传习班、木屐节等。木屐村在发展过程中将IP的价值定位为新生的希望，叫白米希望木屐，寓意萌生希望、获取新生。其产品造型丰富多样，在传统穿戴的功能价值之外，还有养生功能，如西瓜木屐；通过功能创新，木屐不仅可以穿在脚下，更可以戴在头上作为聘书，可以设计为放置在车上的平安符，可以设计成钥匙链，还以木屐为核心策划开展舞蹈、走秀在内的很多活动。白米木屐村的发展，就是将简单的功用品开发成文化产品，并且跟演艺、当地的文化演艺舞蹈结合在一起，用工艺带活一款文创产品，进而带活一个社区，乃至一个特色小镇。白米木屐村以前很少有人专程前往，现在成了旅游目的地。每一年如果有哪个卡通很热门，它就会跟版权拥有商洽谈，将卡通与木屐结合。

“职人计划”则是利用原来产品生产的边角料进行创作，将传统工艺传承定义为寻找它的文化基因尤其是寻找年轻的基因，寻找年轻的匠人、年轻的职人，不仅发掘了年轻人的手工技艺，更发掘了对文化的理解。“职人计划”把年轻的设计师和创意结合在一起，设计一些有技术性、符合时尚和生活方式的文化产品，而这些产品都是用一些边角料，如玉的废料来进行制作的。

第三节　新时代传统工艺传承创新的新机制

文化政策应当鼓励怎样的传承新模式？传统工艺的意义应当是保存中国几千年古朴、匠艺、慢活农耕文明的生活方式，但如果只停留在生活方式上，就会失去生命力。传统生活方式讲究慢活，而当今时代背景需要思考慢活跟现代、时尚、快速的工业文明怎样结合，最终产生精致的质朴、时尚的慢活、手工的高雅的新中式生活方式。传统工艺的复兴是新中式生活方式的复兴，只有新中式生活方式走向复兴，工艺品才能成为每个人喜欢在家中使用、摆放、欣赏的文创产品和日用品。

总体而言，传统工艺发展应当注重以下几种模式：第一，文化资源转化，即传统工艺如何与其他文化资源相互转化、传统工艺自身作为资源怎样转化、传统工艺跟历史积淀的关系如何处理、传统工艺跟民间传说及时尚元素如何结合——人们在每天的日常生活中都在创造文化，除了回应传统，还需要接应当下。第二，价值内涵提升，即如何从展示价值提升到膜拜价值、体验价值。第三，生产结构优化，即采取开放、宽容、支持的心态，与科技适度结合，不是完全取代传统的结构，也不是完全排斥对结构的优化。第四，新兴市场扩张，即注重品牌建设，加强价值体验。①

在政府层面的具体举措上，应当注重以下几个方面。

第一，加强传统工艺文化生态的建设。传统工艺的传承创新是一种故事情感的集聚和联结人心的过程，而非纯粹记忆的传承。因为其根本目的是达成一种认同——无锡拈花湾为了做茅草屋从日本请匠人来，因为日本匠人制作这方面的产品十分精致。在此基础上，无锡这一文艺创新才能发展成为情感联结的过程、良善互动的过程、永无止境的过程。所以工艺传承是一个全民永续的工程。

① 厉无畏：《创意产业与经济发展方式的转变》，载于《群众》2012 年第 4 期。

在传统工艺传承的过程中需要更大的视野观，要将“人、文、地、景、产”5大要素整合在一起，不仅有在地的、有历史的宝贵财富，也要通过外来IP的合作将资源转变成文创产品进行展示。从乡村展演设施的充实到辅导是形成生态的过程，要充分调动5个方面的要素：人，指当地的特色人物、原当地居民；文，指文化故事、历史传说；地，指山川地貌、湖海花天林地；景，指特殊地标、风景；产，指特色农舍、传承技艺、特定的节庆。这些都应当作为传统工艺的事业进行整合，创造5个方面传统工艺的传承、创新、协调发展的新生态：文化态是人们的文化观念，生活态是生活方式，环境态是环境形态，产业态是产业转型，传播态是传播方式。在打造传统工艺品牌的过程中，必须全面考虑5个方面，才能有品牌的未来发展。

对于传统的营造，需要以人为载体、以传统工艺的器物为对象、以故事为线索，将场景、环境整合在一起。人、文、地、景、产5个要素分别有艺术层面、科技层面和经济层面的整合。以乡村生活方式为例，前文提到的小点心、大文化，就是把二十四节气与典型的营造生活方式结合在一起，再从历史传统中寻找怎样与典型的模具相呼应，再与传统生活农耕、技艺、节庆、典故、神话结合在一起，使得传统工艺载体能够蕴含无限想象的世界。

从政府的角度来说，应当重视传统工艺在中国文明体系中的地位和时代价值。国家发布的传统工艺振兴战略也强调了这一点，但是传统工艺的保护开发还需要源头活水：第一，重塑传统工艺的遗产价值，就是重塑它的膜拜性，精致化、仪式感。第二，重生传统工艺的文化基因库。目前建设的是长期文物普查形成的文物基因库，但传统工艺是个创作过程，除了纪录片的拍摄，还需要思考如何标准化地提取这些过程素材。第三，重置传统工艺非遗传承人的国宝荣誉。就是不能仅有国家级非遗传承人，还需要加强国家级荣誉制度建设。第四，重建传统工艺的现代生活方式。产业发展需要实现遗产保护、艺术创作、传媒推广和功能创意的有机结合，打造特色的传统工艺生态链。传统工艺艺术在价值层面注重自然资源的挖掘，但是在科技、金融、企业层面，传统工艺与现代传统工艺如何实现价值递升，需要政府下力气打造，更需要推动传统工艺协同第一、二、三产业，大力弘扬文化价值。

第二，推动传统工艺的品牌建设。品牌建设来自对当地地域、民俗文化的综合分析。浙江省缙云县为了整体的传统工艺品牌，思考如何将传统工艺元素融合到整个城市景观当中，包括农村农市、产品和生产资料的堆放都有统一的元素提取，而后将要素统一融入传统工艺的环节中，由政府搭建平台。

第三，加强传统工艺的现代产业体系设计。浙江省淳安县依托千岛湖的自然环境，思考怎样通过创意设计加以表现，将农耕与装置艺术融合、将传统养蜂技术跟艺术结合在一起，从而在不影响生产劳作的前提下产生大地艺术的景观效果，在不影响农地生产性质的前提下提供文化产业的休闲体验。

第四，加强传统工艺的文创产品开发。将工艺的膜拜价值、符号价值提取出来，跟艺术设计、商业设计、工业设计结合在一起。例如，延安将民族传统工艺技艺的皮影与山丹丹花结合起来，创造出山丹丹花皮影灯这样一款有功能、有效益的产品。借鉴这样的思路就可以进行地域文化提取，例如，提取宝塔山元素制作紫砂壶、提取小油灯元素制作项链、提取窑洞的门窗制作灯光书挡等。这些文创是当地的文化通过工业设计和传统工艺形成的新文创产品。

第五，举办传统工艺的创意集市。线上线下的商业渠道尤其是线下新零售，能够让传统工艺和市场有非常紧密的互动关系，从而捕捉、把握社会需求。政府可以通过相关组织去帮助传统工艺来做这些事情，例如，通过北京大学等学术机构，组建跨学科的涵盖文化、规划、建筑、综合设计、艺术等方面的团队来为传统工艺进行人、事、物、场、境等方面研究。方案确定以后，可以发挥故事、情景和工艺特点来进行各种文创生活集市的设计，这样让传统工艺从单一的产品扩展为社会生活方式跟市场产生有效连接。

以旧物木艺为例，在旧物工厂或者是基于老屋建设的民宿当中，每一个旧家具背后都设计一个二维码供消费者扫描，提供创作者信息、分享产品故事，这样就可以实现创新，产生一种新的方式、新的空间体验，新的旧物关系的呈现方式。

总体而言，通过文化政策推动传统工艺跟文创结合、推动文化经济的转型升级，要从三个层次着手。

第一个层次为文化营造，提升传统工艺价值的内涵。其中包括两个角度：一个角度是寻找传统工艺要传达的文化原型，即当今的人们共同认同的集体文艺史、神话传说，寻找构成家族情怀的共同部分；另一个角度是进行故事整合和艺术传播，通过跨艺术形式的结合实现不断的故事整合和艺术传播，艺术传播的价值在于让历史文脉与当下发生关系，而且往审美的高度来提。

第二个层次为空间营造，引导传统工艺参与空间的塑造。要让传统工艺美化文化生态的环境，构建多重体验的场景。

第三个层次为产品营造，注重传统工艺文化产品的开发。这一层次关注的不是物质产品，而是非物质产品营造。一是多元演绎的 IP 授权，政府要帮助传统工艺非遗传承人进行专利、商标和版权三位一体的 IP 开发；二是基于版权实现跨界合作的产业生态，实现全产业链发展第六产业，让传统工艺产品全面介入现代农业、工业设计、消费品工业当中，从而将传统工艺中以人为本、以技术为载体、以德行为追求的模式，转变成整个社会生产、经济大发展最重要的一种动力。

下　篇

共生建构：文化创意的现场与行动

第九章　文化创意融合发展的时代阐释

从2013年起，中国经济进入新常态，随着经济增长方式的调整、产业结构的优化升级、文化体制的改革深化，文化产业发展在政策治理、商业模式、消费方式、技术应用等方面都出现了新的发展趋势。其中文化产业的政策趋势体现为文化治理、宽松量化与融合发展，商业趋势更注重价值成长、生态化经营与社会型企业，呈现出以时尚消费、体验消费与青少年消费为主体，技术趋势方面，文化科技融合、数字化整合、移动互联网生态链建立。总体，中国文化产业呈现出产品价值转化、产业结构优化和区域价值最大化的融合趋势。

而企业文化作为产业文化的主要内容，在现代经济背景下与文化产业有密切关系。文化产业语境下的企业文化建设，其企业愿景要深刻观照百年中国梦的塑造，企业责任要更加重视企业的文化责任；企业文化的建设是落实我国文化创意国家战略的需要，是产业融合和产业升级的需要；企业文化建设的目标是构建企业软实力，实现企业精神文化的价值最大化；企业文化建设要更多地依赖文化产业的手段，要从形象建设上升到精神建设，要从产品营销上升到文化营销，用文化产业作为实施手段，全方位多渠道地推动企业文化建设。

第一节　文化产业的发展趋势与新常态

中国经济进入新常态，随着经济增长的方式调整、产业结构的优化升级、文化体制的改革深化，文化产业发展在政策治理、商业模式、消费方式、技术应用等方面都出现了新的发展趋势。

一、文化产业的政策趋势：文化治理、宽松量化与融合发展

国家治理体系是关于国家运行的制度设计，国家治理能力是关于治国理政的能力及制度执行的有效性问题。[①] 在这里，治理不同于统治，“统治的指向是单向的，主要指向人民、公众或某个群体。而治理的对象是整个国家和社会，它的指向不是单向的，而是双向或多向的”，治理的目的“是要通过积极参与、沟通、协调、激励、规范和约束，形成一种遵循正确的价值取向、朝向一定目标的良好的秩序和状态”[②]。随着经济市场化和政治民主化的转型发展，中国目前所面临的各种经济、社会和政治问题对现有国家治理体制产生了巨大的压力和一定的治理困境，要求不断推进国家治理体制的转变和调整。[③] 一方面，文化治理是国家治理的重要组成部分，与政治治理、经济治理、社会治理和生态文明治理等共同构成国家治理体系；另一方面，文化治理是国家治理超越政治治理、经济治理的新的发展阶段，是国家治理能力现代化的重要标志，表明“中国在经历了政治治理（以阶级斗争为纲）—经济治理（以经济建设为中心）之后，正在走向文化治理（建设社会主义文化强国）”[④]。文化治理包括传统文化传承治理、公共文化服务治理、国际文化软实力治理和文化产业发展治理等多项内容，是落实文化立国战略的根本举措。

文化治理作为国家治理的重要组成部分，文化产业已经成为国家战略。德国哲学家哈贝马斯认为，市民社会要经历政治社会、经济社会和文化社会三个阶段。文化社会是一个国家的市民社会发展的第三阶段，要求一个国家在政治治理和经济治理的基础上，具备文化治理能力。由于文化产业社会效益和经济效益的双重属性，以及国家意识形态引导和国家文化安全防卫的战略需要，

---

① 张健：《中国国家治理体系和治理能力现代化：历史逻辑和实践框架》，载于《长沙理工大学学报（社会科学版）》2014 年第 5 期，第 33—39 页。

② 李忠杰：《治理现代化科学内涵与标准设定》，载于《人民论坛》2014 年第 7 期，第 22—25 页。

③ 徐湘林：《转型危机与国家治理——中国的经验经济》，载于《社会体制比较》2010 年第 5 期，第 1—14 页。

④ 胡惠林：《国家文化治理——发展文化产业的新维度》，载于《学术月刊》2012 年第 5 期，第 28—32 页。

一些基础性的文化资源将在一定时间内依然被政府垄断或政党管控，然而，一个国家的文化治理既要依托公共行政手段，又要发挥市场的决定作用。今后一段时间，文化产业发展的市场化趋势将加快。

伴随着中国经济体制改革不断推进和文化体制改革不断深入，通过市场化的手段解放和发展文化生产力，需要达到公平与效率兼顾两个目标：一个是发展文化事业、构建公共文化服务普惠体系的公平与效率，另一个是发展文化产业、构建文化市场竞争格局的公平与效率。中国经济学家厉以宁指出，中国面临双重转型：从农业向工业的产业转型，从计划经济向市场经济的发展转型。中国文化产业的发展也面临双重转型：自上而下的体制改革与自下而上的市场发展。这与其他文化产业发达国家和地区不同，中国的文化产业发展伴随着与经济体制改革类似的文化体制改革。文化体制改革主要解决文化发展过程中面临的市场化程度不高的问题。

文化产业的政策制定越来越按照建立健全文化市场对文化资源起决定性作用的机制为目标。文化产业的管理主体将从党的宣传部门向政府的行政部门转移，政府管制也将从“办文化”向“管文化”转移，发挥政府“经济调节、市场监管、社会管理和公共服务”的政府职能。文化产品内容管理模式也将向可量化、可操作性的标准转化，实现分类分级管理。

自 20 世纪 60 年代以来，文化与发展之间的内在联系已经广为人知。很显然，联合国教科文组织层面上的“人类发展”，是“强调人类的平等、尊严、幸福和可持续发展”，而这些发展的组成要素，离不开文化因素。从“文化多样性”到“文化作为可持续发展的推动者和驱动力”，文化已经在人类发展的各个方面产生了广泛的影响。文化创意在我国新型工业化、信息化、城镇化和农业现代化的历史进程中，发挥新的驱动作用。2014 年 2 月，国务院开始部署推进文化创意和设计服务与相关产业的融合发展①，标志着中国政府务实履行联合国文化共识的新举措，标志着中国政府国家文化治理水平达到一个新的战略高度。文化产业的政策将越来越关注文化产业与相关产业的融合发展，注重国内文化市场和国际文化市场的拓展，注重文化消费的引导和审美素养的提

① 参见国务院《关于推进文化创意和设计服务与相关产业融合发展的若干意见》（2014 年 10 号文件），2014 年 3 月印发。

高，注重文化环境的营造和区域发展的总动员，打造整体的文化空间。

二、文化产业的商业趋势：价值成长、生态化经营与社会型企业

文化产业的运作主体是文化企业。企业经营不同于产品经营，企业经营注重企业整体价值的最大化，注重企业品牌价值的塑造，注重创造能使消费者成功的价值。文化产业重在创造价值，而不仅仅是满足需求。文化企业以文化创意作为要素的整合手段，以数字化技术与移动互联网主导的平台趋势显现，通过企业并购，实现企业经营的整合价值。文化企业出现两极分化：航母型文化企业和小微型文化企业，它们之间的联系是生态化经营。2014 年 4 月，国务院办公厅印发《文化体制改革中经营性文化事业单位转制为企业的规定》和《进一步支持文化企业发展的规定》，营造市场条件，进一步推进国有骨干文化企业的良性发展。2014 年 8 月，文化部、工业和信息化部及财政部共同发布《关于大力支持小微文化企业发展的实施意见》，培育小微文化企业的发展优势和创新能力，促进我国小微文化企业的快速发展。

随着 SoLoMo 社会形态[①]的出现和后工业社会、后资本主义、后现代主义的社会转变，社会生产方式从福特主义转向了后福特主义，弹性专业化动态分工的网络模式，促使文化产业的组织形态发生了重大变革，出现了生态网络化的结构布局。比如，在美国好莱坞，电影公司已经摆脱了 20 世纪 50 年代以前以制片人为中心制的大制片厂工业化生产模式，转为以“打包—单位制”为核心的柔性化、自反性的组织管理。生态化经营是在文化产业的高度整合下，将内容创意、渠道终端、网络平台等整合为一个创意生态，改变“内容时代”的单一业务和“渠道制胜”的集成化产品生产体系，发展为“平台为王”的领域综合多元化经营和“生态共生”的“端到端、点对点”的全产业价值链。

文化产品所具有的消费外部效应，使得文化企业与一般企业比起来，要承担天然的社会责任和价值理想。消费者在消费文化产品的过程中其实是两种

① SoLoMo 社会形态指 social（社会化）、local（本地化）和 mobile（移动化）的社会形态。2011 年 2 月由 IT 风险投资人约翰·杜尔（John Doerr）提出，是移动互联网技术驱动下现代社会的主要特征。

角色，既是消费者又是被教化者。文化企业既要按“顾客就是上帝”的服务心态对待消费者，同时又要促进消费者文化素养的提升。消费者在购买文化产品进行文化消费的过程，既是一个满足的过程，又是一个学习的过程。因此，如果文化企业没有一定的文化理想、文化素养和文化责任的经营理念，只是一味地迎合社会大众的心理需要，这个文化企业很难基业长青。

文化企业已成为社会型企业。我们看到很多文化企业在产品的经营策略层面会采取一些非营利组织、非政府组织的运作模式作为自己的商业模式。因为企业在追求生存发展的同时，更要追求品牌价值。新浪的微博、腾讯的微信，都以公共文化产品的形态免费让用户体验，运用一种多边市场的商业逻辑，发挥平台经济的规模效益和多重盈利手段。还有一些文化企业采取美术馆展览的方式在博物馆推出自己的产品，先让博物馆收藏，进而建立产品独一无二的膜拜价值，然后再进入大众市场。其实，很多文化企业在早期就像非营利组织一样，追求公共效益和用户分享，在知名度或用户量到达一定程度后，就开始设计商业模式。文化企业的经营难度在于，其卖点是柔性的文化，是精神消费，不像物质消费一样容易量化。比如英国的《大志》（*Big Issue*）杂志，就采取了社会企业的运作模式。文化企业的盈利周期一般比较长，其价值链、经营模式也比传统企业长。文化本身是一个累积的过程，不能一蹴而就；文化企业的口碑、消费者的素养和忠诚度对产品和知名度的影响及后续的拉动效应特别敏感。

三、文化产业的消费趋势：时尚消费、体验消费与青少年消费主体

随着数字科技的进一步发展，青少年成为最主要的文化消费群体。北京大学文化产业研究院对中国本土文化消费展开的持续调查表明，在“电脑或手机游戏费用”“付费下载或在线消费特定书刊、视听产品等文化产品”“购买网站积分产品，如 Q 豆等”的平均花费，16—35 岁的青年消费者比 36—55 岁的消费者多一倍以上。16—35 岁之间的青年消费群体在“看电影”“看演出”“唱卡拉 OK”“逛美术馆、博物馆”等 4 个休闲娱乐方向的花费均高于

36 岁以上年龄段的消费者。

伴随着社会发展的翻天覆地和网络发展的日新月异，80 后、90 后的青少年消费者张扬个性、表现自我、崇尚娱乐，追求时尚、潮流、个性的生活方式。随着日常生活审美化的节奏加强，艺术与生活的融合更为紧密，一个大审美经济时代到来。与此同时，不同收入群体的文化消费也在发生分化。高收入群体追求更高层次的精品化、个性化的文化产品；中等收入群体正由文化消费的发展型向享受型、讲求数量消费向讲究消费质量和效果转变，是目前最为活跃、最具文化消费能力和多样化的群体；低收入群体关注一般娱乐性文化消费，是中低档文化消费市场的主要需求者。①

总体而言，文化产品的诉求正从普及型、大众化，向精致化、个性化方向发展。

从文化消费结构来看，发展性、智能性文化消费占主导地位，娱乐性、享受性、消遣性的精神文化消费所占比例呈现逐渐扩大的趋势。新一代青少年消费主体的出现，使得文化消费需求呈现多样化、多层次、多方面的趋势。文化消费正从封闭、内敛，向开放、互动演变，从求同、求稳向求新、求变、求时尚演进。

四、文化产业的技术趋势：文化科技融合、数字化整合与移动互联网生态链

文化产业是一种精神生产，具有非物质生产的特征。科学技术是文化生产的重要手段。随着新技术的发明和应用，手机、5G 等新媒体产业正在持续兴起，将构建以手机、平板电脑和智能电视为终端的移动互联网传媒娱乐生态链。这个生态链最核心为终端和平台，最基础为 App 应用。随着《国家文化科技创新工程纲要》《文化部“十二五”文化科技发展规划》的相继出台，我国文化科技融合、文化创新与科技创新双轮驱动的发展模式，成为文化产业发展的新常态。

① 韩海燕：《中国城镇居民文化消费问题实证研究》，载于《中国流通经济》2012 年第 6 期，第 93—98 页。

文化与科技的融合发展，提高了文化产品的传播效果。2010 年，上海世博会上的动态《清明上河图》，制作方水晶石数字科技有限公司运用高新技术，将原本静态的画作动态化，展现了北宋汴京的昼夜风情。

文化与科技的融合发展，提升了文化产品的内容创意。上海时空之旅文化发展有限公司经营运作的多媒体梦幻剧《时空之旅》，通过增加故事内容，将杂技变为杂剧，同时运用电子投影、数字舞台、超大水幕、巨型镜墙等高新技术将观众带入一个梦幻之境。卡梅隆的 3D 特效电影《阿凡达》、梅帅元的山水实景演出系列作品，都是其中的佼佼者。

文化与科技的融合发展，促进了文化产业与其他产业跨界融合，使不同产业之间的边界消失。台北花博会的梦想馆，利用科技与艺术的结合，给观众带来全新的体验，这些文化科技包括领先的非接触式超宽带生理信号传感应用、挑战极限的大曲面可调光电控液晶玻璃、惊艳客户的直立式裸眼 3D 立体显示器、超越想象的超小型 RFID 读取器、蜚声国际的超薄音响喇叭。

总之，文化与科技的融合正在塑造我们泛在生存（Ubiquitous Being）的生活方式。世界史上最伟大的事件之一莫过于已经完成的两次工业革命及正在发生的第三次科技革命。前两次革命以物质生产的效率提高为目的，而第三次科技革命以非物质生产的效率提高为目的，其核心内容是精神生产和物质生产的高度融合，即加强科技创新与文化创意的高度融合。

五、文化产业的融合趋势：产品价值转化、产业结构优化和区域价值融化

厉无畏指出：文化产业促进经济的转型有四种模式，包括资源转化模式、价值提升模式、结构优化模式和市场扩张模式。其中，资源转化模式，即将自然与人文、有形与无形结合，人的创造力、具有历史积淀的物质载体、神奇的民间传说、社会生活中的元素都可以成为经济增长的主导资源。价值提升模式，既可以整合产业价值链，提升产业的附加价值，也可以分解产业价值链，提升产业的观念价值。结构优化模式，是将文化元素与相关产业融合，推动科技发展在文化产业中的运用。市场扩张模式，是通过文化精品的传播，增强产

品的吸引力和辐射力；以文化创意推动品牌建设，以品牌拓展市场，在营销中心融入文化创意，引起消费者的文化认同——极富创意策划的广告和会展业将大大推动市场的扩张。[①]

具体而言，文化产业的融合趋势表现在5个方面：传统资源的活化、功能价值的转化、符号价值的强化、科技价值的深化和区域价值的融化。活化历史文化资源，开发多元的文化产品。台北故宫博物院为了形塑典藏新活力、创造故宫新价值，提出“Old is New”的战略口号，以“专业化、产业化、科技化、年轻化”为营运方针，旨在打造世界级的文化观光景点。台北故宫博物院通过授权文物图像及品牌和开发文物衍生商品，加强商品营销宣传，结合文物设计创意餐饮与空间，推动了故宫馆藏文物的价值转化。

随着农业现代化、工业智能化和商业符号化，要转化农业遗迹、工业厂房和历史街区为创意园区，通过营造信息整合、产品设计、品牌推广、金融扶持、技术支撑、节庆打造、艺术营销等综合平台，推动文化资源的产业转化，将文化现象转变为经济影响；转变传统商品的功能价值为文化价值，增强文化体验和艺术设计，将传统商品改造为文化商品；促进跨界、流行文化和互动媒体的融合，推动科技、文化、空间、时尚和实验的深度整合，发挥市民的草根积极性和社群的集体力量，强化故事行销，进行专业的设计辅导和故事深化，积极与其他产业结合，广布通路，发挥区域融合的价值。

第二节 文化产业发展与企业文化建设

中国改革开放40多年和新中国成立70多年最大的成就在于推动了我国政治、经济、社会和文化四位一体的建设。经济创富、科技创新与文化创意作为三大国家战略共同推动了中国社会的全面发展。其中，作为落实国家文化创意战略的文化产业和产业文化的重要组成部分，企业文化具有新的发展方向和实施路径。国际企业界有一个非常形象的比喻，“企业文化可以使企业在欢歌笑语声中渡过经营的险滩”。因此，本节以“发展文化产业，助推企业文化建

① 厉无畏：《创意产业与经济发展方式转变》，载于《社会科学研究》2012年第6期，第1—5页。

设”为主题，深入探讨文化产业与企业文化建设的关系。

一、企业文化建设与百年中国梦

对于每一个中国人来说，都“中国梦”是一个承续百年的宏大命题。“中国梦”是在一百余年来特殊的国际政治、经济环境下产生的中华民族的全民愿景，是我们国家从贫穷落后通过和平发展，走向富裕繁荣，走向富民强国，实现现代化的国家理想。这个命题包含了两个具体的层面：一个层面是面向个人的中国梦，国家经济发展、社会进步给每一个中国人提供了广阔的机会，越来越多的中国人都能够拥有一份属于自己的梦想，包括接受教育的机会、拓展职业发展的空间、实现事业目标的自由和提高生活质量的水平等有关自我发展和个体设计的愿望；另一个层面是面向企业的中国梦，中国经济的崛起和世界经济的一体化使得中国的企业，尤其是以国有企业为主体，不断参与国际经济，积极进入国际市场，越来越多的中国企业都能设定一个以中国国家的身份认同和文化认同参与跨国经营、实现全球竞争等有关企业发展的愿景。

中国梦是一个有关个体发展、企业发展和国家发展的共同目标，它还是一个文化符号。中国梦的提出具有巨大的进步意义，它极大地改变了中国人的精神面貌，提高了中国人的精神境界，增强了中国文化的吸引力。如果十几亿人都拥有这样的梦想并为之奋斗不止，那将会产生巨大的力量。①

中国梦更是一个世界范围的中国想象。在中国想象的背后，是一个国家的形象。这个国家形象是一个综合体，它是国家的外部公众和内部公众对国家本身、国家行为、国家的各项活动及其成果所给予的总的评价和认定。百余年来，我们的物质层面经历了从国家极度贫困到经济总量跃迁，我们的体质层面从“东亚病夫”到奥运会金牌数名列前茅。即便如此，在全球化进程中，我们仍然会遭遇有关国家形象的各种责难。英国前首相玛格丽特·撒切尔在谈论“中国威胁”时说，中国不太可能有冷战时期苏联那样的挑战，中国没有那种用来推进自己的力量，从而削弱西方国家具有国际传播影响的学说，中国出

① 姚桓：《“中国梦”及其文化支撑》，载于《西城社科通讯》2009年第2期，第9页。

口的是电视机而不是思想观念。还有中国学者举例说，20年前他到美国留学，美国人对他说，中国再发展，也不可能赶上美国，因为美国两亿人有两亿台电脑；中国12亿人，只有一台电脑，其余都是终端。意思就是中国的体制和观念妨碍人们的独立思考和创造。国家形象具有极大的影响力、凝聚力，是一个国家的整体实力的体现。国家形象包括了物质要素（自然、地理、民族及物质生产等）、制度要素和精神要素（包括政体、国防、教育、科学、历史、文化及价值观念等）三个方面，是能够引起一个国家整体想象的特定的具象符号。[①]从14世纪到现在，在西方人看来，中国的国家形象经历了一个变化的过程：从神秘、奇幻和瑰丽的乐土，到17世纪耶稣会笔下一个令人向往的文明之邦、启蒙思想家理想的天堂，从18世纪一个野蛮、愚昧、异教的民族到20世纪90年代落后、缺乏民主、腐败成风、问题成堆的国家。国家形象的塑造与政治、军事和传媒有关，更与企业的经济活动有关。[②]我们认为，在现代经济环境和全球市场一体化进程中，企业的经营实践对现代中国的国家形象的塑造起着长远、持久和有效的作用。随着时间的推移，中国将由“世界的制造工厂”转变为“世界科技的实验室”,“中国制造”将更多地变为“中国智造”“中国创造”。这种国家形象的转变，是中国企业发展的结果。

实现中华民族伟大复兴的中国梦的外在表现是经济复兴，其内核实质是文化复兴。中央电视台的《大国崛起》，描述了自15世纪以来，葡萄牙、西班牙、荷兰、英国、法国、德国、日本、俄罗斯、美国9个国家竞相登上国际舞台中心的历程。中国作为大国正在崛起，如何借鉴这些国家崛起时的经验和教训，和平崛起，和谐发展，是一个值得深思的问题。各个国家崛起的原因有很多，但所有接受采访的学者官员最后不约而同地提到，大国崛起就是文化崛起。有人说，一个国家的进步，需要文化的支持；一个国家的经济发展，需要文化的推动；一个国家要想跻身“大国” 的行列，想要腾飞，想要崛起，更离不开“文化”，这是通往大国之路的必经通道。法国汉学家魏柳南说，中国

① 管文虎:《国家形象论》，成都：成都科技大学出版社，2000年版。

② 刘伟冬等:《艺术作品中的国家形象，中国文化发展与和谐文化建设》，北京：文化艺术出版社，2008年12月版，第153页。

如果要和美国平起平坐，就必须提升文化。① 文化复兴是大国崛起过程中内在生命力的喷涌激荡，文化传播是大国扩大影响力的主要方式。因此，企业的发展不仅要追求经济的规模，更要追求国际范式企业文化的塑造。现代社会的企业责任应该包括经济责任、社会责任和文化责任。企业追求百年基业更须追求文化传承。企业的远景一定要跟国家民族的命运一致，要与一个地区的梦想和希望一致。

企业经营最重要的就是确定管理模式和商业模式。管理模式是企业的核心竞争力，涵盖管理体系（包括大向外延伸的管理系统，其要点是管理所依存的文化特点和资源条件。如我们中国人的管理模式可能跟韩国人的管理模式有很大区别，这一部分是由我们文化的特点及与市场环境相关的资源条件决定的。它们包括职业经理人的发达程度决定的）、治理结构（指企业的治理结构，包括国有企业、家族企业的治理结构和所有权与经营权分离的委托代理的治理结构）和管理方法（主要是指企业的管理方法，包括权威性和民主性管理等管理风格、授权的程度、核心竞争力的特点等）。

商业模式也称营利模式，就是企业用于可盈利的方法，是可以模仿借鉴的。商业模式与管理模式的不同在于，管理模式是抽象的，商业模式是具体的，就是一定要找到可盈利的点。管理模式差异很大，商业模式则是同质化的，无论在什么地方，所用的商业模式、营利模式基本上是殊途同归的。

所谓本土化是管理模式的本土化，全球化是商业模式的全球化。管理模式要求管理符合当地条件，称之为本土化。商业模式则相反，有许多共通性因素。比如讲国际接轨，实际上是经营能力和商业模式的国际接轨，而不是要求管理模式跟国际一样。管理模式受文化、市场、资源条件等因素的影响，所以管理模式不可能相同。但是，商业模式一定是由一番固定的公式做出来的，如信息的收集、投入产出比的计算、最后盈利预期等。过去讲管理本土化的时候，确切说应该是“西方管理的中国化”“营利模式的全球化”。所以，商业模式一个很重要的特点是可借鉴性。商业模式的借鉴可产生非常大的好处。所以一个企业最重要的就是结合商业模式建设自己独特的管理模式，而管理模式

① 葛清：《西方眼中的中国崛起——专访汉学家、法国前外交官魏柳南》，原载于《南方周末》2009 年 5 月 21 日。

的建设核心就是企业文化。[①]

二、企业文化建设与国家文化创意战略

40多年来，中国政府为了推动中国社会经济的快速发展、实现中华民族的伟大复兴先后实施了三大国家战略：经济创富战略、科技创新战略和文化创意战略。经济创富战略以1978年中国共产党十一届三中全会制定的改革开放国策为起点，我国先后进行的社会主义市场经济体制改革、国企改革、管办分离改革和对外扩大开放等方针、政策和措施都是为了实现经济创富，实现国强民富，其结果是经过40多年的努力把中国建设成了国民生产总值位居世界第二的经济强国。科技创新战略是于1986年3月在王大珩、王淦昌、杨嘉墀和陈芳允4位老科学家的推动下，邓小平批示实施的国家高技术研究发展计划（即863计划）为起点，以1997年3月实施的国家重点基础研究发展规划（即973计划），以全面推动世界前沿科技研究和我国基础科技研究为基础，努力实现了我国科学技术的跨越式发展，直至2005年党中央国务院提出把我国建设成一个创新型国家，标志着国家科技创新战略的最终形成。

文化产业作为新兴的产业形态进入人们的视野是在20世纪90年代。在1997年前后，英国、澳大利亚、新加坡、韩国和日本都不约而同地把文化产业作为新世纪产业结构调整的新战略，作为增加本国就业和推动经济快速增长的新兴力量。在中国，作为国家战略的文化创意战略肇始于1998年，其标志是这一年中国政府在文化部设立了文化产业司，专门负责文化产业的政策制定和行业指导。其后，党中央和国务院分别在2000年的《国民经济和社会发展"十五"规划纲要》提到了大力发展"文化及相关产业"，在2002年党的十六大报告中提到了"加快文化体制改革和文化产业发展"，表明新世纪的中国迎来了一个新的时代——知识经济催生的文化消费时代。2006年9月，国务院在《国家"十一五"文化发展规划纲要》里重点表述了文化产业发展的国家战略，文化产业成了"十一五"期间国家社会发展和经济进步的最大语境之一，

① 陈少峰：《文化产业战略与商业模式》，长沙：湖南文艺出版社，2006年版。

文化消费开始构成我们每一个人日常生活的最大氛围之一。党的“二十大”报告提出“激发全民族文化创新创造活力，增强实现中华民族伟大复兴的精神力量”，对中华优秀传统文化“坚持创造性转化、创新性发展”。

文化创意指向两个产业发展的维度：文化产业化维度和产业文化化维度。文化产业化的发展维度就是指大力发展文化产业，推动文化体制改革。从世界经济发展的规律和古典经济学的“要素”经济理论出发来看，从农业经济对土地的依赖，工业经济对技术、资本的依赖，尤其是最近几十年，经济学意义上的稀缺资源从信息、知识发展到创意，经济形态也从信息经济、知识经济发展到创意经济，产业升级也从信息产业、知识产业发展到创意产业。这是一种世界潮流，是一个国家和地区社会经济发展的趋势。著名经济学家厉以宁先生在为北京大学文化产业研究院叶朗教授的《中国文化读本》写书评的时候提到，“经济学研究效率，效率分两种，一种是常规效率，另一种是超常规效率。效率本身有两个基础，一个基础是效率的物质技术基础。原材料、机器设备、厂房等构成了效率的物质技术基础；另一个是效率的道德基础、文化基础。如果仅仅有效率的物质技术基础，只能产生常规效率。超常规效率从哪里来？超常规效率来自效率的道德基础、文化基础”。①

产业文化化的发展维度就是指文化生产力作为一种生产力，可以融入各行各业，带动各行各业的发展，推动整个国民经济发展。那么，我们可以运用文化创意的手段推动传统产业的升级换代。著名经济学家郎咸平曾指出，任何行业的产业链，都包含了1+6产业链。这“1”是指加工制造环节，“6”是指包括产品设计、原料采购、物流运输、订单处理、批发经营和终端零售的6大环节。而正是后面这6大环节是整条产业链里面最有价值、能够创造最多盈余的环节。目前，跨国企业中，这些环节中最关键、最赚钱的环节，几乎都不是我们中国企业所控制的。文化创意战略让我们开始关注产业前端的创意设计和产业后端的品牌服务。全国政协前副主席厉无畏先生提出“创意农业”的概念，即通过文化创意把农村、农业、农民中的生产、生活和生态的三生资源进行整合，可以通过文化创意把它的附加值体现出来。他举了两个例子。一个是

① 厉以宁：《从宏观方面看〈中国文化读本〉》，载于《中华读书报》2008年7月16日。

北京门头沟利用生产中剩余的麦秆，就是秸秆，通过工业大师的设计，做成秸秆的工业化产品，远销欧美。另一个是大连，在玉米播种之前，先行设计一个很好的图案，这个图案形成一个迷宫图样。种玉米就照这个图案种，等到玉米长成以后，就成了一个玉米迷宫，大连有亚洲最大的玉米迷宫。土地上同样是种玉米，并没有增加很多的成本，但是形成了一个玉米迷宫，就吸引了大量的游客。这也是利用了它的生产资源。在全国，这样的成功案例还有很多。

当前，以改革开放为内涵的经济创富战略、以科技进步为内涵的科技创新战略及以文化产业为内涵的文化创意战略共同构成我国三大国家战略，共同推动着我国政治、经济、社会、文化的全面发展。

三、企业文化建设与企业软实力提升

企业文化建设的目标就是构建企业软实力。企业软实力是借用了一个热门词——“文化软实力”的提法而来的。本意上，文化软实力是综合国力的组成部门。“综合国力”是一级概念，包含经济、政治、军事、社会、文化多个方面，也可以将“综合国力”的诸方面内容分为“硬实力”和“软实力”。硬实力指经济（“胡萝卜”）、军事（“大棒”）等有形的力量。软实力是无形的力量，一种“同化式权力”，其主要构成包括文化的吸引力、意识形态或（政治）价值观念的感召力，以及制定国际规则与国际议程的能力。硬实力是靠经济与军事的强制力令别人顺从自己的意志，而软实力靠的是自身的吸引力，而非强迫别人做自己不想做的事情。软实力是哈佛大学教授约瑟夫·奈创造的一个词。约瑟夫·奈认为，实力就是影响他人以取得你所希望的结果的能力。你可以用三种方式影响他人：第一种方式是强制性威胁（“大棒”），第二种方式是诱惑或报偿（“胡萝卜”），第三种方式是吸引别人，使得他们想要达到的目标同你的目标相一致。在国际政治中，一个国家用这里说的第三种方式来影响别的国家，这种能力就叫软实力。这种软实力是一种吸引力，它靠的是文化、精神、价值观层面的认同。

软实力是国际事务中的一种战略资源。德国《时代》周刊主编约瑟夫·约菲认为，美国的软实力甚至强于它的经济与军事资源。他说：“美国文化，无论其通俗还是高雅，都向外辐射着只有罗马帝国时代才有的炽热，而且手法更新颖、迂回。罗马和苏联文化都止步于它们的军事控制范围，美国软实力才真正造就了一个日不落的帝国。”法国一位前外长认为，美国的强大就在于它“能够激发他人的梦想和向往”。对于企业而言，也存在软实力。企业文化建设的结果是建构企业认同，即形成企业软实力。

企业文化是“企业长期发展中培育形成并成为其成员所共同遵守的行为规范和价值观念”。虽然企业文化分为器物层、制度层和理念层三部分，包括了精神文化、制度文化、行为文化和物质文化，但企业文化的最终目标是塑造精神文化，精神文化的核心就是价值观念。价值观念的形成包括企业对内的凝聚力和对外的吸引力，即企业软实力的全面达成。企业软实力是一种同化力和规制力，是一种吸引力和感召力，是一种影响力和驱动力，包括多个方面：企业性格、企业精神、企业文化吸引力、企业塑造国际经济、技术的规则实力。企业软实力的构成要素包括 6 个方面：文化力、知识、信息和科技力、企业的人力资源整体素质和凝聚力、企业制度的创新力、企业发展战略和决策机制力、企业领导人形象力。企业软实力具有非强制性、非垄断性和扩散型，其影响是无形的和深刻的。

从国际经验来看，企业软实力的发挥依靠硬实力作为支撑。在以美国为代表的“新经济”发展趋势的影响下，世界各国、各地区都已经把文化发展战略变成了一种国家发展战略。韩国政府正式提出“文化立国”的方针，将文化产业作为 21 世纪发展国家经济的战略性支柱产业。在文化观光部内成立了文化产业局，负责管理出文化内容产业的发展，并制定旨在促进文化产业发展的“文化产业振兴基本法”，并加大了预算投入。美国政府在国际间政治谈判中推广文化产品，美国政府只要和别国建立自由贸易关系，关于电影产品和音乐产品的贸易协议必定是其中不可缺少的部分。美国文化越来越多地在美国的国际事务中发挥着独立的作用，除了扮演导向性角色外，还扮演着工具性角色，已经成为美国实施国际战略的工具，文化扩张就是这种工具性角色的体现。

注重公共媒体在发挥企业软实力中的作用。在世界舞台上，一个国家媒体在国际传播秩序中的地位，在很大程度上决定了这个国家在国际上的影响力。从总体上讲，西方媒体在国际上仍处于强势，美国更是独具霸主地位。目前，四大西方主流通讯社美联社、合众国际、路透社、法新社占据世界新闻发稿量的 4/5；西方 50 家媒体跨国公司占据世界 95%的传媒市场；美国控制全球 75%的电视节目的生产和制作，占领全球 50%以上的电影市场。这些国家媒体的力量对于它们发挥其软实力的作用不可小觑。

注重文化产业发展，运用经文化产业的力量来推动企业软实力。文化产业为经济腾飞插上翅膀，文化创意产业是知识经济的核心产业之一。在知识经济社会中，所有产品和服务的“文化价值”和“创意价值”将越来越重要。而在现代信息革命和高科技发展的推动下，文化创意产业和创意经济的出现正成为文化工业的一个重要发展方向：以文化为主体的内容工业将成为新经济的核心，以创意为基础的文化工业将成为经济发展新的动力引擎。不少发达国家和地区开始把发展文化创意产业作为提升产业结构、提高国际综合竞争力的主要手段，并结合各自的具体情况制定了发展创意产业的战略，成立专门机构进行统一指导、落实和推进。英国政府专门成立“创意产业特别工作组”来规划和指导产业的发展；日本内阁提出了“创意日本”计划，并喊出了“创意关系到国家兴亡”的口号；韩国政府打出了“资源有限，创意无限”的战略口号。

四、企业文化建设与文化产业发展

根据国外一些学者的研究，企业软实力在很大程度上要依靠文化产业。因为企业软实力是文化、精神、价值观层面的认同问题。认同是一个动态的过程，具有开放性和建构性。而文化产业的生产和消费过程就是一种建构性的认同实践。也就是说，文化产业可以使国际社会越来越多的人对你这个国家有一种精神上的认同。美国人十分懂得这个道理，所以美国政府和美国企业下大功夫，向全世界传播他们的电影、流行音乐、电视、快餐、时装和主题公园。举一个例子，1944 年 6 月，可口可乐公司通过艾森豪威尔把一大批可口可乐运到英国，随着登陆部队通过英吉利海峡在诺曼底登陆，于是可口可乐的形象（美国的形象）就和诺曼底登陆这一重大历史事件联系在一起。日本把电视连续剧《阿信》“送到”埃及播放，结果大获成功。从此，任何东西，只要是日本的，埃及人都着迷。日本产品如电冰箱、洗碗机、音响等在埃及各大城市畅销无阻。这就是文化产业作为企业软实力的重大作用。这些都值得我们借鉴。

因此，文化产业是文化建设的硬实力，是提升产业文化的主要途径，也是企业软实力提升的重要手段。

关于文化产业，在世界各地有不同的提法，比如英国叫创意产业，日本和韩国叫内容产业，中国台湾地区和香港地区叫文化创意产业，北京也叫文化创意产业，上海及沿海地区叫创意产业，其他各省市叫文化产业。党中央、国务院中央一级的文件规范称呼叫文化产业。这些概念在外延上有不同，但大抵包括文化艺术、新闻出版、广播电视电影、软件网络、计算机服务、广告会展、艺术品交易、设计服务、旅游休闲娱乐，以及其他辅助服务等。

在文化产业背景下，这些概念的本质特征是一致的，包括核心层、外围层和相关层，而核心层和外围层是一致的。(1) 基于个人创意和创意阶层，是一种智慧产业、知识产业、版权产业、审美产业和体验产业，是对本地传统文化的艺术创新；(2) 基于现代高新技术和新媒体，是一种传媒产业和内容产业，可以大规模复制和批量化生产，具有集聚效应；(3) 面向现代市场和国际市场，要形成规模化的文化市场和文化消费；(4) 产品经营与企业经营相结合，产业经营与资本经营相结合，短期、零散的项目利润经营要提升到长期、整体的企业价值经营。

因此，在创意产业“创意—制作—流通—消费”4 个产业环节中，最为重要的发展动力有两个：资源动力和产业动力。一个是内动力，另一个是外动力。资源动力主要是创意人才和文化资源，即创意人士如何利用文化资源（我们的文化遗产）作为素材进行创意策划、智慧生产；产业动力主要是新技术的普及程度、市场机制的发达程度和企业经营的主导力量。

现在很多企业已经开始重视企业文化，但我们发现大部分这些企业关注的仅仅是企业的形象建设，比如设计个 Logo、策划一些员工团队建设、进行管理制度的汇编等。当然，这些工作也是进行企业文化的基础工作。企业文化的传播经历了三个阶段：从品牌形象宣传的硬广告阶段、公共事件活动的公关阶段，最后到通过文艺作品进行文化传播的高级阶段。最后阶段就是用文化产业进行推广传播的阶段。如日本北海道札幌一家啤酒公司，将工业建筑遗址保留，设计了啤酒文化主题公园，创造了新的产业。

现在国际上很多城市都在提打造创意城市，2008 年 11 月深圳还成功申请成为联合国教科文组织的“创意城市设计之都”。一个创意企业要符合三个条件：先进的技术、优秀的人才、宽容的文化氛围。创意企业是企业文化建设的方向。

三流企业做产品，二流企业做标准，一流企业做文化。所以，从某种意义上讲，任何一个企业做到极致，都是文化产业语境下的顶尖企业。大家都知道耐克公司，它的气垫鞋“其实是个简单、容易理解的制鞋科技，只需将空气注入鞋底，即形成具有弹性的鞋垫，如此而已”。但比技术和体育更重要的是，耐克公司把握了年轻一代的时尚脉搏，一直在制造时尚流行文化。“我生在球场，长在街头。从纽约、费城到巴尔的摩……足迹遍布全世界”，“我是风格的代言，是城市文化的基础……从嘻哈音乐到永无休止的城市节拍，我是永恒，我不可或缺”。从美国资深篮球作家伊萨克·派瑞（Isaac Perry）为耐克的 AirForce1 创作了长诗《我是力量的源泉》（*I am the Origin of Force*），我们能强烈感受到这种耐克文化。苹果公司也是如此，本来是一家单一的电脑硬件厂商，转变成一个数字音乐娱乐集团，从 IPOD 到 ITUNE 到 IPHONE，从产品到文化，苹果公司创造了文化娱乐的神话。

五、发展文化产业，助推企业文化建设

文化是分级的，文化具有不同的艺术价值，主要包括膜拜价值、展示价值和体验价值。企业文化也是分级的，包括企业形象文化、企业制度文化和企业精神文化。通过发展文化产业，助推企业文化建设，就是要关注企业的精神文化，关注企业精神文化里的膜拜价值、展示价值和体验价值。现在有些企业在全力打造企业博物馆，比如茅台建立了酒文化博物馆，并为酿造工艺申报世界非物质文化遗产，青岛海尔、上海宝钢、广东美的、四川长虹、广州本田兴办了工业旅游，耐克兴起运动文化展馆，以及以同仁堂为背景的电视剧《大宅门》等，这些都是用文化产业的方式来推广企业文化。2008 年北京奥运会的三大理念之一——人文奥运，就是用文化产业的方式来推广中国传统文化。具体而言，发展企业文化要注意以下几点。

第一，文化产业语境下的企业文化建设，其开篇工作就是要对本企业的文化资源进行研究和评估，将企业文化进行分级。如何将企业文化分级分类，必须做好规划，编制企业《文化发展规划》，从区域、国家和国际视野的角度，将本企业的文化遗产保护、文化资源开发和文化产业充分结合。其中最重要的体验价值就是文化产业背景下的文化产品所具有的娱乐、时尚、互动和参与性等特点。比如历史文化名城曲阜。据统计，近年来，曲阜“三孔”（孔庙、孔府、孔林）的门票年总收入 1.5 亿元，职工 1000 多人。曲阜全年的财政收入 6 亿～ 7 亿元，“三孔”财政贡献值占 1/4。应该说“三孔”是曲阜的支柱产业。但是，“三孔”的门票收入占了其文化产业收入的 80% 甚至 90% 以上。其实这有些违背文化产业的发展规律。一个良性的文化产业，门票收入应该只占 30% 以下。北京朝阳公园针对区位特点和功能定位，将北京中央公园的空间定位转变为时尚娱乐的国际文化空间的文化定位，面向国际商务政务游客和青少年家庭游客，根据国际交流文化的特点，打造“国际风情节”和“流行音乐周”，策划全年的活动；以前每年的门票收入 500 万元，现在全年的全部收入在 5000 万元以上；以前完全靠门票和周边房地产开发，现在甚至考虑门票全免了。这样以内容为王取代渠道为王，增加公园的内容吸引力和活动消费力，使朝阳公园有了新的发展模式。目前，企业的文化建设往往只关注形象建设和制度建设，很少真正关注精神建设。

第二，文化产业语境下的企业文化建设，应关注国际资本和本土文化资源的关系问题。一是中国的传统文化如何挖掘和利用，中国传统文化面对国际资本的态度和立场。二是企业的传统资源如何挖掘和利用，如何拓展企业的文化资源。

第三，文化产业语境下的企业文化建设，应关注如何运用文化整合营销传播，推动企业文化的精神文化传播。对比一下台北故宫博物院和北京故宫博物院的产业开发和营销推广，就可以看出文化整合营销传播和文化产业手段对于企业文化推广宣传的好处。北京故宫博物院过去是皇宫紫禁城，给人的感觉是恢宏庄严，甚至曾经有些压抑，游览的时候除了主要的体验就是建筑的宏伟和体力的劳累。台北故宫博物院是一个现代时尚、中西合璧的民国建筑，给人亲切自然的感觉，游览带给人亲和力与时尚感，使人流连忘返。台北故宫博物院还在持续推动时尚现代的宣传理念。2000年，台北故宫博物院发布口号“Old is New”的形象宣传片，内容取自宋代黄庭坚的《花气熏人帖》，大量运用了动感时尚的视听画面，营造的文化氛围在充满着中国古典元素的同时，又带有浓郁地域特色，改变了长期以来人严肃、古板和老气横秋的形象，深受年轻人的喜欢。台北故宫博物院还用数字化高新技术手段对馆藏文物进行数字化处理，建立了数字体验博物馆。每年，台北故宫博物院邀请世界著名品牌，将其藏品的元素作为题材进行创意授权，推动文物藏品的局部进入世界知名品牌的丝巾、皮包等各种日用工艺品上。通过这种方式，台北故宫博物院不断告诉年轻人，历史和现实是不可分的。①

第四，文化产业语境下的企业文化建设，要统筹兼顾文化产业的实施路径和开发手段。文化产业开发，要把文化资源变成文化产品，有多种途径：有把消费者请进来的，比如旅游；也有把产品送出去的，比如开发特色工艺品、影视作品、动漫游戏作品及演艺等；还有利用新媒体高科技手段，构建企业文化在文化消费空间和消费数字平台。2005年，台北故宫博物院开始拍摄影视作品，出品了由郑文堂执导的故事片《经过》、王小棣执导的纪录片《历史典藏的新生命》和侯孝贤执导的《盛世里的工匠记忆》，向观众提供了一个感受台北故宫博物院的全新现代时尚角度。2008年3月，台北故宫博物院投资约1000万元人民币制作了13分钟的动画电影《国宝总动员》，把馆藏的“婴儿枕”、“玉辟邪”和“玉鸭”三件珍贵文物，运用动画电影拟人化的特效手法，拉近民众与中国古老文物的距离。与此同时，台北故宫博物院还邀请了为周杰伦专辑创作《兰亭序》的方文山讲授《兰亭集序》，邀请台湾地区音乐人林强用电子音乐和闽南语演绎黄庭坚的《花气熏人帖》，邀请台湾地区现代舞大家林怀民基于宋元书法的灵感创作了《行草》三部曲。②台北故宫博物院这些文化产业尝试，值得现代企业借鉴。

第五，发展企业文化品牌的授权产业是最终品牌的商业保护手段。台北

① 周兵：《台北故宫博物院的魅力在“亲和力”与“时尚感”》，原载《中国文化报》2009年2月12日。

② 《探秘台北故宫博物院：文化宝藏如何迁到台湾？》，载于《南方都市报》2009年1月20日。

故宫博物院依靠授权创意的每年产值至少 5000 万元人民币。还有宝马公司、万宝龙公司、腾讯公司，都很好地把企业品牌进行了授权经营，不仅拓展了企业文化传播的深度和广度，还创造了新的产业空间。

总之，文化产业作为一个全新的产业发展思路和企业经营理念，将成为落实国家文化创意战略的有效途径。好的文化产业开发模式，并不是围绕企业文化本身的物质载体和建筑物的有形打转，而是在充分分析、评估和规划企业文化的精神文化，通过故事营造和情景创设，运用现代手段和高科技元素等文化产业手段，创造出新的企业文化产品。曾经，关于我国经济复苏的学术辩论不绝于耳，到底用什么方式拯救我国经济，经济学家们也莫衷一是。但是有一点我们是肯定的，改革开放 40 多年以来，通过快速发展工业来挖掘我国潜在发展力量的路径被堵住了。那么，我们是否还有其他路径？

答案就是第三产业，这当中包含了快速发展的文化产业，以及创意经济产业这些都是我们国家的希望所在。

第十章　创意阶层、创意者开发与人才培养

创意者经济是一种强调个人主义、自由主义和市场主义的概念，是一种基于场景经济的人与人之间的一种新型联结方式。从生产主体来看，创意者经济是一种 UP 经济；从生产资源来看，创意者经济又是一种 IP 经济；从价值实现的角度来看，创意者经济是一种协商经济；从平台功能来看，创意者经济是一种生态经济；从价值分配来看，创意者经济又是一种共享经济。本章以腾讯平台为例，探讨创意者经济与互联网平台经济、全产业价值链开发模式的有机结合，以及形成培育、竞争、过滤、开发、整合的价值开发回路。

创意阶层理论是研究文化创意产业从业人员空间集聚、产业协作和行为偏好的重要分析框架。近年来，在互联网影响下，创意阶层的来源、性质、集聚形态和产业协作方式，及其与消费者的关系都发生了巨大的变化。首先，多元化的业余创意者大量涌现，其中一部分由“干中学”逐步向专业创意者转变，并带动了边缘创新和跨界创新；其次，内容生产商和专业人士通过互联网寻找创意者的成本降低，有助于形成更加广泛、包含创意和生产的创意者网络，进而深化创意产业分工，提高创意专业化程度；同时，消费者社群与创意者网络的交互机制又强化了创意认同，明确了创意需求，部分消费者甚至转变为创意者，进一步扩大了创意来源。本章通过描述创意者网络的构成机制，旨在更好地指导创意实践，培育创意人才，提升创意品质。

创意经理人，或创意领导人，是推动文化资源转化为文化产业的核心资源。当前，对文化产业创意经理人才的能力素质研究还远远不够，在高校培养、企业任用和政府认定等领域无据可依。因此，构建创意经理人胜任力模型，大力培养优秀创意经理人群体，推进文化产业快速发展，是在我国深化文化体制改革过程

中政府职能转变的需要，符合世界经济演进规律的要求，是实施文化创意国家战略的需要，也符合我国文化产业界当前的现实需要。本章提出创意经理人的胜任力模型，助力文化产业人力资源的开发与培养。

创意创业家精神是为了实现文化产业的社会效益与经济效益的双重平衡，在思维方式、行为风格、个性动机和能力素养等方面都表现出独特的素质结构。文化产业的创意创业家经过创意生活化、创意职业化和创意产品化等不同层次的创意实践，运用艺术方式、美学法则，实现商业利益。因此，培养具有创意创业家精神的文创人才是我国人才开发链条中的重要一环。本章首先通过分析文化产业创意人才的特征和素质结构，针对我国创意人才管理与开发的现状，提出从政策制定、人才培养和交流、人才激励等方面来研究中国创意人才的开发策略。其次，以北京大学的文化产业管理专业的创新教育为例，在核心课程体系、实践教学流程和科学研究氛围等环节探讨创意创业教育，积极探索实践型、师徒制和“从游式”人才培养的新形式，旨在培养具有实践主义美学精神的创意创业家。

第一节　创意者经济：互联网 + 文创的价值逻辑与运行原则[①]

近年来，互联网尤其是移动互联网的高速发展冲击着社会的各个领域，且这种变化还没有终止。互联网带来的第一波变化首先冲击到广告媒体行业，第二波变化随后冲击到整个生活服务行业，而第三波变化则带来了生产方式的变革。也就是说，在第三阶段，互联网不仅仅解决传播和生活问题，甚至改变着整个经济形态和社会形态。从生产方式的变革来看，互联网生产方式的变革形式可以分为“软创新”和“硬创新”，那么“互联网 + 文创”的创新模式就是一种软创新形式。腾讯以互联网产业起家，一方面推动“互联网 + 文化产业”，将互联网思维注入文化产业领域，开拓了企业发展的新疆域；另一方面也用文化创意滋养自身原有业务，实现了自身业务的迭代创新，以不断适应新

① 此文由《创意者经济：互联网 + 文创的价值逻辑与运行原则》修改而成，已征得第二作者白晓晴同意收录其中。

的市场需求。

从“互联网＋文创”的产业实践来看，腾讯开创了一个全新的文化生产范式，且经过多年的市场验证，取得了一系列瞩目的成果。腾讯实现了从创意经济向创意者经济的关注，推动了社会进入“创意者经济”的新时代。从表面上来看，“创意者经济”的提法是一个强调个人主义、自由主义和市场主义的概念，似乎与中国社会倡导的集体主义、民族主义和社会主义不是完全一致。而事实上，“创意者经济”的深层内涵恰恰是在个人与集体、自由与秩序、市场规律与宏观调控之间寻找到了一种精妙的平衡。总的来说，我们可以从以下6个方面把握“创意者经济”的价值逻辑与运行原则。

第一，从创意者经济的价值场域来看，创意者经济又是一种场景经济。场景是人与人之间的一种新型联结方式。传统社会的人际联结依靠的是共同的社会圈层、血脉宗亲或商业利益，而互联网所依托的场景化社交，基于共享的价值观联结、多元化的故事表达和通感性的体验参与来实现人际连接。在互联网产品中，不论是主题先行的社区产品，还是关系先行的社交产品，其内在的联结机理是身份、文化等社会认同的联结。创意者经济反映了一种社会型生产方式，区别于传统的农耕经济和现代的工业经济生产模式。创意者源于广大草根用户和底层民众，共同价值的联结催生了创意者内容的传播机制、互动机制和竞合机制。互联网传播具有点对点的特性，熟人甚至亲友的传播大大提高了创意产品的阅读或观看率，社交圈内的传播又使达成价值认同的概率大幅提升。简而言之，即使是最小众的文化，也能够找到认同的群体，互联网的传播形态大幅提升了文化创意的生命力。

第二，从创意者经济的生产主体来看，创意者经济又是一种UP经济。创意者经济的两种产品生产形式可分为UGC（User-Generated Content，以下简称UGC）和PGC（Professionally-Generated Content，以下简称PGC），也就是用户创造内容和专家创造内容，专家包括具有专业知识背景、科班出身的创意者，也包括从一般用户做起、积累了丰富经验水平较高的创意者。EGC（Enterprise-Generated Content）和内容平台为UGC+PGC产品提供支撑和放大的作用。从根本上讲，互联网文化产业的生存和发展必须要有优质创意内容的支撑。EGC虽然可以提供足够专业的内容，但是在用户的评价标准中，专业与否往往是次要因素，消费场景、内容创意、价值认同、互动体验等才是主要因素。UGC 和 PGC 的多元化和巨体量可以有效地满足用户的个性化需求，而互联网平台的去中心化特性，使 UGC 生产和消费几乎没有时间差异，用户生产内容的同时也可以消费内容，这种特性是最具互动性的形式。尽管 UGC 质量可能良莠不齐，但是好的创意内容永远都是稀缺的，优质内容的评判标准不在于生产方式，而在于内容本身。

第三，从创意者经济的生产资源来看，创意者经济又是一种 IP 经济。IP（Intellectual Property，知识产权）是创意者经济最主要的生产要素。随着文化产业实践者对 IP 赋予各种丰富的意涵，IP 已不单纯是知识产权简写，在承载着形象、故事、情感的文化产品中，IP 成为一种有故事内容的人格载体，因此 IP 与 CP（Cultural Property，文化产权）和 ID（Identity，文化认同）有关。明星 IP 能形成广泛的商业开发和授权经营，是具有充足受众基础的优质文化资源，分别由历史文化符号、主流文化符号和新兴文化符号构成。其中，老经典 IP 的改编与开发是文化产业发展的客观要求，其在中华五千年历史文化资源中汲取营养，是我国身为文化资源大国的巨大优势。老经典作品，如《西游记》可以实现时尚化，这是一个文化继承与文化创新衔接融合的过程。高水准的时尚文化可以经过历史或时间沉淀而成为经典文化。优质 IP 需要在传承文化基因与体现时代精神中找到平衡，同时兼顾商业利益与文化素养。

第四，从创意者经济的价值实现来看，创意者经济又是一种协商经济（或互娱经济）。人类财富的价值理论经历了从劳动价值论、需求价值论到效用价值论、协商价值论的发展过程，经历了从单一的物质价值决定论到物质价值与文化价值的协同决定的发展转变。文化商品的价值取决于市场交易过程中消费者与文化商品之间的体验互动及消费者之间的社会沟通。在“互联网 + 文创”的时代，参与价值协商的主体也更加多元化。互联网给社会带来的最重要发明就是“用户（user）”，用户身兼多职，既是消费者与评论者，又是生产者与传播者，创意产品随着用户的生产、消费、评论与传播，其主体价值总和在多元协商与博弈中不断发生变化。在用户层面的生态化整合后，互联网企业与平台又通过放大和推动作用，为创意产品赋予更高的客体价值，由此将几乎零经济成本的 UGC 产品拓展为票房数十亿的企业文化产品。

第五，从创意者经济的平台功能来看，创意者经济又是一种生态经济。腾讯将旗下多类型平台产品高度整合，建构起了由内容层、渠道层到用户层串联起来的平台群，三层平台相互交织，从真正意义上形成了一个互联网创意生态系统。不同于大多数文化企业自上而下的规划与执行模式，腾讯创意生态实现了自下而上的自生长与自过滤模式，这种模式不仅扩大了创意基数，而且促进了创意的“适者生存”，推动优质创意自发地在用户的支持下脱颖而出，转化为文化产业中的产品和服务。网络文学、视频网站上的排行榜和推荐区就是一种推动创意内容自进化的手段。创意生态在庞大的内容子平台群中，通过培育和筛选 UGC、养成与推广 PGC、精制与共建 EGC，完成了 IP 的扇形流转（一对多）和立体开发。在多维联结合作的过程中，创意生态实现了对文化传播的引导。如果说 UGC+PGC 的创意生产阶段更多地关注文化效益和个人需求，那么到了基于 IP 的 EGC 开发阶段，企业就更加倾向于关注经济效益和社会需求。

第六，从创意者经济的价值分配来看，创意者经济又是一种共享经济。在开放性的创意生态中，更多的资源和资本被吸纳进来，平台最大化拓宽自身收益的同时，也解决了无数创意人才的就业问题和文化机构的收益问题。如在网络文学 IP 开发的过程中，文学网站可以在付费阅读机制、打赏等互动收入和各类网站广告中获得收益，广大网络文学作者也能够在其中获得分成；平台还可以通过与作者签约获得作品版权，改编成电影、电视剧、游戏等并收获版税；优质 IP 的版权委员会可以将内容授权给其他企业实现开发共赢；通过多渠道联合推广、多产品形象植入等合作形式，内部部门和外部更多合作方也获得了整合资源、创造价值的机会。总的来说，腾讯通过建立准公共平台完成了向社会型企业的转化。腾讯通过与创意个体、创意机构实现多维度合作，不仅可以通过专业化手段提升内容水准，实现文化资源的商业变现，而且能够与合作伙伴达成共享共赢，带动个人与中小企业发展。此外，腾讯共享型的生态平台促使个人化的创意通过大众价值观的筛选和企业价值观的引导，保证了互联网向社会输出正能量的文化创意内容，在一定程度上推动了社会主义精神文明建设。

在互联网的技术优势下，创意者经济充分融合两种路径，即互联网平台经济与全产业价值链开发模式的有机结合，整个系统形成了培育、竞争、过滤、开发、整合的价值开发回路。平台的生态化促进了内容创作方式多样化、内容风格类型多元化，在精准的子平台管控下，分众性的优质内容脱颖而出，并用于产业链下游的内容改编与跨界开发，以长尾化和体系化的内容多层次满足受众需求，对丰富当代大众文化具有积极作用。创意者经济高度尊重个人创意。当然，文化产品的监管也不能放松，平台企业要在充分发挥 UGC+PGC 创意主体的同时，由重视 IP 孵化走向重视 IP 强化，打造更多先进的优质文化产品，推动互联网文化产业的可持续发展。

第二节　创意者网络：互联网语境下创意阶层的演化研究[①]

一、创意阶层的理论演变与互联网时代的新趋势

创意阶层作为创意经济发展的重要因素，一直是学术研究的重点，主要讨论的议题包括创意阶层的定义及其分类特点、创意阶层促进创意产业集聚和发展的机制，以及影响创意阶层空间集聚的因素等[②]。

理查德·佛罗里达（Richard Florida）是创意阶层概念的主要提出者，其将创意阶层（Creative Class）的特点归纳为“从事旨在创造有意义的新形式的工作”，将其划分为“核心创意人群”（Super-Creative Core，主要包括科学家、教授、诗人等对社会舆论具有影响力的人群）和“创造性职业从业人员”（Creative Professionals，包括金融、科技、法律等知识密集型行业的从业者），提出了著名的影响创意阶层集聚的“3T”原则，即技术（Technology）、人才（Talent）和包容的氛围（Tolerance）[③]。这一研究随后引起了广泛的争论，影响创意阶层分布的其他因素不断提出，包括“3S”原则（Skill、Sun、Sprawl）

① 此文由《创意者网络：互联网语境下创意阶层的演化研究》修改而成，已征得合作者黄斌同意收录其中。

② 黄斌：《北京文化创意产业空间演化研究》，博士学位论文，北京大学，2012 年。

③ ［美］理查德·佛罗里达：《创意阶层的崛起》，司徒爱勤译，北京：中信出版社，2010 年版，第 269—308 页。

和城市利便性（Urban Amenity）[①]、工作和社会生活综合网络[②]、城市中心区年轻人聚集带来的多样化生活[③]、区域就业岗位[④]、高等教育机构和水平[⑤]等。

创意阶层的空间集聚之所以重要，是因为其有助于创意者加强联系，更高效地获取合作中溢出的隐含知识（Tacit knowledge），进而提升创意效率[⑥]。基于不同的观察视角，不同学者提出了创意场域（Creative Field）[⑦⑧]、创意共鸣（Creative Buzz，特指未经规划的、偶然的面对面交流，并产生反馈，增强共鸣，加快信息流动和相互匹配）[⑨⑩⑪]、创意情境（Creative milieu）和创意生活圈等理论[⑫⑬]，以解释创意者联系的强度和效用。

随着研究视角从创意产业转向创意经济，进而向创意社会延伸，产业网

---

① Glaeser，E. L.（2005）. Review of Richard Florida' s the Rise of the Creative Class. *Regional Science and Urban Economics*，35，5：593–596.

② Allen J. Scott:《创意城市——概念问题和政策审视》，汤茂林译，载于《现代城市研究》2007年第2期，第66–77页。

③ Hartley，J.（2007）. The evolution of the creative industries–Creative clusters，creative citizens and social network markets. Proceedings Creative Industries Conference，Asia–Pacific Weeks，Berlin. Http//eprints.qut.edu.au.

④ Boschma，R. A.，& Fritsch，M.（2009）. Creative Class and Regional Growth：Empirical Evidence from Seven European Countries. *Economic Geography*，85，4：391–423.

⑤ 洪进、余文涛、杨凤丽：《人力资本、创意阶层及其区域空间分布研究》，载于《经济学家》2011年第9期，第28—35页。

⑥ Enstor，J.（2001）. Fostering Knowledge Management through the Creative Work Environment：A Portable Model from the Advertising Industry. *Journalof Information Science*，27，3：147–155.

⑦ Scott，A. J.（2006a）. Entrepreneurship，Innovation and Industrial Development：Geography and the Creative Field Revisited. *Small Business Economics*，26：1–24.

⑧ Scott，A. J.（2006b）. Creative cities：Conceptual issues and policy questions. *Journal of Urban Affairs*，28，1：1–17.

⑨ Storper，M.，& Venables，A. J.（2004）. Buzz：Face–to–face contact and the urban economy. *Journal of Economic Geography*，4：351–370.

⑩ Bathelt，H.，& Schamp，E. W.（2001）. The Rise of a New Cultural Products Industry Cluster in Germany：The Case of the Leipzig Media Industry. IWSG Working Papers.

⑪ Gertler，M.（2004）. *Creative Cities：What Are They For，How Do They Work，And How Do We Build Them?*. Ottawa：Canadian Policy Research Networks：2–3.

⑫ Malecki，E. J.（1987）. The R&D Location Decision of the Firm and Creative Regions. Technovation，6：205–222.

⑬ ［英］查尔斯·兰德利：《创意城市——如何打造都市创意生活圈》，杨幼兰译，北京：清华大学出版社，2009年版，第199—210页。

络和社会网络的研究方法逐步进入创意阶层的研究领域。由于创意产业的生产活动往往是围绕项目（Project）而不是公司（Firm）展开的，公司、认知社群、核心团队、个人网络等在不同层级上构成了创意产业的项目生态（Project Ecology）①；同时，创意产业不仅看重生产者之间的学习网络，还十分注重其邻近消费者而获得的产品创新灵感，消费者网络②，甚至自媒体等自我创造的形式⑤也是创意产业的重要驱动力，并依托创意社群理论③、小世界理论④、社会资本理论⑤⑥⑦、"择优连接"（Preferential Attachment）模型⑧等构建了创意者之间的连接模型。

上述研究在一定程度上解释了创意阶层的连接机制及产业协作方式，但由于创意产业从业人员内部差异较大，"创造性职业从业人员"与"核心创意人群"处于完全不同的工作状态和生活场景，创意产业从业人员也并不总是高收入"白领"，也包括大量的被雇佣的、低收入、低福利的从业人员⑨。因此，创意阶层研究也受到不少批评，认为该研究并不能从整体上把握创意产业从业人员的社会联系和产业协作规律。

---

① Grabher, C.（2002）. Cool Projects, Boring Institutes: Temporary Collaboration in Social Context. *Regional Studies*, 36, 3: 205–214.

② Solomon, S., Gerard, W., de Arcangelis, L., & et al.（2000）. Social percolation models. *Physica A*, 277: 239–247.

③ 厉无畏、王慧敏：《创意社群与创意产业的持续发展》，载于《社会科学》2009 年第 7 期，第 36—43 页。

④ Uzzi B, Spiro J（2005）. Collaboration and Creativity: The Small World Problem. *American Journal of Sociology*, 111: 1–58.

⑤ Coleman, J. S.（1988）. Social Capital in the Creation of Human Capital. American Journal of Sociology, Supplement: *Organizations and Institutions: Sociological and Economic Approaches to the Analysis of Social Structure*, 94: S95–S120.

⑥ Nahapiet, J., & Ghoshal, S.（1998）. Social Capital, Intellectual Capital, and the Organizational Advantage. *The Academy of Management Review*, 23, 2: 242–266.

⑦ McFadyen, M. A, & Cannella, A. A. Jr.（2004）. Social Capital and Knowledge Creation: Diminishing Returns of the Number and Strength of Exchange. *The Academy of Management Journal*, 47, 5: 735–746.

⑧ Barabasi, A. L., & Albert, R.（1999）. Emergence of scaling in random networks. *Science*, 286, 5439: 509–512.

⑨ Reimer, S.（2008）. Geographies of production II: fashion, creativity and fragmented labour. *Progress in Human Geography*, 7: 1–9.

随着互联网尤其是移动互联网的应用和普及，自媒体时代来临，每个市民都有可能成为创意阶层[⑤]。在一些主要依靠个人创意、专业技术门槛相对较低的产业门类，如文学、漫画、自媒体、微视频等，用户自制内容（UGC）已经占据了越来越重要的地位，自雇佣也已经成为重要的就业方式。“网生代”年轻核心创意人群，其工作方式既与“创造性职业从业人员”不同，也与传统的“核心创意人群”不同，他们是创意者、生产者、消费者的融合，已经难以被定义为一个边界分明的阶层（Class），需要从个体创意者的视角重新审视。

因此，本文从互联网影响下的新生代创意者出发，重新探讨创意阶层理论在现实中的演变，并以此为切入点进一步探讨新时期创意经济的运行机制。

二、互联网影响下的创意者来源变化

经典创意理论将创意活动视为具有较高知识门槛和组织门槛的专业化活动，创意阶层是与普通大众相对应的精英阶层。互联网极大地降低了创意活动的知识积累、产业组织和传播成本，在前所未有的广度和深度上激发了大众创意活力，扩展了创意素材来源，推动了越来越多创意者进入创意产业行列，创意从以“PGC”（专业生产内容）生产模式为主向“UGC”（用户自制内容）和“PGC”并存转变。

在网络文学领域，全国最大的网络文学平台阅文集团拥有超过1000万部作品储备、400万名创作者和6亿注册用户，日活跃用户高达3000万，而中国作协会员数仅有1万余人。与国外不同的是，国外作家收入主体仍被传统的青少年读物作家占据，而我国网络文学顶尖作家在收入上已经远超传统畅销书作家。在网络动漫领域，国内最大的动漫平台腾讯动漫拥有3000万用户和5万投稿作者，其中签约作者数超过500人，作品总量超2万部，其中超过40多部原创作品点击率过亿，超过270多部原创作品点击率过1000万。这都超越了以往中国漫画作者和出版物的总和。

后期出现的网络直播平台更是从创意来源、制作方式、传播渠道、收入构成等各个方面颠覆性地改变了传统电视娱乐行业。

这些在互联网时代新涌现的创意者，以学生和大中城市青年职员为主，部分具有一定时间的相关从业经历，但社会职业和地位仍与佛罗里达定义的科学家、教授、诗人等“核心创意人群”相去甚远。不少“网红”甚至学历极低，完全不符合政策操作中定义的“创意阶层”标准。上述创意者大多从业余或兼职创意起步，在得到网络用户，甚至是出版商、影视游戏等行业专业人士的认可后，有可能进一步转变为专业创意者，或创立相关的小微企业。

三、创意者网络化及其对产业和社会协作机制的影响

互联网给创意阶层带来的结构性变化导致了创意者作为一个阶层逐步消失，强调明星创意、个人创意的趋势正在出现。这不仅仅改变了创意者的空间集聚与相互联系规律，对创意阶层理论及其定义提出了重大挑战，也对其产业和社会协作机制产生了重要影响。

互联网带来的交易成本下降，一方面推动了大企业规模扩张，甚至成为影响行业的平台企业，另一方面也推动了个人创意和小微企业创业。在科斯等提出的公司理论中，交易成本是限制公司规模的硬约束。互联网使得一些部门脱离了空间和人员限制，降低了内部交易成本，因此龙头企业有能力在原有核心业务的基础上，通过平台化的方式进一步向上下游和相关领域广泛延伸。与此同时，由于公开写作、数字出版、版权授权和知识产权交易等门槛大大降低，大企业对外部创意的交易（搜索）成本也大幅降低，创意者获得收益的渠道也更加畅通，更多的个人创意者和工作室等开始创业涌现，或从大企业的创意部门独立出来，成为平台内容供应商或大企业合作伙伴[①]。

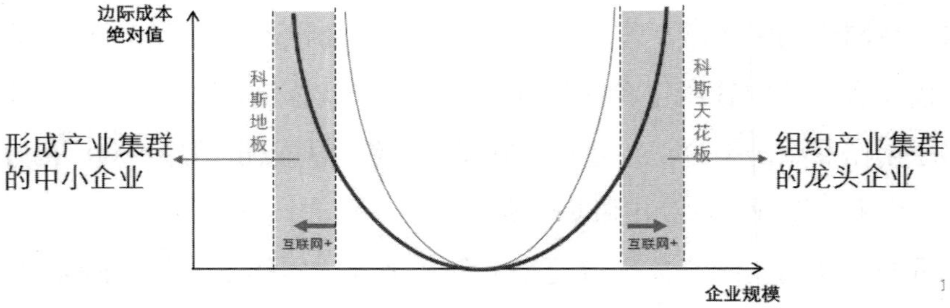

图 10–1　互联网影响下交易成本下降导致了创意产业主体规模向两端拓展

① ［美］克莱·舍基：《人人时代——无组织的组织力量》，胡泳、沈满琳译，杭州：浙江人民出版社，2015 年版，第 35—43 页。

其中，个人创意者和小微企业依托互联网形成了创意者网络，在很大程度上脱离了创意阶层强调的地理空间，网络连接强度和密度也大为提高。从阅文集团、腾讯动漫等机构的调研来看，创意者网络的形成主要包括如下 4 个阶段：首先，业余创意者受到榜样效应的感召，开始兼职从事创意活动；其次，其中点击率较高、增长较快、受认同较多的优质创意者在自由竞争中脱颖而出，并在这一阶段得到了大数据和后台编辑等专业指导，初步掌握了创意规律和用户偏好，不断优化创意内容，逐步成长为明星创意者；再次，互联网使得明星创意者更容易得到出版商、制片人等内容生产商和专业人士的关注，在一个较小的创意者网络中率先推动其创意的产业化；最后，在产业化的过程中，内容生产商和专业人士原有的社会网络也进一步开放给了后进入的明星创意者，拉近了原本在地理和行业分割下各个优质创意者的社会距离，进一步提升了创意者对于隐含知识（Tacit Knowledge）的共享能力，既拓展了创意者网络，也提升了创意效率。此外，由于业余创意者往往也是文创领域的边缘人，多元化的创意者为文创领域更加多样化的创新提供了新的可能。目前，我国的创意者群体已经达到空前庞大的千万级别规模，更大的基数意味着更有可能产生精品。

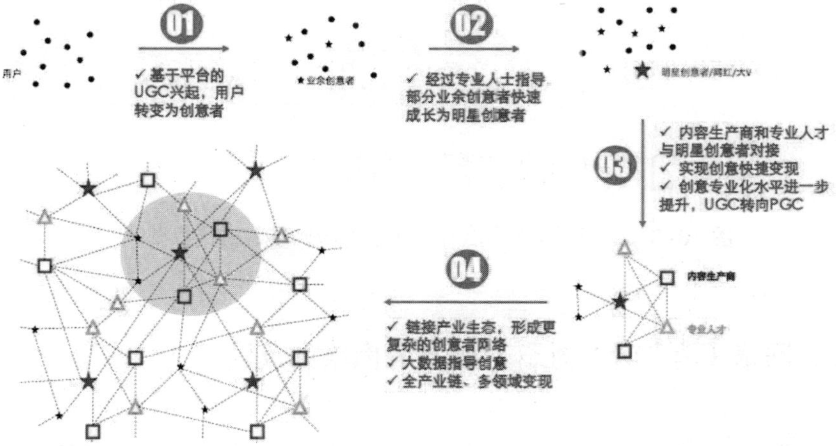

图 10-2　互联网平台在业余创意者向专业创意者转变过程中发挥的作用

而互联网文创龙头企业的平台化发展构成了创意者网络的基础设施。一方面，贯穿产业上下游的平台为创意者、专业人士和内容生产商积累了更广泛的创意素材，并提供了基于大数据的商务、咨询、销售等专业化服务，从而使依托平台的相关各方能够更加集中于创意细分领域的拓展和深化，进一步提升创意的专业化程度；另一方面，广泛的平台资源又进一步推动了优质创意的流转和多领域、多环节、多进程开发，进一步推动了跨界创新。同时，互联网平台为创意者网络提供的即时变现、多重变现的商业模式，也提升了创意者持续创意的积极性。在这一平台化服务的过程中，单个企业与创意者的关系从雇佣向合作转变，优秀创意者将在更大的范围内更加自主地挑选合作方，收入分配也日益向优秀创意者倾斜。

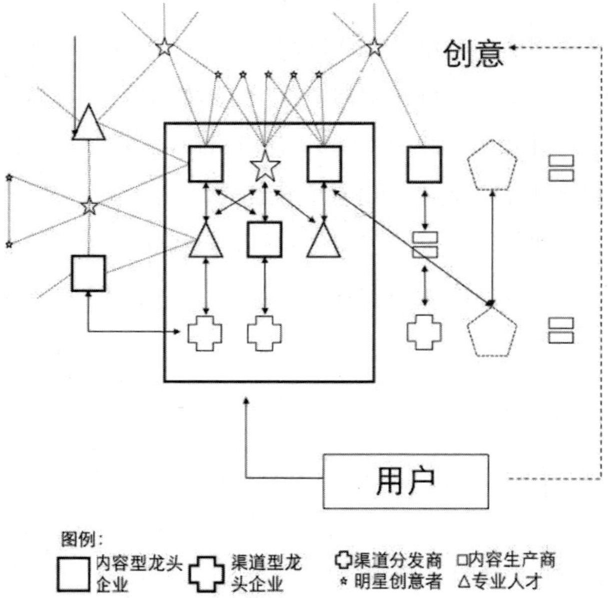

图 10–3　互联网文创平台作用下创意者网络的协作机制

四、网络（消费者）社群对创意者网络的反馈

互联网不仅改变了创意者和生产者的产业协作方式，也影响了消费者网络，并通过消费者网络反馈于创意者和生产者，进而改变了创意的产生机制。

社群是互联网用户组织的主要形式，依托文创明星和产品形成的社群（粉丝群）是互联网社群中最重要的组成部分。新浪微博话题前 5 位除社会热点以外，全都是明星、影视剧和电视节目等文创产品话题；QQ 群中的兴趣群也占到总数的 66.4%。文创产品已经成为维系社群的符号，成为身份认定和社群交往的标的物，成为消费的驱动力[①]，甚至成为社交本身。

社群便利了消费者之间的互动，使得信息呈现出人际传播的特征，促进了社群内的集体行动，并推动互联网文创消费社群（粉丝群）自发或引导性地形成关键人物（“粉头”）。关键人物在社群中扮演了节点的作用，既能通过和引导社群互动，广泛地连接和组织粉丝，强化创意认同，并形成实际消费购买；同时也能够收集和明确消费者的创意需求，反馈于创意者和生产者，进而改进其创意产品。不少社群中，关键人物本身就由明星创意者兼任。

明星创意者的榜样效应同时也是消费者向创意者转变的重要动力，互联网文创消费社群的功能不仅聚焦于消费端，而且已经逐渐向生产工具的分享和生产方式的协作上发展，形成了以共同兴趣和互惠互利为纽带的合作或互利生产模式，消费者社群已经开始成为创意者网络的一部分。

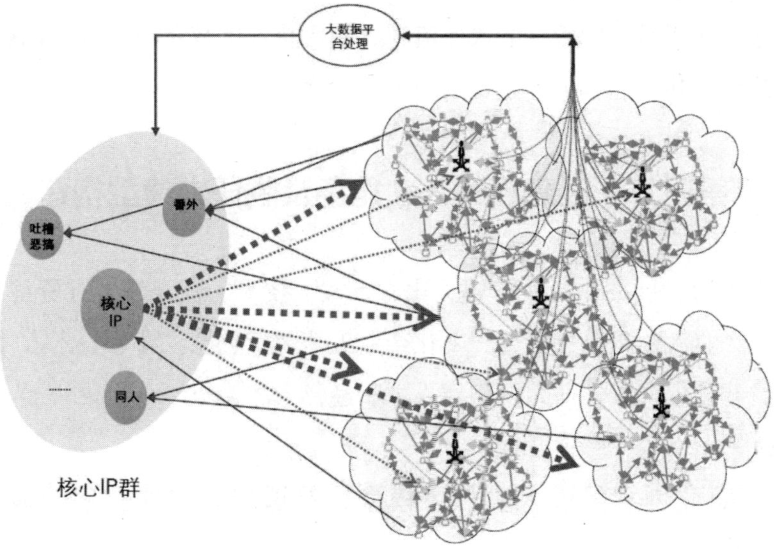

图 10–4 消费者社群参与创意生成的机制

① ［法］让·鲍德里亚：《消费社会》，刘成富、全志钢译，南京：南京大学出版社，2014 年版，第 49—69 页。

创意阶层作为创意产业发展初期的重要概念，为更好地发现创意规律、制定产业人才政策提供了重要的理论支撑。在互联网的影响下，越来越多的“非创意阶层”成了“创意者”，迫切需要一个新的理论范式对此进行解释并指导实践。

与“创意阶层”理论关注的重点不同，互联网影响下的“创意者”不再着重于地理空间集聚规律或吸引创意者的条件，而是依托互联网平台，重新观察创意者的结构性变化中创意和生产的产业、社会组织方式。本章节提出的创意者网络提供了一个案例观察的视角，试图解释创意者的身份转变、创意协作、产业化路径及其与消费者社群之间的互动与相互转化，但仍需要更加定量化的研究以更好地描述版权、资金、技术等要素在创意者网络之间的流动规律。

此外，创意阶层理论本身是以实践为导向的研究。从理论联系实践的角度，在创意者网络中还要有若干关键问题需要进一步研究，包括互联网如何帮助创意者从数量优势向质量优势转变、如何对现有版权保护体系进行调整，以更好地适应互联网时代版权的快速流转、平台企业的权责边界等，以更好地推动我国社会向共享包容、创意友好的创意社会转变。

第三节　创意经理人：角色及胜任力模型构建

我国大力发展文化产业需要文化、人才、技术、资金等多方资源的支持，其中文化产业人才是第一资源。文化产业人才包括创意人才、技术人才、营销人才和经营管理人才，而尤以创意人才和经营人才为重。

一、研究创意经理人胜任力模型，是适应世界文化经济潮流的时代要求

文化经济是一种继农业经济、工业经济之后的一种新的经济形态。从世界经济发展的规律和经济学要素资源理论来看，从农业经济对土地资源的依赖、工业经济对技术资源和资本资源的依赖，到了最近 20 多年开始转向对文

化资源的依赖。这些文化资源包括信息资源、知识资源和创意资源，因此经济形态也进而发展到文化经济，包括信息经济、知识经济和创意经济；产业形态也过渡到文化产业，包括信息产业、知识产业和创意产业。1990 年，美国著名经济学家波特提出国家经济发展要经历 4 个驱动阶段：第一个是要素驱动阶段，即经济发展的主要动力来自廉价的劳动力、土地、矿产等资源；第二个是投资驱动阶段，即以大规模投资和大规模生产来驱动经济发展；第三个是创新驱动阶段，即以技术创新为经济发展的主要驱动力；第四个是财富驱动阶段，即对人的个性的全面发展的追求，对文学艺术、体育休闲、文化旅游等生活享受的追求，成为经济发展的新的驱动力。[①] 文化产业的出现是一种世界潮流，是一个国家和地区社会经济发展的趋势。哈佛商学院罗布·奥斯汀教授指出从“工业化制造”向“艺术化创造”转变后，文化经济时代将到来。他说：“当商业变得更为依赖知识（创意）来创造价值时，工作也变得更像是艺术。”在这里，“艺术”是一个隐喻，代表着对“理性经济人”传统经济学假设的突破，表明经济基础从“物质资本”向“文化资本”发生了现代转移，经济范畴也就从以“理性”为特征的工业劳动转向了以“创意”为特征的艺术创造。[②] 著名经济学家厉以宁教授也看到了这种趋势，他认为“经济学研究效率，效率分两种，一种是常规效率，另一种是超常规效率。效率本身有两个基础，一个基础是效率的物质技术基础。原材料、机器设备、厂房等构成了效率的物质技术基础；另一个是效率的道德基础、文化基础。如果仅仅有效率的物质技术基础，只能产生常规效率。超常规效率从哪里来？超常规效率来自效率的道德基础、文化基础”。[③] 世界经济开始越来越关注以创意为代表的文化资源在经济发展中所起到的重要作用。

文化产业的概念最早由英国人提出，称之为“创意产业”。1998 年，《英国文化创意产业路径》首次对创意产业下了定义：“所谓‘创意产业’，是指那些从个人的创造力、技能和天分中获取发动力的企业，以及那些通过对知

① ［美］迈克尔·波特：《国家竞争优势》，李明轩、邱如美译，北京：中信出版社，2007 年版。

② 朱敏：《创意时代的中国机会》，载于《价值中国》2006 年 7 月刊。

③ 厉以宁：《从宏观方面看〈中国文化读本〉》，载于《中华读书报》2008 年 7 月 16 日。

识产权的开发可创造潜在财富和就业机会的活动。”[①] 联合国教科文组织称之为“文化产业”，是指那些“按照工业标准生产、再生产、存储以及分配文化产品和服务的一系列活动，采取经济战略，其目标是追求经济利益而不是单纯为了促进文化发展”。英国著名经济学家约翰·霍金斯在《创意经济》一书中，把文化产业界定为其产品在能够形成专利、版权、商标和设计等知识产权法保护范围内的经济部门。根据这些定义，广告、建筑物、艺术品、工艺品交易，时装设计、电影、互动休闲软件、音乐、表演艺术、出版、软件、电视广播等都属于文化产业。文化产业与传统产业最大的区别在于凭借创意为产品和服务提供了实用价值之外的文化附加值，最终提升了产品的经济价值。据统计，全世界文化产业每天创造的产值高达220亿美元，并正以5%的速度递增。美国、英国等文化产业发达的国家递增速度已经达到10%，甚至更高比例。[②] 总体来看，文化产业正在迅速崛起，标志着世界文化经济时代的到来。

放眼世界，文化产业发展的规模和程度已经成为衡量一个国家或城市综合竞争力高低的重要标志。而掌握“创意”这种生产要素、推动文化产业快速发展的动力之源就是一个国家和地区的优秀人才群体，即创意阶层（Creative Class）。美国文化经济学家理查德·佛罗里达认为，创意在当代经济中的异军突起表明了一个职业阶层的崛起。他把美国社会划分成4个主要的职业群体：农业阶层、工业阶层、服务业阶层和创意阶层。“创意阶层包括一个‘超级创意核心’（Super-Creative Core），这个核心由来自‘从事科学和工程学、建筑与设计、教育、艺术、音乐和娱乐的人们’构成……他们的工作是‘创造新观念、新技术和新的创造性内容’。除了这个核心，创意阶层还包括更广泛的群体，即在商业和金融、法律、保健，以及相关领域的创造性专业人才。”[③] 根据佛罗里达的定义，创意阶层包括三种人士：第一种是在文化产业、专业设计公司及传统行业相关部门从事创意和设计的创意设计人士；第二种是在文化产业、专业设计公司和创意部门负责直接经营管理的创意经理人；第三种是为文

① 金元浦：《重视发展文化创意产业》，载于《瞭望》2005年第41期。

② John Howkins. *The Creative Economy: How People Make Money from Ideas*, Berkley Pub Group, 2005.

③ Richard L Florida. The Rise of the Creative Class: and how it's transforming work, leisure, community and everyday life, *Basic Books*, 2003.

化产业及相关创意部门提供中介服务的创意中介人士。因此，任何一个国家要发展充满国际竞争力的文化产业，都要拥有一个庞大的创意经理人阶层；任何一个文化企业要成为具有核心竞争力的文化巨头，都要拥有一批高绩效的卓越创意经理人。因此，从世界文化经济发展的历史规律来说，我们需要研究创意经理人。

二、研究创意经理人胜任力模型，是推动我国文化产业发展的现实需要

文化产业包括内生产业链和协同产业链。内生产业链即文化产业内部的纵向产业链条，即包括从文化产品的创作（创意产生）—文化产品的形成（创意制作）—文化产品的商品化（创意商品化）—文化产品的流通（创意流通）—文化产品的消费（创意消费）的 5 个产业链环节。

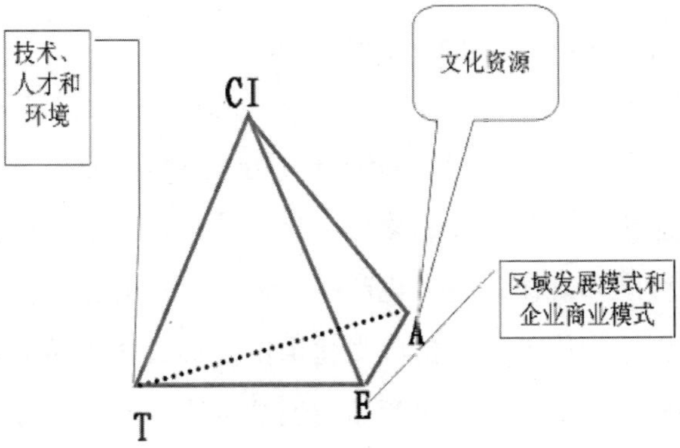

图 10–5　文化产业发展要素钻石模型

根据文化产业发展要素钻石模型，推动文化产业最为重要的发展动力有两个方面：资源动力和产业动力。资源动力主要是人才和文化资源，即人才如何利用文化资源作为素材进行创意策划、智慧生产；产业动力主要是新技术的普及程度、市场机制的发达程度和企业经营的主导力量。在这里，我们可以看出，作为文化产业人才重要组成部分的创意经理人在文化产业链条的每个环节里都起到重要的推动作用。

首先，在文化产品的创意产生阶段，创意经理人是文化产品的创意价值甄别和创意风险评估的先决保证。创意经理人作为文化企业的经营管理者，要直接为企业的经营成败负责，而文化产品具有文化需求不确定的高风险性、高投产成本与低复制成本的高盗版性及文化消费的半公共产品性等问题类特征[①]，这就要求创意经理人对文化产品的创意价值进行充分的预评估，对于文化产品的创意风险进行全面的判断，以防止文化投资的失败。

其次，在文化产品的创意制作阶段，创意经理人要扮演好创意工作者和市场营销者的协调者，要保证文化产品的创意“叫好”和商业“叫座”，要平衡文化产品的艺术价值和商业价值，真正保证文化产品的创意价值的实现。由于创意工作者大多十分关注自己文化产品的艺术内涵，关注文化产品的独特性和差异性，而且文化产品不再是单一要素的产品，其完成需要多种技能的集合，同时也要考虑文化市场的需求特征和文化消费者的消费偏好，在这个环节文化企业的创意总监和市场总监往往冲突最大，这就需要位于两者之上的创意经理人出面协调和加以平衡，以确保文化产品的创意制作顺利完成，实现文化产品的创意价值（主要是艺术价值）。

再次，在文化产品的创意商品化阶段，创意经理人要准确深刻理解文化产品的创意内涵，要关注文化产品的细分市场，进行商业决策和商业执行，实施文化产品的商业价值管理。商品化是文化产品创意价值实现的关键，商品化的形式、种类、程度和规模，是文化产品价值增值的关键。创意经理人要深刻把握文化产品的创意价值内涵，提炼文化定位，形成文化品牌，实施文化产品的知识产权的授权经营，实现文化产品的创意价值（主要是商业价值）。

复次，在文化产品的创意流通阶段，创意经理人是保证文化产品进入流通渠道、实现创意消费的主要推动力量。在文化产业领域，是“渠道为王”还是“内容为王”，一直争论不定，但无论如何，对于一个已经创意形成并投资生产出来的文化产品，最关键的工作就是如何借助流通渠道到达消费者。在国际上，文化产业的流通渠道往往具有行政垄断性或商业垄断性，如何打破这种行政垄断或商业垄断，往往需要创意经理人具有深厚的行业人脉关系和商业执

① ［英］大卫·赫斯蒙德夫：《文化产业》，张菲娜译，北京：中国人民大学出版社，2007年版。

行力。

最后，在文化产品的创意消费阶段，创意经理人是保证文化产品的创意价值（艺术价值和商业价值）并确保文化企业投资回收从而实现企业利润的最后守护者。创意经理人是唯一对文化企业从头到尾肩负全面责任的文化企业经营管理者，“他们保证第一分钱花到生产文化产品的刀刃上，同时负责回收与文化产品有关的最后一分钱”。创意经理人是文化企业的经营者，是文化项目的管理者，也是文化产业领域里的创意企业家。

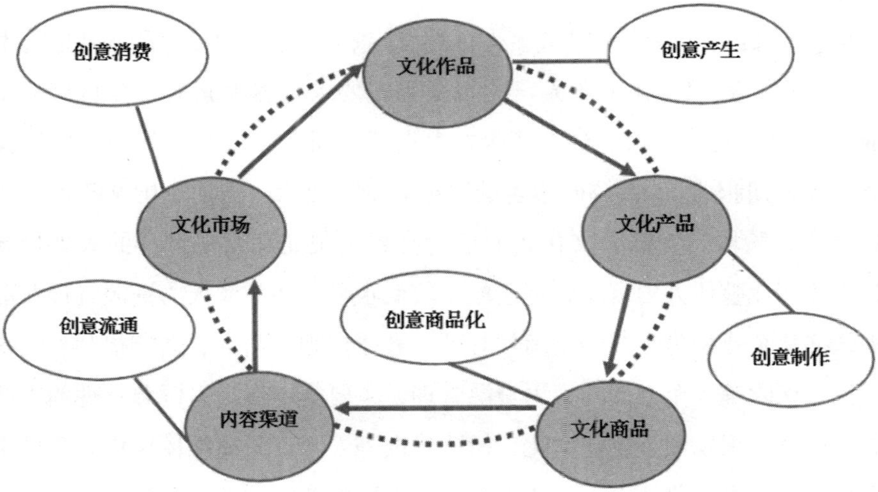

图 10-6　创意经理人在文化产业中的角色

随着经济文化的快速发展，文化产业逐渐成为我国主要城市经济发展的支柱产业，文化产业人才出现了供不应求的局面，尤其需要具有较高的文化创新能力和经营管理能力双重素质的复合型创意经理人。在有些地区，对创意经理人的需求更是到了求贤若渴的地步。有关专家认为，文化产业人力资源最为突出的问题就是文化产业发展与该产业作为特殊产品与服务开发之间的现实冲突，这是一个管理理性与价值观念交织的焦点问题，也是我们文化产业人力资源开发实践中所要面对的主要问题。[①] 这个问题带来的现实结果就是现有创意

① 李津：《创意产业人才素质要求与胜任力研究》，载于《科学与科学技术管理》2007 年第 8 期。

经理人文化创意能力和产业经营能力两种能力的脱节。总体来说，我国文化产业的人力资源现状是行政体制造成人力资源配置的浪费、事业单位的领导以艺术类、行政类出身偏多，文化企业的经营者经常面对创意领导和营销领导的冲突、技术类人才无法表达创意、创意类人才无法将产品推向市场等问题。

三、研究创意经理人胜任力模型，是解决我国文化产业人才短缺的紧迫需要

信息、知识和创意等文化要素来自头脑，文化产业赖以生存的基础是人才。

一方面，我国文化产业人才的短缺现实要求培养高素质、复合型的文化产业经营管理人才。北京东方慧博人力资源公司每年度专门发布《中国文化产业人才调研报告》。该调研报告的数据和结论显示，当前中国文化产业发展还处于初级阶段，大部分文化企业还没有真正关注和重视自身的人力资源管理，文化产业整体人力资源管理还处于较低水平；在具体人力资源管理职能模块中，文化企业最为重视的是绩效管理、人才招聘、培训、薪酬福利、人事档案与社会保险等 5 个方面的人力资源管理，主要集中在人力资源管理的中低端模块，而把员工发展、企业文化、梯队建设等人力资源高端模块作为管理重心的文化企业偏少；总体上，文化产业还远未形成独立的人才培养机制，人才来源还需从传统产业转移过来，人才流动的市场化程度不高，人才素质与需求存在显著差异。①庄军等认为，现在文化产业的本质要求和现实发展的实际需要，使得对具有文化素养能力和文化经营能力的复合型管理人才的需求非常强烈。他们调查研究发现文化产业人才奇缺，尤其是经营管理人才（即创意经理人）数量更少，人才的使用机制也存在弊端，因此提出通过观念创新、体制创新和机制创新进行文化产业人力资源的开发和管理。②

随着各级政府对文化产业越来越重视，北京、上海、重庆、广东和湖南等地已将文化产业确立为未来发展的主导产业。一大批文化型企业进行了积

① 参见北京东方慧博人力资源公司《2006 文化创意产业人才调研报告》。

② 庄军、左敏:《试论文化产业人力资源的开发管理》，载于《山东经济》2006年11月刊，第 50—53 页。

极的尝试并收到了很好的效果。企业是市场的主体，随着政府在文化产业发展中角色逐步由主导者转变为服务者，企业，特别是那些充满创新活力的企业，开始正式成为文化产业舞台上的绝对主角。[①]文化企业数量和规模不断壮大，大量新兴产业开始涌现，越来越多的文化创意形成文化产品。北京798艺术区、上海田子坊、杭州LOFT49等文化产业集聚区蓬勃发展。文化产业迅猛发展，然而我国文化产业人才严重匮乏，这极大地阻碍了文化产业的发展，构成了产业发展的瓶颈。厉无畏认为，我国文化产业人才主要缺少高端原创人才，导致原创作品少，更缺少经营管理人才。他指出，我国文化产业人才结构不合理：从年龄结构上看，40岁以下的中高级人才，尤其是高级人才比重较小；从专业结构来看，跨学科、跨领域、跨行业的复合型人才短缺。文化产业管理的核心能力是创意管理能力，这种能力存在于创意经理人身上。因此，要想促进创意管理能力的提高就需要大力培养创意经理人才。[②]

另一方面，从国内外人力资源发展的趋势来看，基于胜任力模型研究的现代人力资源管理体系构建势在必行。近年来，随着国际化、信息化进程的加速，企业面临的管理环境也发生了翻天覆地的变化。伴随着这些变化，人们越来越意识到以工作分析（岗位）为基础的传统人力资源管理模式无法为组织提供持续、稳定的发展保障。在这种情况下，经过大批学者在理论领域的持续探索和McBer、Hay Group等专业性咨询公司的强力市场推动，基于胜任力模型进行人力资源管理的理念日益为人们所接纳，并成为一种全球性的潮流。目前，胜任力评价法已经在许多国家得到应用。世界500强企业已有超过半数的公司应用胜任力模型进行人力资源开发。根据美国薪酬协会的调查，75%～80%的美国公司或多或少开展过胜任力模型的应用，此外，胜任力的理论和方法同样被广泛应用于政府公共部门。目前，美国、英国、中国、加拿大、澳大利亚及欧洲各国都已相继投入“胜任力运动”。其中，美、英等国已经有基于胜任力的国家技能标准和职业资格标准，并以此作为增强经济竞争力的手段。因此，引进胜任力理论研究文化产业创意经理人也是人力资源管理发展的需要。

---

① 张京成：《中国创意产业发展报告（2008）》，北京：中国经济出版社，2008年版。

② 厉无畏：《创意产业导论》，上海：学林出版社，2006年版，第235页。

第四节　创意创业家精神：创意人才开发与文化产业管理专业人才培养①

大力发展文化产业已经成为我国经济发展的重大战略选择，而文化产业的核心人才——创意人才是文化产业发展的重要驱动力，是我国人才开发链条中的重要一环。通过分析文化产业创意人才的特征和素质结构，从创意人才管理政策制定、教育与培训、薪酬设计、创意管理和职业生涯管理等方面，可以对我国创意人才开发策略进行初步探讨。

一、文化产业的创意人才特征与素质结构

文化经济学家理查德·佛罗里达在《创意阶层的崛起》（*The Rise of The Creative Class*，2002）一书中指出，创意人才是指那些从事“创造新观念、新技术和新的创造性内容”工作的人，并不是所有在创意产业工作的人都是创意人才，只有在文化产业中创造了新的观念、内容、技术的人才是文化产业的创意人才。相比于其他类人才，文化产业创意人才具有不同的人才特征和素质结构。

（一）文化产业创意人才的特征

1. 创意人才的心理特征

首先，创意人才具备实现自我价值的强烈愿望，并具有强烈的个性。相比一般人才，创意人才很难满足一般事务性工作，而更热衷于具有挑战性、创造性的任务，并尽力追求完美的结果，渴望充分展现个人才智，实现自我价值。创意人才不仅富于才智，精通专业，而且大多个性突出，具有极富个人风格的思维与行为方式。其次，创意人才需要成就感和精神激励。在创意人才的激励结构中，成就激励和精神激励的比重远大于金钱等物质激励。他们更渴望看到工作的成果，认为成果的质量才是工作效率和能力的证明。

---

① 此文由《创意创业家精神：文化产业管理专业人才培养的探索》及《我国文化产业创意人才的开发策略研究》修改而成，已征得合作者张相林同意收录其中。

2. 创意人才的能力特征

一方面，创意人才大多受过系统的专业教育，具有较高学历，掌握一定的专业知识和技能，因此创意人才大多具有较高的个人专业素质；另一方面，创意人才从事的不是简单的重复性工作，而是在易变和不完全确定的系统中充分发挥个人的资质和灵感，创新是创意人才的最重要的能力特征。

3. 创意人才的行为特征

创意人才的工作过程往往没有固定的流程和步骤，呈现出很大的随意性和主观支配性；而其工作成果不易加以直接测量和评价。创意人才的工作成果常常以某种思想、创意、技术发明、管理创新的形式出现，通常无法采用一般的经济效益指标加以衡量。

4. 创意人才的流动特点

第一，创意人才流动频繁。知识变现周期的缩短，促进了创意人才流动的加快。而创意人才追求自我增值的动机使其具有较高的流动意愿。同时，许多企业不断开发企业外部的人力资源也从一个侧面加速了创意人才的流动。第二，流动方式多样化。随着人才流动的日益频繁，其流动方式也层出不穷，如考任制、兼职制、交流制、优惠制、轮换制等。第三，流动失衡。由于世界经济发展的不平衡性，许多发展中国家或地区的人才流向发达国家或地区，创意人才移民比重增长迅速成为近十几年来人才流动的一个重要特点。

（二）文化产业的创意人才素质

首先，文化产业创意人才需要有宽阔的知识结构。小说《达·芬奇密码》之所以能得到众多读者的喜爱，其中一个重要的原因就是其中所体现的作者所具有的丰富知识。创意人才需要广博的知识，不光要有书本的知识，还要有生活的知识。广博的知识是创意人才的基础，创意人才要把自己作为“杂家”，做到对知识的兼容并蓄。除此，文化产业创意人才还应该具有较强的专业知识，包括艺术知识、市场知识、心理知识和媒体知识等。

其次，要有灵活的思维方式。思维的灵活是指考虑问题时思路开阔、不拘泥、不刻板，能与事物发展变化的实际相协调，善于根据时间、地点、条件等变化，灵活地迁移，从一个思路跳到另一个思路，从一种意境进入另一种意境，从一种方法想到另一种方法，多角度、多层次、多方位探索和解决问题。

创意是思维的舞蹈，是思维的火花。灵活的思维方式对于文化产业创意人才是最为关键的素质要求。只有具备灵活思维的人，才有创造性，创意才能达到全新的境界。再次，要具备丰富的生活经验。耐克有一个系列广告，每一则都讲述了一个普通人利用身边的机会进行体育锻炼的故事，如一个男孩在蹲下系鞋带时，路边炸爆米花的机器响了，这个男孩"嗖"的一下奔了出去，因为他把这种声音当成了短跑发令枪声。这则广告传达了"耐克鼓励每个人都去积极运动"的理念，因此，被视为广告创意的经典。这也说明了生活是最好的创意老师，更是创意的源泉。文化产业的创意人才要将自己融入生活之中，才能获得贴近生活的灵感，才能产生得到大家认同的创意。

最后，应该具备的关键能力项。创新能力是文化产业创意人才能力结构中的核心能力。以创意为中心是广告运动的灵魂，没有创新就没有创意。文化产业创意的目的是创造形象、创造市场、创造效益、创造未来，所以说创新能力是创意产生的重要基础。其他的能力还包括思维能力、研究能力和表达能力等。

二、我国文化产业的创意人才现状

2015 年，慧博研究院发布了《文化创意产业人力资源现状调研报告》。调研报告数据和结论显示，一段时间内，文化创意产业发展还处于初级阶段，大部分文化创意产业并不重视企业的人力资源管理，对创意人才的管理和开发更是处于较低水平。人才稀少、管理方式缺乏高端性、薪酬没有竞争力、高离职率是目前创意人才管理和开发中所面临的问题。

（一）创意人才缺乏，人才储备稀少

拿动漫制作为例，现在几乎全国所有的游戏公司都在喊缺人才。在游戏的策划、剧本及情节抑或是后期的宣传推广方面，都没有足够的人才可以胜任，领军人物更为稀少。受培养周期和培养能力的限制，高校所培养的学生一时还不能满足游戏公司的需求。很多创意人才专业——广告、设计、艺术、游戏及动漫等专业——培养出来的学生又普遍被企业抱怨为"没有创意"。与相对饱和的制造类企业相比，我国文化产业可提供的就业机会大有潜力可挖，其

就业空间相当惊人。但是，目前创意人才严重缺乏，给这个新兴产业的就业和利润增长带来了极大困扰。创意人才短缺已成为困扰文化产业就业和经济增长的瓶颈。一家游戏、动画制作单位的负责人告诉记者，他们现在招人，根本不看应聘者是哪里毕业的、有什么文凭，只要能立即上机做出像样的东西，就欢迎。而一家为日本游戏工作做外包的企业招聘者表示，他们想在成都招聘“一些看得上的游戏动画制作人才”，却根本招不到这样的人才。

（二）人才结构失衡

首先，人才队伍结构失衡。目前，我国文化创意产业的企业从业者以设计类、策划类和编辑类等专业职位居多，分别达到了45.36%、13.4%、18.56%，三者之和达到77.26%，而财务、管理、行政、教育等非专业类职位所占比例较低，不到三成。北京大学艺术学院彭吉象教授认为，文化创意产业最缺乏的是三类人才。第一类是经营管理人才。这些经营管理人才不但要懂传媒，还要懂得经济、管理、心理，他们可以帮助一个公司、一个频道或者一个栏目取得好的效益。第二类是策划创意人才。以中国电视节目发展为例，20世纪80年代是以导演为中心，90年代是以制片人为中心，今后应该是以策划人为中心。第三类是有文化修养的高层次技术人才。

其次，人才素质结构失衡。创意人才应该具备三个方面的素质，第一是有文化自觉，第二是有经营头脑，第三是有创新能力。这些善于思考的人、会思考的人才，也就是会出点子的人，是一切创意文化发展的基石。

最后，从业年龄结构不合理。调查显示，目前文化创意产业的从业人员近八成年龄在20—25岁之间，从业年限在两年以内的超过七成，从业3—8年的约占两成，8年以上的不到一成。这说明文化创意产业正处于起步阶段，从业人员行业经验偏少。

（三）创意人才的管理缺乏高端性设计

慧博研究院调查发现，我国文化创意企业当前最为重视绩效管理、人才招聘、培训、薪酬福利、人事档案与社会保险5个方面的人力资源管理，主要集中在人力资源管理的中低端模块，而把员工发展、企业文化、梯队建设等人力资源高端模块作为管理重心的企业偏少，而且人力资源管理和开发手段单一，缺少专业方面的交流与研究。

而在薪酬福利结构中，值得关注的是福利类项目采纳的比例较低，16.66% 的企业更喜欢采用工资和奖金等直接激励的薪酬模式，有超过 10% 的企业选择使用长期激励。接受调查的企业中，无浮动工资以及浮动比例在 10% 以内的员工占四成，浮动比例在 11% ～ 30% 的员工接近二成半，浮动比例超过 30% 的员工约占三成半，浮动工资所占比例偏低，不能实现有效的激励。

而总体薪酬水平不高，更是影响创意人才的积极性。以北京为例，有 2 万多家文化创意企业，从业人员达到 10 万人，其中，年薪 3 万以下从业人员接近 70%，3 万～ 5 万占 17.53%，5 万～ 8 万约占 10%，超过 8 万的从业人员为 4.12%，其中高层管理人员年薪水平在 5 万～ 15 万之间居多，约占 65%。从业人员整体薪酬水平不高。

（四）文化创意人才培养方法滞后，企业培训方式单一

首先，文化创意产业尚没有形成产业独立的人才培养机制和系统，人才来源主要依靠传统产业的人才转移。其次，在文化创意产业人才培养方面，教育内容缺乏新意，教学中缺乏实践和动手机会，缺乏有真正创意的师资力量。最后，企业内部培训方式单一。慧博研究院调查显示，企业内训占首位的超过 80%，采用工作实践方式的企业占到 45.83%；有超过七成的企业采用两种以上的培训方式，其余培训方式均在三成以下；75%的企业对员工实施业务知识技能的培训；注重管理技能、语言和企业文化等内容培训的企业分别占 58.33%、45.83%和 33.33%；而 12.50%的企业则没有或很少对员工进行培训。这反映出企业更倾向于实施与员工实际工作关联度高的培训内容，也说明有些企业存在短视行为。

（五）创意人才流动的市场化不够，存在非良性的“挖墙脚”现象

一方面，由于信息不对称和缺乏交流平台，文化创意人才流动的市场化程度不高，让很多优秀人才无法找到施展才华的舞台，不能做到人尽其用。另一方面，人才流动中存在非良性的“挖墙脚”现象。由于受到人才、资本等方面的限制，中国的游戏企业除了有限的几家大公司之外，大部分中小企业没有能力来培养人才，所以在游戏产业内，经常会出现一个企业家的团队集体被挖到别的游戏公司的现象。

三、我国文化产业创意人才的开发

针对我国创意产业发展以及创意人才管理与开发的现状，笔者认为，应该从政策制定、人才培养和交流、人才激励等方面来研究中国创意人才的开发策略。

（一）制定科学的人才政策，促进人才合理流动

只有制定科学的人才培养、引进、流动政策，才能突破目前文化产业发展中的人才瓶颈，解决发展中的种种人才问题，为文化产业的快速发展提供人才支持和发展后劲。北京曾经分别制定和颁布《北京市促进文化创意产业发展的若干政策》《北京市文化创意产业集聚区认定和管理办法（试行）》《北京市文化创意产业专项资金管理办法（试行）》等，并规定北京将每年安排5亿元专项资金，扶持发展文化创意产业；对于文化创意企业聘用的海内外高层次管理人才、创意人才和营销经纪人才中的京外人才，优先办理调京或办理“北京市工作居住证”。此外，为加强市场化的人才交流与流动，可以通过举办一些具有特色的人才招聘会、人才交流会，促进人才在产业中的企业间合理流动，优化产业人才结构，同时更要积极通过社会宣传，吸引和引进非文化创意产业的人才转移到文化创意产业中来。

（二）创建良好的创意环境，加大创意人才培养力度

首先，要充分发挥高等院校输送人才的作用。高校需要增强知识创新能力与培养创意人才的能力，可打通学科壁垒，扭转应试教育对学生创新思维的扼杀，激发、培养学生的“创意冲动”“创意快乐”，打好学生的人文底蕴，重视创新型人文教育，培养有原创意识和文化精品意识的内容创意人才，充分发挥大学的文化辐射作用，主动服务地方建设，适应时代的需要。

其次，要大力开展各类专业培训，实施文化创意产业人才能力开发计划，针对文化创意产业人才的核心素质要求，针对性地开发课程和开展培训，不断提升文化创意人才的能力和素质。

最后，充分考虑人才素质与需求存在差距，优化人才结构，形成创意人才在创作、策划、设计、制作、测试、产品、推广、营销各专业上的合理分布，尤其要注意通过加强培训、改善人才的素质，提升文化创意人才的创造力

和创新力。

（三）根据创意人才的创造力曲线特点合理进行人才培养和职位配置

库克曲线是根据对研究生参加工作后创造力发挥情况所作的统计而绘制出来的曲线。实践证明，该曲线反映了创意人才创造力的变化过程。图 10–7 OA 表示研究生在 3 年的学习期间创造力的增长情况；AB 表示研究生毕业后参加工作的初期，第一次承担任务的挑战性、新鲜感、新环境的激励，使其创造力快速增长；BC 为创造力发挥的峰值区，这一峰值水平大约可保持 1 年，是出成果的黄金时期；CD 为初衰期，创造力开始下降，持续时间约为 0.5 ～ 1.5 年；DE 为衰减稳定期，创造力继续下降并稳定在一个固定值，如不改变环境和工作内容，创造力将在低水平上徘徊不前。

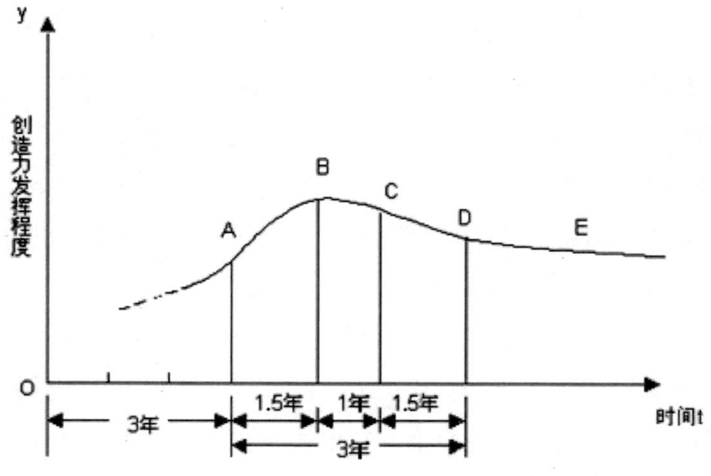

图 10–7　创造力曲线图

研究成果告诉我们，在创意人才的初期阶段，创意人才也要学会在自己的生活中，随时锻炼自己与创意相关的素养。拓展自己的生活方式就是十分有益的途径。特别对于创意来说，广阔的眼界能扩大思维的空间。为此，我们要特别重视给创意人才以适当的探索空间，在探索中培养创意人才。3M 公司 1902 年成立伊始，就鼓励员工用 15% 的时间为他们愿意做的项目开发新思想。

对创意人才实施职位配置不仅是有效的方式，也是延展组织生命周期的必要。需要说明的一点是，在对创意人才进行职位配置时绝不只是单方向地把其配置到某一岗位上，还应在结合组织战略的前提下因人设岗，积极地将创意人才所具有的核心素质开发出来，避免因战略、开发导向分析的短视或盲区造成人才浪费，最终导致创意人才的流失。

（四）加强创意人才的创意管理

创意正处在缺乏管理的年代，为了尽可能地减少企业运作的风险，我们要对创意进行管理，让它在可控的环境下成为效益之源。只有建立起创意管理机制，才能规范创意阶层的行为，使之有利于企业的发展。

首先，要加强创意风险管理。创意存在风险，创意人才并不能保证每项创意的结果都是成功的。市场上纷纷倒下的文化创意企业中就有这样的例子。组织不能对存在的风险放任不管，而是要通过管理措施达到规避创意风险的目的。

其次，依据职位的工作要求，从素质、行为与结果等方面加强对创意人才的绩效考评。从考评主体的角度来讲，创意人才的考评主体应由直接上级、同级业务协作人员、部门内同事担当，直接上级的考核维度主要分为业绩（任务完成率，完成质量）、态度（敬业精神，纪律性，责任性）、能力（理解创造力、知识学习力），权重可定为50%；同级业务协作人员的考核分为技术水平、协作态度、沟通能力，权重可定为20%；部门内同事的考核维度（分为技术水平、团队精神、创新贡献率、自我学习积极度、企业文化认可度），权重可定为30%。考评结果用于决定报酬发放、职位配置、职称评定、晋升考核等。

（五）提升薪酬设计水平，完善激励机制

文化创意产业发展要从提升产业整体薪酬竞争力和吸引其他产业的相关人才入手去解决产业发展的人才缺口。我们通过对四个核心热门创意职位的薪酬水平调查发现，由于我国文化产业蓬勃发展的现状和优秀创意人才缺乏的矛盾，优秀创意人才在市场上是很“抢手”的，因此，在整个劳动力市场上，他们的薪酬水平是处在较高层级的。如表10-1所示：

表 10-1　广告创意职位平均薪酬水平

序号	热门职位	薪酬水平
1	广告创意总监	月薪 5000 ～ 20000 元
2	手机、网络游戏开发	月薪 3000 ～ 8000 元
3	动漫制作	月薪 3000 元以上
4	广告设计及制作	月薪 2000 ～ 10000 元

大部分文化企业为了吸引和保留人才会开出很有竞争力的报酬，但是，对创意人才而言，货币薪酬尽管很重要，内部薪酬也不应该忽视。内部薪酬包括为人才提供参与组织决策的机会、丰富工作内容、赋予更大的工作权限、自我学习与自我开发的有利条件、配备工作助理与良好工作设备、授予职务头衔等。内部薪酬和外部薪酬的双重确定应该适当考虑创意人才所处的职业阶段，这一阶段的创意人才具有重视成就激励和精神激励的心理特征，因此我们应该采取一些措施对其进行这方面的激励，包括明确个人责任和帮助员工增强对工作成果中个人贡献体验的期望、增强员工的工作自主权、提供适度挑战性的工作等。

结合上文分析，我们建议，对于处在成长期的创意人才，开发者在设计报酬体系时应更多地利用内部报酬因素，针对进入成熟期的创意人才，虽然内部报酬的激励作用仍然重要，但基本工资、奖金或其他形式的直接报酬都应得到更高一级的提高，这些因素的重要性至少应等同于内部报酬。当创意人才到衰退期后，直接报酬的激励作用就会十分突出，非货币报酬对他们的肯定会表现为激励性因素。总之，创意人才在文化产业中的重要性不言而喻，其开发方式也多种多样，文化创意企业应该根据自己的实际情况，选择适当的模式，最终解决其人才问题。

文化产业管理本科专业是培养高级文化产业管理人才的初阶形式和规范模式，对文化产业管理系列人才的培养起到了基础性的支柱作用。2004 年，教育部在山东大学、中国传媒大学、中国海洋大学、云南大学等 4 所高校试点文化产业管理本科专业；2011 年，教育部修订的本科专业目录正式将其纳入，并授予管理学或艺术学学士学位。文化产业管理本科专业建设的核心目标是培养创意经理人，这种创意经理人才“具有文化产业的专业思维，这种专业思维表现在创意管理、符号（象征）价值创造和（IP）授权经营模式上”①。文化产业创意经理人具有独特的创意创业家精神。“创业家精神”词汇源于法文“Entrepreneurship”，本意指公共音乐机构的负责人所具备的将音乐艺术推向市场的能力②，后来成为工商业界竞相传颂的企业家创新能量的代名词。在熊彼特那里，创新是一种新的生产函数，采用不同的方式把我们所能支配的原材料和力量结合起来，包括利用一种新产品、新方法、新市场、新材料和新组织等孵化的创意，从而推动经济发展和社会进步。创业家精神就是企业家所具有这种创新精神，是创新的动力来源。③在文化产业发展到新常态时期，文化产业管理专业就是要培养具有创业家精神的创意创业家。④

四、实践主义美学与创意创业家精神

文化产业作为中国经济发展的新动力，是一种先进生产力。从某种意义上说，文化生产的过程也是一种审美意义建构的过程。从历史和理论的角度，张法教授把美学分为政治美学、艺术美学、商业美学和人类美学，认为商业美学是以都市消费主义的兴起为背景，以商业为首要目标，通过艺术方式和美学法则实现自身的商业盈利。⑤这种商业美学的分类是以美学的实践主义为视角，强调美学在商业活动中的价值和意义，并可以调节政治、艺术和族群之间的冲突。实践主义美学（Pragmatist Aesthetics，又称实用主义美学）强调审美的体验不只是对艺术品做纯粹意义上的艺术鉴赏，更是落实到社会实践，“让美

① 向勇：《文化产业导论》，北京：北京大学出版社，2015 年版，第 18 页。

② Chris Bilton & Stephen Cummings. *Creative Strategy*：*Reconnecting Business and Innovation*，Wiley, 2010.

③ ［美］约瑟夫·熊彼特：《经济发展理论》，北京：商务印书馆，1990 年版。

④ 2017 年 9 月，党中央和国务院发布的《关于营造企业家健康成长环境 弘扬优秀企业家精神 更好发挥企业家作用的意见》，对更好地激发和保护优秀企业家精神提出了总体要求和具体措施，体现了国家层面对这种创业家精神的高度重视。

⑤ 张法：《政治美学——历史渊源与当代理路》，载于《文艺争鸣》2017 年第 4 期。

的体验回归日常生活”，增强审美体验的实用价值和实践效用。[①] 生活即审美，实践主义美学是一种基于生活哲学的美学主张，是“日常生活审美化”。艺术实践的美学反思，是对通俗艺术和大众文化作出的美学辩护。[②]

创意创业家是文化产业领域里的创业家，从个人或团队的文化创意或文化累积出发，将其以更有效和创新的方式带向市场，从而获得商业盈利，取得产业发展的规模效益。创意创业家是商业美学的践行主体，是实践主义美学的身体力行者。创意创业家是一个以实践主义美学精神为行动指引，以创业行动创造历史的新创意阶层。实践主义美学精神体现在文化产业化和艺术生活化实践上，就是一种富有时代意义的创意创业家精神。创意创业家精神基于日常生活的创新、奇异的感知，以“或此或彼”的“包容性转折立场”，通过创意的干预，将世界“原本的样子”与世界“该有的样子”相联系起来，重新利用现有的资源、形式、概念和素材，进行有适度距离的挪用、质疑、编排、改写乃至摒弃，实现创意与商业的再连接。[③] 创意创业家的创意实践包括创意生活化实践、创意职业化实践和创意产品化实践 3 个方面。

创意创业家是对生活的“生命体验”，有着“创意生活化实践”的深厚积淀。在这里，“体验”是一个与“经历”相区别的用词。在伽达默尔看来，“经历”指“发生的事情还继续生存着”，具有一种把握实在东西的“直接性的特征”；而“体验”是一种“直接的所与”，这是一切想象创作的最终素材。生命体验不是知性的抽象，而是暗含对整体、无限的关系，是一种富有生命气息的情感，包含生命行动、共同存在的行为、自身的情感、作为兴趣自身的自由规定的激动等生命要素。[④] 创意生活化实践让创意成为普遍的生活态度，体现了创意创业家在不同事物之间建立意外而合理联系的思维能力，实现了创意创业家所具有的创新基因在日常生活中的自然养成。

创意创业家经过日常生活的生命体验，就要从“创意生活化实践”转向

① Dewey, J. Art As Experience. In J. A. Boydston (Ed.), John Dewey: *The Later Works*, 1925–1953, Vol.10. Carbondale and Edwardsville: Southern Illinois University Press.

② [美] 理查德·舒斯特曼：《实用主义美学》，彭锋译，北京：商务印书馆，2002 年版。

③ Colette Henry edited, *Entrepreneurship in the Creative Industries: An International Perspective*, Edward Elgar Publishing Ltd.,2007.

④ [德] 伽达默尔：《真理与方法》，洪汉鼎译，上海：山海译文出版社，2014 年版。

“创意职业化实践”。格拉斯曼在研究生活系统时提到生活要素之间一种“松散偶联”的形式关联，要素与要素之间既相互联系又相互分离，这是生活系统的核心特征。[①]创意创业家所处在的组织系统，也具有生活系统同样的特征。组织的各个构成要素既相互联系又彼此独立，是一种“既松又紧”的组织氛围。创意创业家善于在创意实践工作中营造这样的创新文化，保持一种诺兰维特所谓的“弱连接”与“强连接”相融合的具有偶联性效应的“巧连接”组织系统。

创意创业家经过创意职业化实践的组织机制进行创意营造，实现了创意集聚的价值流程再造，就进入“创意产品化实践”。创意创业家的产品视角是实践主义美学观念在产品创制环节中的具体体现，即分别从形式层、内容层、材料层、场景层和关系域等5个维度去审视产品的价值内涵和实现途径。在文化产业的生产过程中，生产端可以通过在文化产品的形式层进行外形设计、在材料层进行材质精选、在内容层进行故事驱动，以及在场景层的光晕再造来为商品添加审美要素，最后通过在关系域引导价值共生，可以从整体上完成文化产品的意义价值和创意赋能。

五、创意创业家的素质结构与能力特征

理查德·佛罗里达指出，创意阶层是继农业阶层、工业阶层和知识阶层之后的重要社会族群，是推动创意经济发展的核心主体。[②]当前，富集廉价的劳动力、规模效率的低端制造与吸引外资的投资环境，已经无法维持我国经济的增长动能。唯有植根于丰富的文化资源，以创意为核心动力，才能创造我国经济体系独特而持久的竞争优势。创意创业家要实现文化产业的意义重建[③]，发挥“文化领导权”和“创意领导权”的统合作用，实现文化产业的社会效益

① Robert Glassman.1973，Persistence and Loose Coupling in Living Systems，*Behavioral Science*, Vol.18：81–98.

② ［美］理查德·佛罗里达：《创意阶层的崛起》，司徒爱勤译，北京：中信出版社，2010年版。

③ 柏定国：《文化产业学科应以意义重建为旨归》，载于《福建论坛（人文社会科学版）》2011年第2期。

与经济效益双重平衡。

创意创业家创意管理能力的发挥，需要具有特殊的胜任力素质结构，包括以下5个层次、27项素质。其中，第一层次是品德素质：诚信、责任心强、正直、公平、自我控制力强、有团队精神、注重质量；第二层次是经营管理素质：富有主动性、公关能力、谈判能力、文化营销力、战略思维、服务意识；第三层次是文化特质：在审美辨别力、分析性思维、沟通技能、文化行业经验、创意价值鉴别力方面能力突出；第四层次是社会影响力特质：在遵守规则、政策运用力、个人影响力、文化界人脉资源方面有正向力；第五层次是拥有成就欲望特质：创意控制力、敏感性、冒险精神、捕捉机遇、组织管理能力。[①] 这种素质结构的养成，既需要系统的知识结构的训练，又需要一定的职业实践的涵养，是一种复合型的T字形人才结构。

创意创业家是创意整合者，这种创意者具备聚合思维和发散思维相结合的思维习惯。发散思维是一种发现思维，有利于激发创意想象，产生源源不断的创新想法；聚合思维是一种实现思维，有利于评估创意构思，通过发问、观察、实验、建立人脉等行为选择最佳的创意项目。不仅创意创业家需要这样的偶联性的思维方式，创意创业团队也需要这样的偶联性的创意组合。从文化产业创新史来看，迪士尼兄弟、华纳兄弟等创意创业的成功，都是得益于这样的创意组合。

创意创业家的创意孵化过程是一个AH—AHA—HAHA的创意创业实践过程。创意创业家在AH阶段，需要无拘束地思考漫游，以美学体验、感官感知、开放态度、好奇心等发掘各种可能性，是一种无序、热情、好奇和充满想象的状态。

创意创业家在AHA阶段，将直觉体悟转化为重复的团队练习，运用智力拼贴既有的材料，依赖于具体实践、材料转换及社会互动能力，完成新的思考框架与创意联结，这是一种即兴练习、团队互信、反复排演和实验激发的社会化过程。

创意创业家在HAHA阶段，充溢一种历史性的幽默行动，能打破常规带

① 向勇：《创意领导力——创意经理人胜任力研究》，北京：北京大学出版社，2011年版。

来的体验满足，翻转平常概念或习惯理解，形成一种对事物的新的感知方式。在这一过程，“笑声”允许我们质疑那些严肃的惯常事物，“幽默”使我们对于那些合乎逻辑的事物产生没有预期过的奇怪关联。两者互相产生偶联作用，创意创业家既保持自信又进行自我怀疑，进一步取得外部信任，最终使新的创意感知被市场接受。①

创意创业家是知识中介人和创意守门人，倾向于扮演团队中的支持性角色，调和创意组织中的创意人和适应者之间的张力关系，确保创意委托方与任务承接方之间保持良好有效的交流与沟通。创意创业家在创意团队中承担创意的知识转译工作，打破由于材料、成本、价格、意图等因素造成的知识壁垒和情景壁垒，实现文化、知识、创意、技能、观念、材料等生产组合之后的创意沟通，实现创意交易双方的知识价值的最佳协商效果。创意管理的知识中介过程就是实现竹内弘高和野中郁次郎所谓的“暗默知识”与“形式知识”之间的相互转化，包括表出化、内在化、共同化和联结化等 4 种形式，但主要是暗默知识转换为形式知识的表出化形式。② 创意创业家推动了创意知识转译者从个人到组织机构进而到平台网络的形态转换，促进艺术创作、创意组合、创新服务在文化个人与产业创新之间流动，实现更大规模、更有效率的创意价值的生产与传播。

六、文化产业管理专业的大学创新教育

2014 年，北京大学开设了文化产业管理本科专业方向，与艺术史论、戏剧影视文学等本科专业一起，聚焦一般艺术学的理论基础和多元艺术门类的专业对象，以艺术学人文科学实验班的模式进行联合培养。该专业以“人文科学实验班”的名义招生，大学第一年不分专业，三个专业方向打通并进行内在的资源整合，并设置导师制（分为学业导师和专业导师），探索师徒制教学模式，

---

① Colette Henry edited，*Entrepreneurship in the Creative Industries: An International Perspective*, Edward Elgar Publishing Ltd.,2007.

② ［日］竹内弘高、野中郁次郎：《知识创造的螺旋》，李萌译，北京：知识产权出版社，2016 年版。

4个学年里在导师的指导下完成大学的全部学业任务；从大学二年级开始进行专业分流，学生专业的选择是在理性分析、兴趣驱动和特长匹配的基础上综合考虑的结果；大学三年级开始增加实践课程和实践作品环节；大学四年级以选作实践作品或学术论文等必要的形式进行毕业考核。如果学生毕业后想继续在北京大学深造，还可以分别对接学术型硕士学位（艺术管理与文化产业方向）或专业型硕士学位（文化创意管理方向）。对于培养综合素质高、专业基础扎实、未来适应力强的文化产业管理高级人才，北京大学的实践是一种尝试性的探索和创新。

成功的创意创业不只是一项获得市场青睐、满足顾客需求、赢得利润回报的商业活动，更是一种受文化背景、思维方法及社会环境等诸多因素影响的创意超越，创意创业家精神正是这种经济活动和艺术形式的融合。在高等院校开设文化产业管理本科专业，开展文化产业管理的创意创业教育，培养大学生的创意创业家精神，就要兼顾好文化创意、商业创新和企业创业等三者之间的协同关系。根据北京大学文化产业管理本科专业建设的实践经验，结合国内外专业建设的基本情况和文化产业的发展趋势，文化产业管理本科专业还应该在课程建设、培养模式、师资队伍、教学实践、毕业考核等培养环节加强创意创业教育，培养文化产业管理专业的创新型人才。

第一，健全文化产业管理本科专业的核心课程体系。北京大学文化产业管理专业课程包括美学与艺术学理论模块、文化策划与科技应用模块、艺术经济与创意管理模块。北京大学艺术学院尽量降低专业必修课的学分总量，增强北京大学人文学部的平台通识课程和学生的自由选修课程，提供学生自由探索和发展的成长空间。这些课程的重点在于激发学生的求知欲和好奇心，让学生形成文化产业创意学、文化产业经济学和文化产业管理学的知识体系，具备文化素养、创意思维和产业意识的综合技能，成为能够引领文化创新和社会发展的创意创业领导型人才。

第二，建立文化产业管理本科专业的实践教学全流程。文化产业管理本科专业是一个理论与实践相结合的应用型专业，需要经过课堂学习、项目实践和职场实习的学习过程。北京大学通过开设创意写作、创意管理学、艺术策展学等实务课程，结合创意管理工作坊的教学实践，采取国际文创游学、生命行走、社会调查、建立实习基地、组织文化创意大赛、举办青年创意领袖大会、组织文化展演等多种形式，把文化思维注入产业操作，培养学生的社会实践能力。北京大学文化产业研究院通过创意实验室和 X 工作室的支持平台，组织创意工坊和孵化计划，提供有益的文化、形式和材料的结合，搭建起文化产业管理专业的学生创意的孵化平台，推动创意设计与创新研究，起到文化产业管理专业人才培养的辅助支持作用。

第三，营造文化产业管理本科专业的科学研究氛围。鼓励学生通过学习小组、小班研讨会、文艺沙龙、科研项目、学术工作坊、暑期学校等形式，浸润教师、导师“大鱼”的学术濡染，发挥研究生“中鱼”的中介传导效应，让大学本科生“小鱼”结成各种学术共同体组织，相互督促，共同学习，采取“从游式”教学模式[①]，营造有助于激发创意的校园环境，促进交叉，产生创新灵感和交叉创意的“美第奇效应”[②]，进而培养大学生的自我学习、自主研究、自我激励和跨界创新的学习习惯和研究能力。

响应学校“加强基础，促进交叉，尊重选择和卓越教学”的本科教学方针，发挥北大交叉学科和基础学科的专业优势，经过充分研讨和精心准备，借鉴北京大学元培学院、燕京学堂等相关院系和世界优秀大学的人才培养经验，北京大学于 2016 年开始在艺术学院设立人文科学实验班，其培养目标是立志在文化艺术领域追求卓越创新的领军人才。人文学科实验班的设立开启了北京大学文化产业管理专业人才培养的新篇章，是文化艺术类高端人才培养的新尝试。

大学是培养青年人的批判性思维、健全的知识结构、创造想象力和创新创业精神的知识原乡。大学本科专业的规范建设是现代社会高级人才养成的重要途径。创意的投资是一项长期的社会工程，创意资本是一种面向未来的人力资本。文化产业管理专业的建设是对文化产业蓬勃发展实践的学科呼应和人才准备。文化产业管理的本科教育要营造文化、创意与商业兼顾的创新生态，充

① 王一川：《中国古典“从游”传统与重建本科艺术专业教育》，载于《北京师范大学学报（社会科学版）》2010 第 1 期。

② ［美］弗朗斯·约翰松：《美第奇效应——创新灵感与交叉思维》，刘尔铎、杨小庄译，北京：商务印书馆，2010 年版。

分发挥大学的文化扩散效应，实施“创意伙伴”计划，在学校、学生、教师、社区、社会、组织和政府之间建立起更大范围的创意连接，发挥“产—学—研—用”的协同机制，通过跨界合作和整合联结，培养引领文化社会和创新时代的创意创业家。

第十一章　全媒体视野下的创意生态与数字文创

互联网文化产业在全媒体融合的大环境下逐步形成一个创意生态系统，成为文化产业转型的创新引擎。互联网平台经济与文化创意产业相结合下产生一种新的经济形态——创意生态平台。腾讯作为创意生态平台的典型范例，通过在内容层、渠道层和用户层搭建子平台群，将众多创意个体和文化企业吸纳进庞大的内容生产场域，构建了一套具有共享性、开放性、准公共性的互联网文化产业生态系统。创意生态平台围绕明星IP进行内容的生产、加工和营销，其中不同类型的创意内容（UGC、PGC和EGC）源源不断地生长出来，并在平台的联结和整合作用下实现文化价值与经济价值的全面开发。

影视内容生产与新媒体组合引起了文化产业的泛媒介革命，对以广播影视为创新引擎的泛媒介革命与广播影视文化产业的创新体系产生了深远的影响。传统影视由审美创造的修辞工具转向内容生产的文化产业创新工具，网络文化的新媒体带来了科技革命、资源动员、知识生产、艺术创造、创意修辞和符号再现，对知识经济的内容生产、新媒体的文化变革、文化产业的转型创新及泛版权经济的创新发展都产生了革命性的影响。

第一节　互联网文化生态的产业逻辑与平台运营研究[①]

互联网时代，互联网企业纷纷进驻文化产业，平台经济形态成为推动互

① 此文由《互联网文化生态的产业逻辑与平台运营研究——以腾讯互娱事业群为例》修改而成，已征得合作者白晓晴同意收录其中。

联网文化产业发展的主要动力。文化产业从业者应强化互联网的“无边界”思维，从而在互联网上实现多种多样的产业类型、市场规模和商业模式。[①]在互联网大融合的趋势下，新兴平台经济不断涌现，互联网文化产业逐步转向了系统化和生态化的新范式。

平台经济指借助有效的服务系统和交易空间，促使经济活动的双方或多方之间形成广泛的交易和合作增值效应。[②]随着互联网平台形式的多元化，平台经济对资源和权利采用着不同的控制方式，Ballon 和 Heesvelde 根据平台对价值的控制形式，将 ICT（ Information Communications Technology ）平台分为 4 种类型。[③]第一类是中性平台（ Neutral Platform ），该平台类型不控制资源的利害，也不建立用户联系，采取相对松散的内容管理与用户服务，如百度搜索引擎；第二类是主导平台（ Enabler Platform ），通过直接控制资源而引导价值，生产并加工资源，将用户的管理控制权让渡给他者，如爱奇艺和乐视；第三类是经纪平台（ Broker Platform ），通过管理用户控制主流价值和大量资源，注重用户体验，平台不进行内容制作，如新浪微博、抖音、小红书等；第四类是整合平台（ Integrator Platform ），掌握内容资源和用户管理权，并鼓励第三方加入，对多方资源进行整合与调配，如苹果应用平台等。内容平台两端连接的是文化创意资源与文化消费者，文化创意资源属于信息内容资源，因此 4 种平台类型同样适用于互联网文化产业。

平台商业模式的特点是利用外部的用户关系来建立无限增值的可能性，此现象称为消费的网络外部性（ Network Externalities ）。网络外部性主要分为两种：一种是成员外部性（ Membership Externality ），即平台一方用户量增加将影响该平台对另一方用户的价值，如随着视频网站平台的会员数量增加，视频网站更易于高价销售广告位以获取利益，同时能够吸引更多的优质视频版权方加入；另一种是用途外部性（ Usage Externality ），即平台的价值与用户和内容间

---

① 陈少峰：《互联网文化产业商业模式创新》，载于《福建论坛（人文社会科学版）》2016 年第 2 期，第 63—68 页。

② 花建：《发展我国文化产业的服务平台体系——要求，重点，业态》，载于《同济大学学报（社会科学版）》2015 年第 3 期。

③ Ballon P，HeesveldeE V. ICT Platformsand Regulatory Concernsin Europe ［J］. *Telecommunications Policy*, 2012（35）：702-714.

的互动频次有关，当频次增加时，平台双方都会受益。[①]整合平台在4种内容平台类型中具有独特的显著优势：整合平台将内容和用户的管理都掌握在自己手中，并且通过联合运营与资源整合最大程度打通信息传播渠道，实现外部成员和外部用途的可控性，一方面提高了资源质量和用户体验，另一方面降低了运营成本和市场风险。

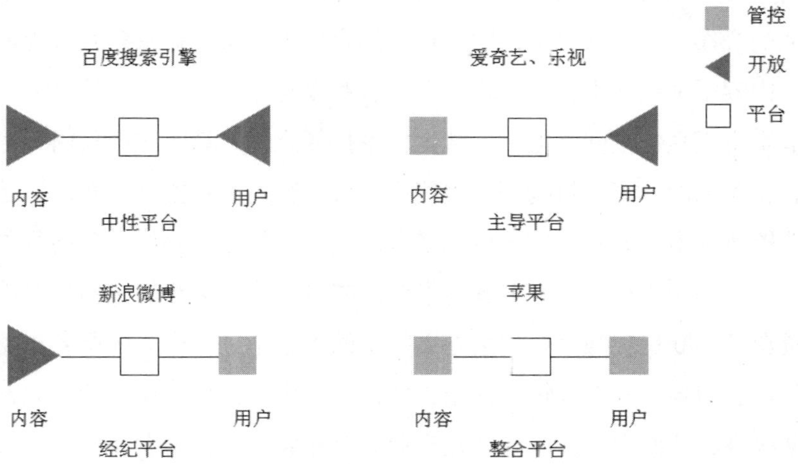

图11-1　4种平台的资源控制类型

一、创意生态平台的结构与特性

创意生态平台（Creativity Ecosystem Platform）是在整合平台的基础上发展而成的、以创意内容为产品所提供的服务系统和交易空间，具有一定的复合性。在结构上，创意生态平台不仅在内容和用户两端进行资源整合与系统管理，并且通过在内容层、渠道层与用户层搭建子平台群，建立了具有开放性和包容性的创意生态层。多个生态层不是彼此孤立的，而是联结在无数条由内容生产到用户消费的生态链之上，生态层与生态链的纵横交织建构起一个庞大的互联网文化产业生态系统，大量的子平台构成了网络中的无数节点。互联网中

① 徐晋：《平台经济学——平台竞争的理论与实践》，上海：上海交通大学出版社，2007年版。

的各种文化组织与创意个体被聚合在这个生态系统之中，全方位地塑造着互联网时代全新的文化消费习惯和娱乐生活方式。

创意生态平台中的众多主体存在着竞争、合作、寄生和共生 4 种关系。竞争普遍存在于功能定位相同的个人与组织之间，如多个文学网站之间的竞争、网络作家等创意个体的竞争、企业内部不同工作室的竞争等；合作关系存在于不同的功能单元之间，表现为功能实现上下游主体之间的合作、创意个体与专业团队的合作、同一项目下不同工作室的合作等；寄生关系多表现为创意个体寄生于内容子平台之中，如网络文学作者和漫画作者寄生于网站之上、小微内容企业寄生于众创空间之上等；共生关系指创意生态系统之中与内容生产部门存在合作关系的专家、机构等，这些主体可以脱离平台独立运转，但是与平台合作能够实现多方共赢。创意生态平台的吸纳性与包容性使众多创意主体在其中获得了广阔的生存空间，在独立发展的同时，优胜劣汰的机制也促进了优质内容资源的不断优化与净化，生态系统中的无数子平台作为协调者，发挥着积累、传递、引导、筛选等枢纽作用，使得整个生态系统规模不断扩大，内容品质不断提高，从而促进互联网文化产业的全面繁荣与持久发展。

（一）创意生态平台的结构

腾讯的创意生态平台实现了三段式、立体化的资源管控，每一个创意生态层都为生产者与消费者提供丰富的产品和服务，将参与者有机地结合起来，推动整个生态系统的高效运转和扩容。

1. 内容层

在内容层，不同于苹果应用平台，腾讯互娱自身进行内容创意与内容加工的同时，还将生产内容的创意个体、小微企业与腾讯的大生态系统连接起来，完成对内容端的培育和管理。2012 年 3 月，腾讯互娱事业群提出了“泛娱乐”战略，以 IP 授权为轴心，以互联网技术和网络游戏为基础进行跨领域、多平台的商业开发与运营模式。“泛娱乐”战略包含 4 大实体业务——腾讯游戏、腾讯动漫、腾讯文学和腾讯影业，每项业务不仅各自进行专业的创意内容生产，而且广泛吸纳外部的优质内容，为整个创意经济体提供源头活水。

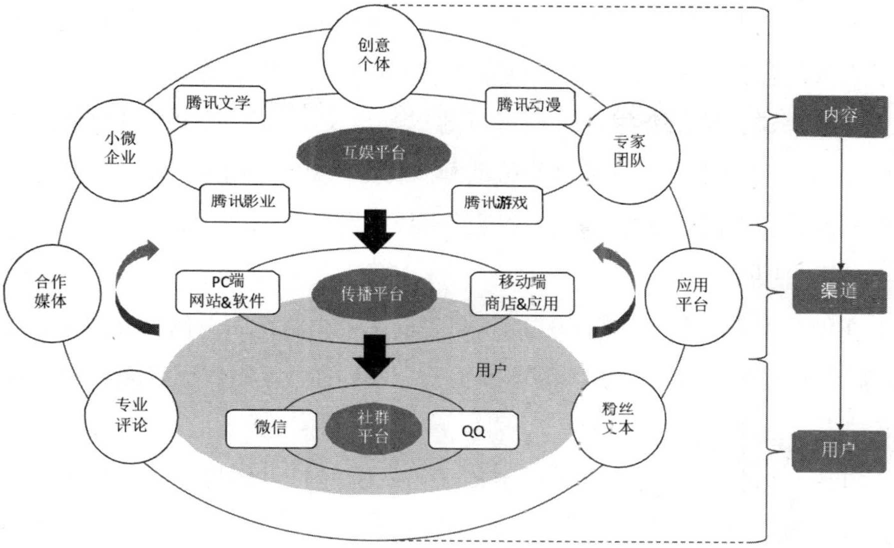

图 11-2　腾讯生态平台的资源控制形态

腾讯文学和腾讯漫画既是典型的内容子平台，也是明星 IP 的孵化器。以腾讯文学为例，2013 年 3 月，互娱事业群内部成立了内容与版权部门，腾讯文学成为腾讯泛娱乐战略中创造和获取原创 IP 的重要潜在力量。在收购盛大文学之后，腾讯互娱成立了阅文集团，拥有文学作品近 1000 万部，全面覆盖网络文学 50 大类型，同时拥有 400 万原创作家。在动漫领域，腾讯专门成立了泛娱乐大师顾问团，并推出了腾讯原创动漫发行平台，上传作品的人分为投稿作者和签约作者，签约作品包括全版权作品和部分版权作品，且与日本集英社、小学馆、角川集团等第三方企业达成战略合作，购买日本漫画出版权与游戏改编权。同时，腾讯与中国动漫集团、迪士尼签署了动漫创意研发合作项目，为明星 IP 的进一步开发提供更多的可能性。

腾讯影业和腾讯游戏是内容创作与商业开发的连接器，也是明星 IP 的强化器。以腾讯影业为例，其功能在于连接腾讯的自孵化 IP 与其他企业的版权开发业务，旗下包含黑体、大梦、进化娱乐三个国内新锐工作室。基于明星 IP 的开发，腾讯已经与华谊兄弟、光线传媒、新丽传媒、唐人影视、原力动画等影视公司开展具体业务合作，与其分享资源并联合开发影视作品。腾讯游戏是互娱事业群中发展最成熟、市场规模最大、变现能力最强的部门。2014

年，腾讯已成为全球收入最高的上市游戏公司[①]之一，腾讯游戏的衍生行业吸纳了无数创意者生产文化产品，且为超过 500 万人提供了就业机会。

总的来说，腾讯互娱一方面可以通过腾讯文学和原创漫画平台创造和获取原创 IP，另一方面可以通过腾讯动画、腾讯游戏、腾讯影业等将 IP 进行多向度开发，实现内容发掘与产品变现的多线齐发。

2. 用户层

在创意生态平台中，用户层的子平台群主要由腾讯旗下的社交工具微信和 QQ 实现。随着微信市场份额的不断提升，QQ 的稳定用户已经渐渐地转移到微信中。

首先，微信的高用户量是内容传播与发酵的先天优势，微信作为社交平台，可以向用户推送优质的腾讯自制内容，朋友圈的功能丰富了用户的内容共享、沟通交流与评价反馈，构建出一种圈层震荡作用来助力产品推广。

其次，在腾讯的生态平台中，内容端的信息不仅可以通过官方推送传达到微信的海量用户，将用户吸引到其他的终端（PC 端网站和手机端应用等）中去消费，还可以在这个巨大的生态圈中扩散和发酵，而这种过程不是混乱无序的，而是可以被微信平台监管和引导，有序健康地完成产品的推广与营销。

再次，微信内部通过公众号搭建无数子平台，在为用户推送腾讯官方消息的同时，为第三方提供渠道，让创意个体、行业专家和各种企业都能够通过微信公众号发布广告、软文、评论等。这种自生的信息生产和传播方式，使用户更加自在和便利，甚至构建了一种基于移动互联网的生活方式。在公众号信息发布和阅读中，大量的文化热点都得到了大规模发酵，其中包含无数腾讯自生产的内容作品。公众号是一个信息量极丰富的资源库，这个资源库中生产多种文本，包括粉丝评论文本、“意见领袖”文本、原创内容文本等，这个资源库不仅可以推动腾讯官方文化产品的传播与口碑建设，提高文化产品的销量与影响力，同时还能够为内容端提供优质原创材料，助力新 IP 的挖掘与孵化。

最后，专业评价、粉丝文本在补充官方文本的同时还成为有价值的意见反馈，甚至成为新的原创内容，在传播的闭环中优化内容端的生产。不仅如

① NEWZOO USA 市场研究公司：《2014 年全球游戏市场报告》2015 年 4 月。

此，微信和 QQ 中的海量文本还是对用户信息进行收集与分析的大数据源，这些数据可以帮助企业感知市场风向，分析产品舆情，协理内容筛选，为影视编剧或游戏策划提供参考，同时也为企业寻找整个产业链条上的合作伙伴提供了可靠依据。

3. 渠道层

在需求端与内容端之间的渠道端，腾讯 PC 端的软件与网站、移动端的应用商店与应用产品既为用户提供全面的服务，又发挥着强连接的作用。如腾讯视频是典型的渠道端平台，腾讯互娱推出的动画、电视剧、电影均可以通过腾讯视频播出。腾讯视频的热门内容会定期在微信、QQ、QQ 空间等社交终端上推送，把用户流量引入腾讯视频，完成内容端与用户端的高效对接。另外，腾讯的便捷支付平台使内容消费者能够完成一站式的消费体验，微信的微票儿服务和微信支付使用户看电影购票更便捷。在电影《爵迹》的开发过程中，腾讯还打造了一个围绕 IP 的粉丝站 App，为探索粉丝经济、收集粉丝反馈提供渠道。可以看出，腾讯的目标是联动全平台资源助力影视作品营销。

在渠道层，腾讯的外部合作对象包括硬件商、应用平台、视频网站、移动端 App 等。腾讯在拥有微信、QQ、应用宝等自有平台的同时，还与华为、三星、HTC 等智能硬件厂商达成战略合作，将其精品应用发布到这些厂商的智能手机商店并强力推送。腾讯制作的影视产品同样可在爱奇艺、乐视、优酷等视频网站上播出，吸引更多的用户观看。渠道层的特性不再是内容端的吸纳性，而是一种扩散性，即将产品最大限度推广出去，同样带动第三方媒体或平台的发展，与大量第三方企业达成共赢。在渠道层，腾讯旗下的各类网站与移动 App 构成了多个渠道平台，分别连接内容与用户的同时，实现信息互文、流量互补与巨势宣发的作用。腾讯的渠道层优先传播自制内容产品，同时也播出大量的非自制内容，这些外来内容与自制内容形成竞争关系，协助腾讯的内容产品实现自过滤与自完善。

总的来说，腾讯互娱将内容端进行了高度整合与合理管控，原创内容在其整个生态层中饱经自我净化，优质资源在层层叠叠的竞争中脱颖而出，成为跨界开发的对象，系列文化产品在不同的部门中被生产出来，又进入渠道层的子平台群中，传播给用户。最后在用户层，腾讯旗下的微信、QQ 等社交平台突破了原来的交友、分享等功能，为用户提供了一个反馈和发酵的话语场域，腾讯在自己的平台上更便于收集用户的大数据信息，以推进内容创作和筛选的优化。

（二）创意生态平台的特性

生态平台拥有普通内容平台均有的特性与优势，其在创意生产的三个阶段都设置有子平台群，因此生态平台不仅能将平台经济的特性更加充分地发挥出来，且具有以下几种独特的优势。

1. 自下而上与共享共赢

在创意生态系统中，不同于大多数文化企业自上而下的规划与执行模式，腾讯生态平台实现了自下而上的自生长与自过滤模式，这种模式不仅扩大了创意基数，而且促进了创意的“适者生存”，推动优质创意转化为产品和服务。在这个过程中，创意内容脱胎于市场需求，并进一步满足市场需求。腾讯通过与创意个体、创意机构实现多维度合作，不仅可以通过专业化手段提升内容水准，实现文化资源的商业变现，而且能够与合作伙伴达成共享共赢，拓宽企业自身的业务领域，为企业的长远发展铺设道路。

以腾讯旗下的电竞游戏《英雄联盟》为例，2015 年，该款游戏以 16.26 亿美元的收入名列世界 PC 游戏的首位（Superdata，2015）。作为风靡全球的电子竞技类游戏，《英雄联盟》不仅推动了国内电竞行业的飞速发展，还衍生出大量的自生长文化产品，如虚拟印象动画工作室创作的系列动画作品《啦啦啦德玛西亚》和创意个体撰写的网络小说《英雄联盟之谁与争锋》。不仅如此，《英雄联盟》还催生了新的行业和平台形态，即游戏解说行业和游戏直播平台。一方面，游戏解说（又称游戏解说员或游戏主播）在不同的视频网站上推出大量的游戏技巧教学、精彩频段盘点等视频，在满足玩家需求的同时自身也成了网红。另一方面，网红解说在为个人创造巨额收入的同时，其视频所拥有的明星效应也反哺着腾讯视频和微信公众号等腾讯内部其他业务，进一步巩固《英雄联盟》的人气。游戏视频直播平台是被间接带动并火速发展的互联网产品，虎牙、斗鱼 TV、战旗等直播平台的崛起都得益于《英雄联盟》的火爆。2016 年年初，腾讯投资斗鱼 TV，创造了战略合作的机会，因此又实现了新领域的业务拓展。除了衍生内容的自发性生长，腾讯也主动与大量外部企业合作，共同生产和加工优质 IP，实现资源共享与市场共赢，如《我叫白小飞》的 IP 开发与开心麻花娱乐有限公司合作开展，《王牌御史》与 AHA 娱乐共同制作真人剧。

2. 准公共性与收益多源

越来越多的互联网文化企业在产品的经营策略层面采取了一些非营利组织、非政府组织的运作模式作为自己的商业模式，以提升自身的品牌价值，向社会型企业发展。[①] 首先，腾讯的很多文化产品都以免费形态让用户体验，如微信作为一个社交工具和自媒体平台，不仅为用户提供社交服务，也为广大的内容生产者提供刊登媒介，还通过代码开源的形式为大量的互联网应用提供使用与宣传基地。其次，在创意生态平台中，腾讯利用技术和资源优势，为平台内外的每一个功能单元牵线搭桥、建立合作、提供服务，推动各单元良性运转和扩大规模，建立了一个具有准公共性的关系网络。如腾讯众创平台提出双百扶持计划，截至 2016 年 7 月已孵化 300 万个项目，价值超过 2000 亿元，其中包含大量文创企业，其优质输出都可成为腾讯互娱内容端的可用资源。又如腾讯发起的 NEXTIDEA 项目就是通过文化创意比赛来挖掘、培养有创意才能的青年人，建立强大的创意后备军来支持内容开发，强 IP《王牌御史》就来自 NEXT IDEA 项目中的优秀人才。腾讯对创意个体、创意机构的挖掘与培育一方面扩大了企业的优质内容来源，另一方面也提升了青年人群的创新能力和创业公司的发展动力，是具有积极社会意义的企业行为。

在开放性的创意生态系统中，更多的资源和资本被吸纳进平台经济的场域之中，平台最大化拓宽自身收益范围的同时，也解决了无数创意人才的就业问题和文化机构的收益问题。如在网络文学 IP 开发的过程中，第一，阅文集团的文学网站可以在付费阅读机制、打赏等互动收入和各类网站广告中获得收益，广大网络文学作者也能够在其中获得收益；第二，平台还可以通过与作者签约获得作品版权，动员腾讯影业和腾讯游戏的力量将小说改编为电影、电视剧、游戏等，从而在后续产品的销售中实现收益共享；第三，优质 IP 的版权委员会还可以将内容授权给其他企业进行开发，在为其他文化企业提供商业机

① 向勇：《创意融合——中国文化产业的发展趋势与新常态》，载于《艺术评论》2015 年第 5 期，第 33—38 页。

遇的同时，还能在产品进入市场之后获得版税收益；第四，腾讯可以通过多渠道联合推广、多产品形象植入等合作形式，调动内部更多部门和外部更多合作方整合资源、创造价值，帮助企业在更多领域获得收益；第五，腾讯通过收购或投资大量中小型企业，并把优质内容交给这些企业开发，在养肥企业的同时自身也拓宽了业务范围，获得了更多的资源和渠道。

3. 高渗透力与低风险性

在生态平台经济的模式下，不同文化企业或创意个体之间的关联性被广泛加强，参与平台的企业拥有更多的生产、加工、传播、营销等渠道，企业还可以通过平台进入一个新的行业，两个弱关联的行业在平台的“串联”下能够相互合作、彼此受益。同时，互联网企业能够提供大数据和云计算的技术优势，使交易成本更低，服务沟通更便捷。如平台通过明星 IP 将不同的文化生产部门相连接，一串子平台的两端都获得了更多的机遇，这就形成了一股强大的渗透力，将资源最大化渗透给更多的领域，通过实现跨时空协作提高了创意生产效率。内容端平台打破了产品边界，促进了多领域的交流碰撞。随着网络文学、网络漫画等内容平台产业链下游的成熟，更多的作者利用笔杆子创作赚取收益，将写作、绘画这一业余爱好变为主业。这些在现实社会处于不同行业、不同地区的创意个体通过平台的高渗透性，甚至与影视行业、游戏行业连接起来，如《花千骨》的作者 Fresh 果果不仅加入了《花千骨》电视剧的编剧团队，还担任了《花千骨》手机游戏的世界观框架师，在不同的内容生产部门施展创意才能，为更广阔的行业领域创造价值。

多生态层的子平台群实现了对用户端与内容端的双向管理，逐渐成熟的内容筛选机制能够有效发掘优质创意，从而发现具有开发价值的潜力 IP，这种市场涵养机制降低了文化投资的风险。此外，粗制滥造或曲高和寡的内容无法通过内容端子平台市场的过滤，一些违背社会正能量的作品甚至会直接被平台封杀。在产品传播之后，平台一方面通过病毒营销或口碑传播最大化发酵文化产品的影响力、推动内容变现，另一方面对内容评论进行引导，减少负面事件（如明星丑闻等）对文化产品的影响，后期舆情的监控和分析能够提升产品生命力，降低投资风险。这些内容管理机制都有利于企业的可持续发展，同时也保证了互联网文化产业内容端的良性健康发展。

二、创意生态平台的内容生产模式

(一) 创意生态平台中的内容类型

在互联网时代，受众可以体验的娱乐产品呈现出井喷之势，企业生产的专业内容产品已不能满足用户海量、多样的文化需求，多类型内容产品应运而生。从生产方式上看，互联网中的创意内容可以分为 UGC、PGC 和 EGC 三大类。2015 年，数字内容生产领域最明显的变革是“U+P”成为内容生产主流。专业内容生产以机构和个体联合的形式规模化迁移到线上，促进了内容生产与供给系统的改变。①UGC（User-Generated Content）用来描述由业余用户产生的文字、图片、音频、视频等形式的内容。世界经济合作与发展组织（OECD）在 2007 年的报告中描述了 UGC 的三个特征：以网络出版为前提；内容具有一定程度的创新性；非专业人员或权威组织创作。PGC（Professionally-Generated Content）即专家生产内容，指由专家创作完成的视频、图片、日志等内容。不同于一般用户，专家以生产内容为职业，创作内容的主要目的是获取经济收益。由于长期从事内容创作，专家积累了丰富的知识和经验，其创作流程和操作方法具有较强的专业化特点。EGC（Enterprise-Generated Content）即文化企业创作完成的影视、游戏、音乐等内容。PGC 和 EGC 都是专业人士生产的内容，PGC 更强调创作者和内容的伴生性，而 EGC 则强调内容产生的团队协作与系统规划。

无论是在 PC 端，还是在移动端，互联网文化产业的生存和发展都需要 UGC、PGC 和 EGC 的共同支撑。内容平台对用户的吸引和留存，要考虑用户多方面的需求，总的来说包括品质需求、互动需求和个性需求。PGC 和 EGC 虽然可以提供足够优质的内容，但是在用户的评价标准中，专业与否往往是次要因素，消费场景、内容创意、流行程度等才是主要因素。UGC 的多元化、巨体量和低成本可以有效地满足用户的个性需求，而互联网平台的去中心化特性，使 UGC 生产和消费几乎没有时间差异，用户生产内容的同时也可以消费

① 王卉等：《价值爆发与生态初现——2015 年数字内容产业热点追踪》，载于《出版发行研究》第 2016 年第 3 期，第 33—36 页。

内容，这种特性则是最具互动性的形式。从根源上来说，好内容永远都是稀缺的，优质内容的评判标准不在于生产方式，而在于内容创意本身。

（二）基于 IP 的内容转化模式

在创意生态平台中，UGC 可以在平台的联结作用下转化为 PGC 和 EGC，在内容质量和生产方式上趋于精品化和专业化。普通用户在内容平台中发布评论、段子、小说等 UGC 内容，其中一部分用户通过生产完整的、优质的内容转变为创意个体，经过内容平台的筛选和专业人士的指导，部分业余创意个体成长为内容专家（网红、网络作家、网络漫画家等），其生产的内容逐渐转化为 PGC，最后在与专业团队对接后，开始逐步实现创意内容的商业变现，在与企业合作后，PGC 内容最后转变为 ECG，具有更系统化的生产方式和更成熟的流程管理。当然，不是所有的 UGC 都能够通过所有的层级与最专业的内容生产模式对接。从数量上看，UGC、PGC 和 EGC 三种内容呈递减趋势，UGC 具有长尾化的特点，PGC 具有更强的明星效应和粉丝经济属性，而 EGC 则具有更强的持久性，整体质量也更有保障。

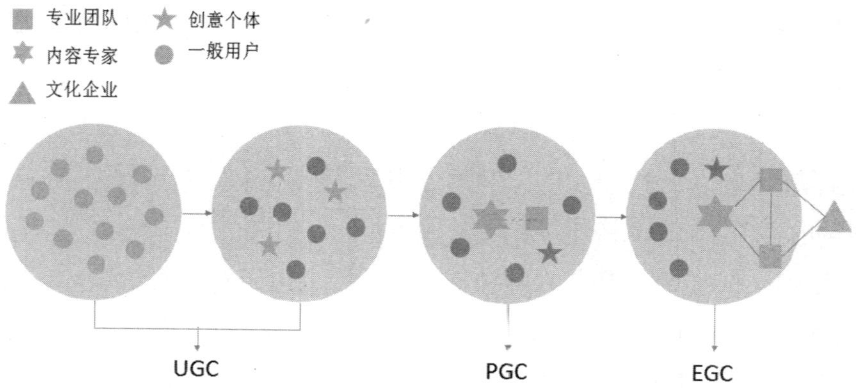

图 11-3　创意生态平台中的内容转化过程

在三种内容生产的基础上，以 IP 为核心的主线串联与内容互动是近年来互联网文化企业最为热衷的内容生产模式。腾讯创意生态平台在庞大的内容子平台群中，通过培育和筛选 UGC、培养与推广 PGC、精制与共建 EGC，完成了 IP 的扇形流转（一对多）和立体开发。

1. UGC 的培育与筛选

创意生态平台将创意者和消费者连接在一起，同时为创意个体提供了价值平台、专业服务与商业对接器。腾讯大量的网络文学和原创动漫是典型的 UGC，由广大网络写手和画手创作。第一，阅文集团等网络平台和星漫奖等创意赛事建立了各类内容评价体系，包括人气排行榜、专家评价机制等，可以通过用户数据与内容本身筛选优质 IP。如《何以笙箫默》就是脱胎于网络文学平台的 UGC 内容，在故事成名后，“何以 IP”成为明星 IP，这个过程也推动了创意个体的专业化和明星化。在腾讯互娱的内容筛选过程中，除了内容热度，价值观是评判其是否有潜质进行 IP 开发的最重要标准，非正能量的内容无法进入 IP 产业链的下游。第二，网络文学平台拥有专业的编辑团队和大数据工具，可以对市场需求进行准确追踪。网络文学不同于严肃文学，以娱乐性与互动性为主，因此，这些信息不仅可以帮助作者改良作品，同时能够整体引导创作方向，最大化满足市场需求。第三，创意生态平台为高水准的作者和作品在下游提供了大量商业合作机遇，不仅可以通过微信公众号等渠道将内容推广给更多用户和企业，还可以与作者签订版权协议，协助原创者把作品的开发权出售给其他文化企业，帮助作者获得版权收益。当然，腾讯互娱的其他部门都可以接手优质内容进行 IP 开发，创作更多的 UGC 产品。

2.PGC 的养成与推广

在互联网中生长的 PGC，是经过数年时间在平台的滋养下成长并成名的，其分类更为专业，具有一定的专家品牌价值，立足于精英化、分类化和品牌化的生产趋势。[①] 腾讯注重内容专家的培育和扶助，如与腾讯动漫《尸兄》的作者七度鱼等优秀的漫画家签约，并建立漫画家福利体系。

PGC 作者通过优秀作品而成为专家，在具有一定的影响力和感召力后，为了提高商业利益，PGC 通常不会局限于在单一的平台上发布内容，而是跨平台跨媒介地在多个领域对内容进行营销。因此，平台在获得明星 IP 后，为了在后续阶段开发具有竞争力的内容，可以通过与专家合作，充分将原创者的明星效应和专业能力纳入麾下。如《三体》系列小说的作者刘慈欣以腾讯移动

① 姜海:《数字化出版的专业性转向——基于 PGC 模式的出版建构与实践研究》，载于《出版发行研究》2015 年第 6 期，第 33—37 页。

游戏“想象力架构师”的身份加入腾讯游戏。在原著作者的把关和协助下，《三体》粉丝对游戏质量的信心显著提升，IP 文化产品的品质和延续性都能够得到保障。但是，专家的意见在 IP 开发过程中具有一定的有限性，原著的改编策略一般由编剧等各领域专业人士决定，如《勇者大冒险》IP 版权委员会由腾讯游戏、腾讯动漫、像素软件及南派三叔 4 方代表共同构成，所有参与者共同拥有《勇者大冒险》IP 版权，又分别开发漫画、动画、游戏等产品。就 IP 而言，版权委员会进行着共同创作，但是就产品本身而言，每个部门依然独立创作，遵循各自的专业规则，以便在借力优质 IP 的同时保障产品水准。

3. EGC 的精制与共建

腾讯互娱的“泛娱乐”战略已经覆盖游戏、动漫、文学、影视、音乐等重点领域，每个领域腾讯都拥有自己专业的内容生产部门。这些内部生产部门生产的原创内容就是 EGC，其优势是专业的制作水准、大数据的分析及整合管理机制，通常依靠大力度的整合营销来推广产品。EGC 可分为原创型 EGC 和改编型 EGC，也就是说企业开发内容可以是完全原创的，也可以改编已具有一定粉丝基础的原创内容，电影市场中流行的 IP 电影都是改编型 EGC，如 2016 年 8 月上映的《微微一笑很倾城》改编自网络小说、2017 年上映的《十万个冷笑话 2》改编自网络连载动画，以及后来开发的 70% 的手游产品都改编自明星 IP。对于 EGC 产品，创意生态平台首先构建了良性的内部竞合关系，内部事业群、工作室形成开放性的小生态，工作室独立核算制度推动了内部的市场化竞争，此外，腾讯连接大量合作伙伴，与外部生产者、开发商、制作商、平台商构建外部竞合关系，通过转包、授权、协作等方式建立网络化的生产组织。在 EGC 的开发中，每一个部门都处于庞大的生态网络中，需要完成多种与外界的合作业务，因此，企业需要大量的复合性创意人才。如小说《择天记》在改编为电视剧的过程中，小说的人物修炼体系与电视剧的叙事方式很难兼容，因此腾讯组建的编剧团队大多由写过网络小说的编剧构成。

4. 三种内容的立体联动

在腾讯泛娱乐产业链中，网络文学、漫画、游戏的创作为轻产业链阶段，电影、电视剧、演出、衍生品等产品的生产为重产业链阶段。总的来说，UGC 和 PGC 更倾向于创意生产和内容优化，追求稳扎稳打地提高内容质量，EGC

更注重社会影响力，也就是追求更高的商业效益。在全版权开发的过程中，三种产品的联动表现为共同积累、相互融合与独立精制。EGC 可以改编于 UGC，UGC 也可以作为 EGC 的补充和延伸，PGC 在融入 EGC 的同时也保持独立生产，从而为用户提供最宽广的创意生态层。如在《勇者大冒险》的 IP 开发中，小说（PGC）、动画（EGC）和游戏（EGC）之间都进行着内容联动，南派三叔为游戏撰写世界观断章、动画内容被植入游戏中、动画中出现小说新人物等，所有产品的故事主线最后都指向一个共同的大事件，故事的“串联”使用户充满惊喜，其流量的转化、留存数据都表现良好。此外，很多粉丝也同时生产着自创的评论文本或故事番外（UGC），吸引受众流量的同时也为官方内容产品提供了有力的宣传。在管理层面上，基于同一 IP 的三种产品在开发过程中，同时吸纳市场意见，由内容管理者充分整合与选择性采纳，再分别调整每一类产品的开发路线。腾讯互娱中存在一个游离于 4 个板块之外的 IP 业务管理部门，就负责全版权开发的协调整合工作。在 3 种内容的联动互文中，IP 开发实现了生态化的内容生产与价值发酵，全面地满足受众需求。

文化产业的竞争优势是通过掌控企业内部的创意资源和经济资源，和联结企业外部的创意资源和经济资源，沿着标准化的融合模式和多元化的混成模式两条路径展开。① 在互联网的技术优势下，创意生态平台充分融合两种路径，是互联网平台经济与全产业链商业模式的有机结合，整个系统形成了培育、竞争、过滤、开发、整合的价值开发回路。平台的生态化促进了内容创作方式多样化、内容风格类型多元化，在精准的子平台管控下，分众性的优质内容脱颖而出，并用于产业链下游的内容改编与跨界开发，以长尾化和体系化的内容多层次满足受众需求，对丰富当代大众文化具有积极作用。腾讯的创意生态平台是自下而上生长而成，因此，腾讯的决策层应重视对内容生产的宏观引导，在关注市场需求的同时追求较高的文化素养，由重视 IP 孵化走向重视 IP 强化，打造更多的精品内容，以行业领军身份推动互联网文化产业的可持续良性发展。

---

① 向勇：《文化产业导论》，北京：北京大学出版社，2015 年版，第 280 页。

第二节 泛媒介革命的内容生产与新媒体的文化创新[①]

由网络技术、卫星技术和通信技术产生的信息化融合引起的“泛媒介革命”，不仅深刻影响着传统影视文化内容再生产的泛版权经济文化创新，而且也扩展了新媒体文化资源动员的文化产业发展空间与内容再生产的文化创新创造空间，引发了知识生产的泛媒介革命与网视文化的泛媒介革命，从而将文化符号的修辞工具拓展为符号技术、符号经济的生产工具与创新工具，全面促进了文化产业泛版权经济的创新体系与创新发展，促进了文化资讯的内容生产与知识服务的文化创新。

一、影视与新媒体组合的文化产业泛媒介革命

电影电视剧的内容生产，与广播电视传媒的结合，进而与网络、手机等新媒体的结合，使影视进入虚拟空间与虚拟经济的规模生产，形成文化产业的泛媒介革命。这使得电影与电视剧的戏剧艺术，从高雅文化的视觉艺术转化为大众传媒的数字艺术。但是，戏剧艺术的创作作为精神生产还是审美创造，大众传播的影视艺术还是要进行知识生产与内容生产，还是要有信息产业的资讯服务与文化创新，这不仅需要戏剧艺术内容生产的审美创造，还需要信息产业知识服务的文化创新。

然而，并不是所有的艺术创作、审美创造的文化产品都属于文化产业的范畴。《木兰辞》作为文学艺术作品，在我国已流传千年，但这只是文化资源的口传文化与文本传播。后来，“木兰替父从军”的故事被常香玉搬上舞台与银幕，成为“在场传播”的戏剧艺术，美国人再次对这一文化资源作了内容生产性媒介传播，将中国长城、烽火、农耕、纺织、战马、皇室的文化符号做成产业元素，诉诸音乐、影视的“在线传播”与“在版产业”的知识产权交易，真正将内容生产的文化资本扩张成为文化产业。要做到这一点，不仅要有更大的文化投资，还要有更多的文化制造。

---

① 此文由《泛媒介革命的内容生产与新媒体的文化创新》修改而成，已征得合作者皇甫晓涛同意收录其中。

文化产业的非物质制造，其内容生产要素与细节的研发与创新、规模与结构的资源动员都是空前的，不是一般文本创意所能想象或达到的。以往大工业生产形式的物质制造业，往往与内容生产的创意经济相脱节。文本创意的知识传播与精神生产，与科学、技术、工程、产业的制造业相游离、相脱节。然而，文化产业内容生产的后制造时代，已形成服饰文化制造业、饮食文化制造业、医药文化制造业、礼仪文化制造业、形象文化制造业的系统工程与创新要素，产生了内容再生产的符号元素与知识元素的文化资本，从工业资本、商业资本和经济资本的物质资本转向社会资本、人力资本和文化资本的非物质资本，从文化生产资料、资源动员能力到符号信息的知识要素与产业元素，形成一整套文化博弈的后工业文明竞争要素。韩国电视剧《大长今》与英国小说《哈利·波特》能带动相关的文化产业，而我们许多热播的历史剧，从先秦到明清，多数囿于情节戏与人情戏，还未能发展成为文化产业，原因就在于此。

《哈利·波特》在内容生产与生产方式上把神话、巫术与科学文化知识等元素融为一体，形成丰富的、内容创新的符号世界与产业元素，产生了文化产业、非物质制造业、内容再生产的放大效应和经济规模。《大长今》的内容生产也有着严格的人类学科学元素，其服饰、餐饮、医药、建筑、礼仪、女性、宫廷等都含有足够分量的文化创新要素，从艺术细节到文化情节，形成了具有一定科学依据的知识元素与产业元素，具有历史文化知识、科学艺术陶冶的双重传播效应。其内容生产的创新要素具有产业研发的文化链与资本链，巨大的投资形成社会资本、人力资本、文化资本的非物质资本元素与规模的资本效益。而反观我们的某些历史戏与革命剧，则能省就省，只是演员在“做戏”，缺乏文化生产的非物质资本元素，也没有创意经济的产业研发与扩大再生产的内容经济链，不重视内容生产的创新要素。因而，这些作品只是审美文化的创造，而不是文化经济视野下的内容生产。文化制造的产业元素与文化资本的博弈优势，首先是资源动员的内容创新与文化资源的内容发掘，如《大长今》对韩国文化资源的挖掘，从酱祭、药祭到饮食文化、医药文化及宫廷礼仪知识等要素整合，形成内容再生产的时尚产业的文化消费，以至于引起韩服热与韩餐热的时尚潮流，从而与韩国影视业、会展业、旅游业、餐饮业及健康产业的资源链、文化链与产业链形成联动发展。其次是会聚技术的知识创新与文化装备，从超级计算机的网视硬件技术到服饰设计、烹饪文化的软技术服务系统，形成了服饰文化设计、医药科学技术、餐饮服务技术、建筑文化技术及传媒技术、网视技术的系统工程与跨学科、跨领域和跨行业的技术会聚。

“泛媒介革命”的文化产业内容生产，是将“有意义的内容”与“有意味的形式”组合为文化创新的内容创意与核心价值，从而产生咨询价值、教育价值、传播价值、审美价值和艺术价值的文化创造力，最终实现资本价值与商业价值[①]。《大长今》的餐饮文化、医药文化等文化产业元素，就是通过审美文化的剧情创作，在紧张而有序的戏剧情节中展现出来。其中有知识、资讯、科学和技术含量，也有悬念、形象、典型、意义、价值和象征，二者在文化资源与审美元素的互动中形成内容生产的创新要素与产业元素。《哈利·波特》的神话符号与宗教知识，通过人物形象与剧情情节、艺术细节完成内容生产与审美创造的双向传播，通过哈利·波特人物塑造与神话故事情节来完成内容生产的要素整合，这与英国较为深远的文化人类学、文化社会学的学术渊源不无关联。而我们的电视剧，如《五月槐花香》，尽管拥有浑厚的琉璃厂文化资源与可发掘的符号交易题材，却没有把握住，只注重人物命运的沧桑之变与小巷小商的戏剧纠葛，忽略了对中国文化符号（从夏陶、商铜、周漆、汉玉到唐俑、宋瓷、明木、清画知识元素）的发掘，以及有关文物鉴定与文化资源整合而成的产业元素，还不如20世纪三四十年代如沈从文的《边城》、老舍的《四世同堂》更有中国文化的人类学知识元素与审美创造的科学依据。尽管原著可能是堪称大师级的严谨的现实主义风俗画卷，在拍成电视剧时，导演注重的也只是审美创造的剧情演绎与戏剧的艺术创作，并未关注文化产业等创意经济链。

文化产业内容生产的资源发掘与资讯服务使其产品元素具有创意经济的教育功能、传播功能、消费功能、审美功能与娱乐功能，然后才能进入内容再生产的版权贸易的在版产业，刻录、复制的文化制造业的在版产业与会展、文博的在场产业及数字化网视产品的泛媒介在线产业，转化为跨领域商业价值的文化资本的交易模式与增长方式。如果没有资源发掘与咨询服务的产业元素与创新元素，只是刻录、复制地进行非物质制造，忽略内容生产的关键环节，就

① 皇甫晓涛:《文化产业要重视内容生产》，载于《光明日报》2006年3月18日第7版。

只能成为传统制造业的翻版与延伸，是印刷工业的技术提升，而不是文化产业的内容创新。

尽管如此，文化产业在内容生产上还是要符合泛媒介革命规模化、标准化的两个核心要求，这就要在文化资源发掘、文化资讯服务与文化符号交易中形成内容生产的文化制作与文化博弈资本，建立产业元素非物质基础设施与文化资本的交易模式。

我国传统主题的影视剧拍摄不仅应有影视基地的外景地，诸如《水浒传》《红楼梦》《三国演义》等各地影视城（后来成为旅游景观），更要注意在内容生产方面进行文化资源的素材开发，如完成对从神话、经史、诸子、唐诗、宋词、唐宋传奇、明清小说戏曲、近代小说到五四新文学、武侠小说的人类学阐发，完成从史前文化、先秦两汉文化、唐宋文化、辽金元文化、清文化、近代文化到新文化的人类学评价。在此基础上，我们要逐渐建立中国文化人类学博物馆影视基地，其中不仅要有文献、文物、符号、人文、器物、制度和风俗的展示与新媒体阐释，还要有文献资料、地下发掘文物及田野作业报告的数据库与视觉媒介阐发系统的资料库，要有从服饰、建筑、制度、礼仪、风习到饮食、医药、游乐、婚恋、文字、语言等专题的人类学展示与影视专题资料库及主题展区，要有内容生产知识元素与产业元素的生产商与供应链，形成文化制作基础设施与创意经济链，要有大规模的研发、投资、生产与再生产的内容产业的创新体系，要有信息、情报、软件、内容与资讯、教育、传播、娱乐的内容开发数据库与创新平台，形成从文化资源的知识元素到文化服务的产业元素的生产盈利模式与文化创新基地。这样，内容生产包含一系列经过分类组合的信息与元素，形成从研发、制造、开发到生产、包装和销售的内容产品及其产业链的服务行业，形成标准化的文化生产及产业评估指数。目前，就是处在文化经济前沿的广东，其文化制造业，如刻录、复制业与音像媒介产业，也是严重缺乏内容生产的文化元素与本土文化资源整合的创新要素。

泛媒介革命的文化创新，包括文化艺术与文化技术转化为内容产业与创意经济的综合创造，包括以审美创造为内容资源与艺术原创力的文化再生产行为，包括文化艺术、文化科学、文化技术、文化工程和文化产业的全过程，以及文化再生产的产业元素的大集成。文化创新往往是以审美创造为内容资源和文化再生产为前提，但并不是所有的审美创造都能完成文化创新的系统工程，产生相应的文明成果。无论是文学文本的语言艺术、文学戏剧等影视艺术，还是音乐、绘画与歌舞、戏曲等视听艺术，雕塑、设计等建筑艺术，以及装帧艺术和环境艺术等概莫能外，都要经过文化科学、文化技术、文化工程、文化产业的综合创造才能完成文化创新的内容再生产。否则，一般的审美创造，也只能仅仅停留在内容创意上，成为静态的文化资源。《木兰辞》经过我们自己文学文本的语言艺术创造、戏曲表演与电影文学的艺术创造仍未形成文化产业的科技工程与产业元素，而美国人用音乐光盘的媒介艺术与迪・士尼乐园的符号技术形成文化再生产的产业规模与产业元素，完成了泛媒介革命文化创新的经济成效。当今世界是一个信息社会，新媒体发展日新月异，文化传承的主导媒介不是文本形式的印刷品，而是资本形态的产业载体。①

二、泛媒介革命的网络文化与新媒体的文化创新

（一）泛媒介革命的网络新媒体与文化产业创新

当前，一个精灵，一个文化与技术媒合的精灵在中国徘徊，那就是手机、移动电视、数字终端等微型便捷的网视文化的信息精灵与魔幻技术的新媒体相拥狂欢，从通信工具、信息储藏器、交通工具，到彩屏手机音乐、新媒体电视剧、短信网络文学，新媒体魔幻技术在一步步超脱它最初的物质功能而走向非物质经济的符号资本与媒介资本，在娱乐游戏的消费空间中增加持有者的社会身份和地位符号，就像宝马汽车、奔驰汽车的符号功能与高档公寓、品牌服装的符号功能所彰显的社会价值和财富价值一样。历史人类学家马林诺夫斯基（Bronislaw Kaspar Malinowski）从器物、事象的文化符号功能拆析其最初的人类生存需要，从文化功能破译其满足人类基本需求的原始功能，以证明并诠释事物、器物的生产与形成，除衣、食、住、行等生理需求外，还会在文化扩展与技术提升中增长对社会需求与文化需求的满足，这就是它的社会功能、文化

① 熊澄宇：《信息社会 4.0》，长沙：湖南人民出版社，2002 年版，第 5、8、12—23 页。

功能与符号功能的超现实结构与宗教魔幻的意象形成。[①] 这是人类学对事物的历史破译，我们接触的事物最终的“文明成果”是社会性的存在与文化象征性的存在如何穿过魔幻竞象的符号结构，破译其基本需求的物质结构，这是马林诺夫斯基对文化历史研究的人类学贡献。我们今天面对的手机等设备，首先是作为“电话”与“信箱”的一个通信工具，之后增加了新的媒介、技术的扩张功能，产生了内容产业的空间功能，成为符号资本的身份书写，进而结合科学技术载体，具备了文化艺术的“叙事”功能。大的事象与物件，如电视机、手机、U 盘变得越来越小，而上传的音乐、文学、影视视频越来越多。这是技术走向魔幻的尖端，艺术信息扩展为内容产业的结果。人类汇聚了各领域的尖端技术，从认知科学、信息技术到新材料、纳米技术，就像 20 世纪配套五星级酒店的辉煌社区，装备新媒体的狂欢体验与魔幻竞象的符号资本。这是科学与文化的融合，也是资本与符号的融合、内容与产业的融合、文化与经济的融合、信息与创意的融合。据悉，截至本篇写稿日期，中国台湾大学物理所研发的纳米光盘内存高达 100GB ，可容纳 20 部电影，容量是传统光盘的 150 倍。这项发明的核心技术是利用纳米技术突破绕射极限，在远小于光波波长的距离下，进行“近场光盘”的记录读写，使用现有的红光镭射读写技术，将记录缩小到 100 纳米以下，远小于当时 DVD400 纳米的记录尺寸。如果将其用于新媒体网视艺术的开发，那么内容产业的魔幻技术将把信息量拓展到何等惊人的程度？信息科学对时间与空间的突破，材料科学对内容传载极限的突破，纳米技术对读写文本与口头相传载体的突破，都可以达到视通今古、追光摄影、通天尽人的境地。这就是会聚技术（Converging Technologies）与文化经济、符号资本的融合[②]。

（二）网络符号资本的泛媒介革命与文化产业创新的知识生产

布尔迪厄曾将文化资本分为三种形态：第一种是对人体生命有着生物性依赖的身体、身份生物性存在的个体积累的具体形式，带有个体性、无意识性、独特性与符号性的积累与承传特征，包括人类本身所具有的教育、技能、

① ［英］马林诺夫斯基：《巫术、科学、宗教与神话》，李安宅译，北京：中国民间文艺出版社，2010 年版。

② 熊澄宇：《科技融合创新拓展文化产业空间》，载于《瞭望》2005 年 2 月 21 日。

文化、知识及经验的积累；第二种是符号资本的生存与转化，即客观的文化产品，如文学、绘画；第三种是由此形成的被社会公认的权力资本与体制化的社会资本，包括学术资格、学历证书、文化资质与其诠释身份、地位的文化符号与符号资本，具有无限重复博弈与边际效益递增的资本扩张潜能与文化资源特征。[①] 布尔迪厄的“文化资本”在理查德·佛罗里达那里被称为“创意资本”，是内容生产与文化产业的关键因素。[②]

中国是一个文化大国，传统社会体制的典章礼仪极其繁复，在现代与后现代并存、转型和跨越中，各种符号资本都在社会生活和文化博弈中发生着潜在的功用与效应。非物质资本、符号资本成为个体的文化资本与社会资本的抽象综合与象征仪式。最有意味的是，在现代化的跨越、发展与社会征程中，中国人集体性的社会心态已接受了一个不争的事实，即手机、汽车、房子与服饰、学历、文凭、社会地位一样，在物质功能基础上也成为非物质财富的象征仪式与符号资本。中国人最爱面子，“面子市场”就是最大的文化资本、社会资本、象征资本与经济资本。资本形态发生了根本性的转变，文化资本与其他资本可以互相转化，并最终都转化成经济资本。[③] 智能手机以其特有的彩屏、短信、新媒体音乐等多功能，不仅成为当下人们普遍的通信工具、文本终端与视听媒介，最后也成为社会身份、财富地位的文化象征与符号资本，这进一步刺激了手机、移动终端与网络文化的技术创新与资本扩张，使得魔幻技术不断更新换代，在内容产业的创新中形成文化工业的都市消费热潮。在信息技术的超级计算机网络生产与网络文化的扩张中，“云”技术等尖端科技的背后都跟着商业模式与运营规则，一代“内容”就有一代技术，一代技术只传载自己的“内容”，如美国微软公司的商业帝国扩张中出售的不只是信息技术，还有内容服务的垄断，美国苹果公司销售的不只有手机、平板电脑和音乐播放器，还有独家下载的游戏、音乐和视频内容。这势必造成过快换代与过大扩张的魔

① ［法］皮埃尔·布尔迪厄：《文化资本与社会炼金术——布尔迪厄访谈录》，包亚明译，上海：上海人民出版社，1997 年版。

② 向勇：《创意领导力——创意经理人胜任力研究》，北京：北京大学出版社，2011 年版，第 60 页。

③ 叶朗：《文化产业与我国 21 世纪的经济发展》，见叶朗主编《欲罢不能》，哈尔滨：黑龙江人民出版社，2004 年版，第 71—84 页。

幻技术的狂欢，造成高成本、高代价的成长和扩张，造成能源、材料的消耗和环境的污染，造成国民经济支付能力的难以承受和扭曲。然而，正如大禹之治水，堵不如疏，魔幻技术主义的新媒体狂欢应导向哪里？那就是由本土文化资源重构的民族文化复兴和高雅文化发展，如神话与原型的魔幻艺术仪式，“四书五经”的网络艺术传播，汉字文化的彩屏趣味解码，唐诗宋词的新媒体网络艺术传播，《史记》《汉书》和“四大名著”的新媒体传输，小说、戏剧、影视的新媒体技术导读。[①] 唯其如此，才能从文化消费走向文化创造，用新媒体构筑主流文化、民族文化、本土文化重建的网络技术平台。

（三）泛媒介革命的文化市场创新与文化资源动员

一个更为深入的问题是，新媒体从寓教于乐的文化消费如何走向文化创造的主流价值前沿。布尔迪厄的文化资本链，从一个肉身的生物性存在开始，经过文化产品的创造，转化为社会身份、权力资本与符号资本的制度性存在。而现在的新媒体文本存在文化价值的断裂与文化资本的断谷：一是新媒体网络技术话语与本土文化资源的断裂，二是文化消费者个体的符号积累与文化产品的断谷，尚不能通过市场的消费环节替换、“替身”为权力资本、符号资本的制度性身份。魔幻技术主义越是脱离本土和文化资源，文化消费就越是与文化创造的生机的积累断谷，甚至恶性循环，导致物欲主义的扩张和消费主义过度商品化。

中国自结绳记事、甲骨卜辞起，从夏陶、商铜、周漆、唐俑、汉刻石、唐三彩、宋瓷到明木、清画[②]，每一次新材料、新媒体的发现和新技术的采用，都促进了主流文化的发展、民族文化的复兴、本土文化的重构、符号制度的更新。结绳记事推动了农业文明的发展，甲骨卜辞在宗教活动中承载了口传文化的丰富内容，包括天文、地理、人文、宗教、艺术。汉代造纸术的发明，使上三代口传文化得以整理为教育经典的“六经”，所以梁启超说“六经皆史”。汉代开设六经博士官学与学馆，又为唐宋文官制度奠定了人文基础与社

① 皇甫晓涛：《符号经济与数字文化的国家创新系统》，载于《江西社会科学》2005 年第 11 期。

② 皇甫晓涛、李彦君：《文化资本论、文物鉴定与产业测绘》，北京：人民日报出版社，2009 年版。

会基础。宋代活字印刷术的发明，为诗画融一的清画艺术创造了技术条件。每一代新材料、新媒介和新技术中，都有新的绘画“内容”、彩饰艺术与历史知识、人文符号。当前，从口传文化、书写文化到媒介文化，再到新媒体的网络技术与新媒体艺术，都应有本土资源的重构、创造与再创造。比如2008年北京奥运会提倡的“人文奥运”，即关注了中国神话、礼制仪式、典乐与符号的融合，在开幕式中向世人展演，进入全球媒体文化的传播与主流视线。而远古神话、汉字源流、“四书五经”、唐诗宋词、明清小说、现代戏剧，都应借用网络技术以新媒体形式进入中小学的教育课本和游戏课本。手机的新媒体狂欢，不应只有“老鼠爱大米”的戏谑，还应有“有朋自远方来，不亦乐乎”的经典章句和山高水长的美妙乐章。西安有《大唐盛典》的盛世华章、广西有《印象刘三姐》的民歌风采，湖南有楚歌印象的雄风乐章。《哈利·波特》的文化生产，调动了所有新媒体技术和影视传播的技术手段。中国文学从《诗经》《楚辞》、唐诗宋词到宋元戏剧、明清小说、现代影视，意涵都极其深远博大而又丰富微妙，在装备“新媒体”的信息生活——“五星级辉煌社区”时，千万记得要把本土文化资源的重构与民族文化复兴的要素和软件技术系统组合进去，形成中国自己的文化产权、知识产权、技术专利权和非物质文化主权，这才是魔幻诗学的科学跨越和文化资本的创新之路，这才是中国文化产业模式、全球经济发展潮流的科学创新道路与和谐艺术乐章。

（四）泛媒介革命的魔幻艺术创新和魔幻技术发展

借助世界魔幻文学到全球魔幻技术的泛媒介革命，人类在信息主义的支持下试图渴望重返古老的精神家园，这超越了个体符号资本与肉身文化资本，进入了更深层次的自由本质和游戏渴望。新媒体从最初的通信功能到信息服务的媒介功能，再到审美娱乐、游戏体验的文化功能，最后到身份书写的符号功能和象征功能，这也是电子工业到信息技术，再到媒体技术与文化艺术的转换，最后文化艺术在魔幻艺术、身份符号中走向内容产业、文化资本和文化经济，走向知识服务业的尖端与前沿。这是从信息技术、信息经济、信息社会到上层建筑的信息文化生成过程。全球文化产业互动和形成的过程，是文化产业“不可视”的非物质形态与非领土扩张得以实现的技术前提和市场前提。在全球多样互动的过程中，是文化生成了内容产业和新媒体技术，还是内容产业的新媒体掠夺、文化资源的控制、市场的垄断与文化规则的主导，最终形成世界“文化帝国主义”的新媒体狂欢呢？英国史学家汤因比把6000年的世界史分为26种文明，其中大部分均已绝灭，目前世界上还存在着5种文明。[①]21世纪，以非物质的人文礼乐为核心的中国和谐文化已经成为世界文明的重要力量之一。但是，如果中国文化资源肆意被新媒体掠走、扭曲、变形、强暴，如果继续以“老鼠爱大米”的诙谐乐章走遍天涯，那么这一古老文明的新生很难复兴强大，很难主导新媒体的知识产权。这就是国家非物质领土、商业领土的意识形态主权话语和文化主权。如果《诗经》变为太平洋帝国魔幻符号的迪士尼乐园，“桃花源”变为麦当劳帝国的文化符号，那么这全球化的文化经济、文化产业扩张将比飞机大炮送来的殖民经济更为可怕。因此，新媒体魔幻技术的狂欢，将给我们一个怎样的文化世界与世界经济复兴之路呢？这在中国和谐崛起、科学跨越的今天尤为重要。太平洋帝国的文化经济非领土扩张、达沃斯欧洲理性的文化博弈、中国和谐跨越的经济探索、三大文明的全球化互动与走向，都要求我们在盲目滥用新媒体技术之前，更多地下功夫做好本土文化重构的网络空间与文化艺术内容创意的准备。

（五）泛媒介革命的可视文化形态与创意符号技术体系

魔幻技术主义的新媒体内容产业还涉及一个重要的文化产业问题，就是在可视的物质形态和不可视的非物质形态的物质存在与人的需求，以及人文、文化、艺术、符号、内容如何与网络信息载体、技术间的融合、划类、区分及产业界定。熊澄宇认为，“文化产业的综合发展要区分物质的存在与人的需求”，即“以网络信息存在的物质形式和以人为中心的服务内容为分类方式，将网络信息服务分成载体和内容两个部分来管理，更为便捷，更有效果”[②]，内容供应商与载体供应商，如不分类划分，从文化上难以有较为专业的原创基础，从技术上难以有精准的突破。

一个更有意味的问题是，中国文化之“文”，最初的含义本是“文饰”，修饰、形式的非物质艺术存在，而英文的“culture”（文化），却是与自然（nature）相联的“耕作”之义，是物质生产活动的衍生。文化、内容、非物

① ［美］阿诺德·汤因比：《历史研究》，上海：上海人民出版社，2011年版。
② 熊澄宇：《科技融合创新拓展文化产业空间》，载于《瞭望》2005年2月21日。

质的精神存在、艺术存在和魔幻神话的存在，借助信息载体和媒介技术又成为超物质、跨时空的技术存在和泛媒介存在。魔幻技术主义由文学巨著步入新媒体狂欢，媒体“书写”由信息传递到艺术魔幻，这究竟意味着简单的消费主义的扩张，还是经济“侵略”了文化，抑或是文化“强暴”了技术？这里有许多文化哲学、历史哲学、艺术哲学的问题，也有许多科学哲学、技术哲学的问题，值得我们玩味。

现在我们需要重新审视、界定“文化”与“内容”，也需要重新审视、分别界定“技术”与“艺术”、“信息”与“符号”。比如“大生产”“解放”“永久”“飞鸽”“蜜蜂”“牡丹”“上海”等品牌，这些带着传统和现代中国气派、中国风格和中国气象的符号为什么那么快就萎缩了？这些符号的萎缩，是某些民族品牌衰退的信号，而萎缩之后留下的中空、真空之地却很快被“奔驰”“宝马”“皇冠”“好莱坞”“迪士尼”“麦当劳”填充，非本土符号悄然而入，这是商业领土的丢失和财富中心的转移。

泛媒介革命引起的新媒体魔幻技术主义狂欢的符号大战，是否也该在这方面更多地挖掘本土文化资源、象征资源和符号资源，在内容产业的创新重构本土文化资源和知识自主权的民族经济创新体系？网络文化符号资本的媒介作用与创新功能的深层含义也恰在于此。所谓商业领土的“话语权”，包括内容产业的技术产权、知识经济的贸易规则、文化资源的符号诉求，都有着对知识服务业和后工业、新资本的文化生产力的宏观整合和整体提升。过去，我们常说“寓教于乐”，而今新媒体魔幻技术主义的狂欢，正合谋着“寓商于乐”的战略资本和文化主权的空间跨越，这正是内容产业和符号资本深层战略的意蕴所在。

第十二章　创意空间中的创意资本与地方创生

创意资本是地方文化创生的关键，为城市创意空间的营造和地方文化治理提供了文化资源和价值内涵。在可持续发展的时代背景下，我们需要重新思考文化和未来城市化之间的关系。本章从多重维度评估文化经济，包括社会建设的美学意涵、社会结构和空间性，试图在中文语境下构建一套新的城市化理论。本章拟以文化作为可持续发展的中心议题，构建"创意资本"的多维框架，并以拥有丰富的历史文化遗产的北京市为例，探索其成为创意城市的潜能。

地方创生是新近地方发展、乡村振兴的重要策略。创意旅游作为文化和旅游融合发展的创新产物，是一种可持续的新型旅游形态。创意旅游的体验发生于特定的地方，开发的是地方的"创意资本"。创意旅游的休闲本质和审美原则要求开发地方文化资源、挖掘地方文化内涵。地方意识有利于形塑创意旅游的文化记忆和价值共享。创意旅游在地方创生实践中，发挥地方赋权，实现地方居民、社会企业等地方力量的主导作用。

第一节　创意城市：基于创意资本的创意空间构建[①]

城市应当提供有利的条件以滋养文化和创意经济，这一观点业界早已达

① 本文原文为英文，发表于《劳德利奇艺术管理指南》（Xiang，Yong，Li，Boyi. *Theorizing Creative Capital in China: A Multilevel Framework*. Edited by Byrnes WJ，Brkic，*The Routledge Companion to Arts Management*，London：Routledge，2019.9），王雅涵译，已征得合作者李伯一同意收录其中。

成共识。长期以来，“创意城市”[①]的概念都是学界和公众关注的焦点。无论是为了培养创业家精神，还是重构城市空间、增强经济竞争力，[②]我们都应把创意当作构建城市网络的关键。但是，如果城市和文化的关系未被很好地理解，“文化生产和当地文化社群（社会网络）如何促进城市未来的发展”[③]？

在 2016 年发布的《文化：城市可持续的未来》的全球报告中，联合国教科文组织呼吁政策制定者、商业团体、城市规划者和学者都能将文化遗产和创意作为城市未来可持续发展的中心，尤其是创意企业家。同样地，在 2016 年《基多宣言》中，联合国住房和城市可持续发展大会（UN HABITAT III）提出《21 世纪的城市规划》[④]，呼吁以创新方法规划设计城市空间，原因在于这一创新方法不仅可以促进文化生产、建设文化机构，还能促进文化开放、当地艺术文化的街头创作及文化在公共领域的推广。这一新议程，从多个维度展现了城市和文化两者之间互惠平衡的双向关系。

10 多年来，中国将文化创意产业作为推进城市化的新动力[⑤]，文化创意产业快速崛起而取得的骄人成绩有目共睹，同时也存在着不少问题。这背后反映了中国改革开放以来取得的举世瞩目的成就，也反映出现代中国发展中遗留的问题。之后，中国致力于可持续发展，经济、环境、社会全面协调发展，而非牺牲某一方面作为发展代价。倘若不是对文化与社会的发展心怀宏愿，上述转变难以实现，也难以促进文化转型和社会进步。而文化创意企业是实现这一宏愿的关键。由于城市的人口、经济、社会形态不断变化发展，我们亟须探索重塑当代城市空间的新方法。建筑、博物馆、音乐、行为艺术等不再仅仅是物品或艺术，更为城市规范性规则的设计提供新思路、新方案、新理论，以实现未来可持续发展城市的愿景规划。

---

① Florida，Mellander & Stolarick，2008；Markusen，2006；Stolarick& Florida，2006.

② Cunningham，2012； Florida，2002； Hall& Hubbard，1998； Throsby，2010；UNCTAD，2016.

③ Bingham-Hall&Kassa，2017.

④ Sennett，Burdett & Sassen，2018；UN-Habitat，2016.

⑤ Keane，2013；O’Connor& Xin，2006；Xiang& Walker，2014.

一、理解创意资本

“资本”这一概念过去总是从纯经济学的角度被狭义地理解为一种物质形态——为了市场交换而组织生产有价值的商品，如机器、劳动力、金融资产等。以上概念基于经济社会学和文化经济学，该领域的学者，从马克斯·韦伯、卡尔·波兰尼到雷蒙·威廉姆斯，认为社会关系及其引发的社会组织和结构（家庭、宗教、国家、文化观念等）可用于解释经济活动的参与者如何在生产商品和市场交易的经济竞争中占据优势地位。布尔迪厄把资本分为经济资本、文化资本（或称美学资本）。作为经济资源的资本，可在市场中用价格量化，与其他生产形态交换。作为社会、文化、美学资源的资本，融合于社会的历史文化之中，其价值体现在人们共享的美学体验中。其核心内容是相对固定的，不会时常变化，但人们却需要亲身的体验和教育才能理解、习得。因此，关于创意城市的解释理论一定是非经济形态的资本理论，且这种形态的资本可以累积、获取并转化为经济形态的资本。

布尔迪厄对 19 世纪巴黎艺术圈的研究，包括诗歌、绘画、戏剧等，他从资本的角度重新阐释了“竞争”“优势”“权力”这些词汇的概念。经济参与者竭尽所能去获得这些资本，包括社会关系、教育家庭背景、与有名的艺术机构发生关联而具备象征价值（比如艺术运动）。[①] 他引入“场域”的概念用以描述下述现象：“处于场域不同位置的行动者通过转化社会、文化、符号资本以部署战略资源，以把持场域中利益攸关的得益权。”[②] 在文化生产的场域之中，通过转化关系、文化、符号这些经济或非经济资本，行动者可获取竞争优势。非经济资本的累积并非依赖于理性经济人的行为，而是源于对纯粹艺术共同的习得和追求，即“为艺术而艺术”[③]。布尔迪厄指出，经济理性与艺术追求是相对立的两极，两者合理存在着且贯穿于文化生产的方方面面。以上对经济—

① Bourdieu，1993.

② ［英］克里斯·比尔顿、［新西兰］斯蒂芬·卡明斯. 向方勇译，《创意战略——商业与创新的再连结》，北京：金城出版社，2015 年版。

③ Bourdieu，1986.

文化拉力作用的洞见构成了创意资本的理论基础。

使用“资本”概念描述文化企业家所获得的一种潜能，可动用关系、制度和文化“财富”，实现艺术创意的社会文化转变或商业转变，或两者兼而有之。此定义的理论源头可追溯到经济社会学的相关著作。①“创意资本”的理论前提是文化企业家立足于紧密的社会网络之中，其中包括艺术家、教育者、艺术评论家、评估机构、收藏家、政府、公众、媒体等。文化企业家自身也深植于该网络中并从中获取可利用的资本。文化企业家通过获取非经济资本（如声望、信誉、美学认同、文化品位和文化认同）以收获身份地位、社会认同，并持续和同源的社会成员交流以巩固“再生产”这一认同感。换言之，创意资本可通过三种资本形式获得：关系资本、文化资本和符号资本。

为了厘清错综复杂的理论，我们可以从文化经济的三个层面加以分析，即人们的日常生活（微观层面，嵌入式分析）、组织机构（中观层面，生态环境分析），以及知识传统（宏观分析，历史分析）。（表 12–1）

表 12–1　创意资本的研究框架

空间层级	关系资本	文化资本	象征资本
日常生活（微观层面，人类学角度）	社会嵌入： 创意网络在地理上如何分布？如何促进人际间的信任？ 未来城市空间会如何变化？人与人之间是否更易遇见、发生联结？ 公共空间（博物馆、大学、街道、马路、街区等）和私人空间（办公楼、住宅区和家庭活动）的	文化嵌入： 旨在培养受过良好教育、博学多闻的创意阶级。 人们交流创意、相互学习的空间何在？哪种艺术形式和空间更易让创意阶级获得灵感？ 如何设计公共空间以促进沟通、学习？（公共图书馆，书店，大学，博物馆等）	认知嵌入： 是否有关于城市文化生活的信仰、神话、叙事的体系？城市如何建立符号生产和自身文化认同之间的联系，并保持平衡？ 如何根据遗产、传统规划城市空间，建立社会经济的互动？“美好生活”如何具体规划？ 城市的空间规划如何反映城市的社会经济问题？即迁移和集聚、社会不平等、

① Bourdieu& Wacquant，2013； Fligstein&McAdam，2012； Granovetter& Swedberg，2018； Polanyi，1957.

续表

空间层级	关系资本	文化资本	象征资本
	意义何在？公共空间和私人空间以何种方式联结？		老幼关怀缺失、闲暇时间不足、环境问题等。
组织机构（中观层面，生态学视角）	作为机制架构的组织机构： 文化的基础设施是什么？在创意生态中是否也存在三螺旋模型？（政府—大学—产业） 城市如何促进重要机构之间的交互作用？政府、文化企业和商业群体（政府—艺术—企业）如何形成机构之间合作的常态？促进或限制这些机构之间交互合作的关键动因是什么？	富含知识的组织机构： 作为文化生产的关键联结点，该如何定位文化机构？ 人们如何习得文化资本并分享见解？文化品位是如何形成、具有影响力并最终成为城市的文化遗产的？ 文化机构如何在社会上发挥其美育功能？ 在促进美育的过程中，政府发挥了什么作用？ 创意阶层的崛起、艺术友好型城市环境的营造，商业群体从中受益的同时又是如何支持文化组织的相关活动的？	产生文化认同、作为文化遗产的组织机构： 哪些重要的文化组织、文化事件或历史遗迹为城市建构了独特的品牌？ 城市如何通过人们在城市网络中的生活工作体验，给予其特有的城市符号价值？比如，一所大学的文凭广受认可和推崇。 城市如何给出创意独特、个性化的方案以解决基本的发展问题？比如，市民的权利、社会的公正、环境问题、对老人孩子的关爱。 社会和经济的不公正是如何影响城市的现有空间的？针对现存问题有哪些可供选择的方案和建议？
现代性和美学（宏观层面，历史学角度）	现代化的艺术学校： 创意企业如何从美学角度理解并践行“现代性”和“美好生活”？ 何为创意网络的空间分布？创意企业如何交流、分享、共同创造艺术的新形式？	后现代论坛： 有关现代性、当代艺术、文化遗产的核心争论是什么？ 社会力图建构和维持的有关伦理、公正、社会价值的主要结构是什么？	作为规范的现代性： 社会理论权威是否已经主导了现代性和当代艺术发展的话语权？他们是如何成为规范的（以历史视角考察）？这些权威如何行使他们的象征权力？ 不同学派之间的理论争论是如何影响创意企业获得

续表

空间层级	关系资本	文化资本	象征资本
	文化企业如何在当代日常生活中为文化传统和文化遗产注入新活力?	当下有关社会评论、艺术评论的研究论文的关注点是什么?	品牌和社会认可的? “文化的可持续性”在何处能达成共识?谁是该领域的主导者?他们如何具有影响力?

在人们的日常生活层面，我们探讨城市空间是如何调节文化企业家平日的交流学习、符号构建活动，以帮助或阻碍培养文化企业家精神。城市空间有能力也有潜能去满足文化企业家这种日常生活需求。比如，当下创意社群中的创意者很容易集结（例如，形成兴趣社团、探寻真实身份、提出合作方案）、交换信息，相邻者相互合作。

在组织机构层面，我们致力于推进创意经济的相关机构之间的相互协作、相互促进。经济地理学者把这种相互促进的作用称为“管理方式的累积”（Regime of Accumulation）。这一层面提出了如下问题：机构“管理方式的累积”[①]处于社会网络中，创意资本是如何在其中形成、累积、再生产的?文化创意经济有下述特点：小微企业、中介型企业互相联合，若干大企业在相对动态的环境下运作，比如公益劳动、短期项目、临时雇佣。人力资本的流动速度较快，人才在为个人理想奋斗的同时也在实现社会的共同理想（即推动社会进程），人才也不仅仅只为一家特定企业工作。故而，创意者的个人生活空间与现代城市管理阶层[②]有实质上的不同。城市空间中组织结构的转变意味着我们已经实现了后工业化城市（汽车友好型道路交通网络连接着城郊，慢节奏的工作和生活）的理想，这一理想源于20世纪的现代主义视

① Markusen，2006.

② 许多企业都转为目标驱动型，而非利益驱动型或股份驱动型。这样的企业更能成功地留住人才并组建精英团队，并致力于实现他们“让世界变得更加美好”的目标。（如硅谷的谷歌、脸谱将这些目标与商业成功相联结）这一趋势可解释为商界对于现实的适应性战略。未来的创意经济，企业忠诚度变得尤为重要，除非企业员工认为他们创造的价值能大于账簿和证券市场的变化和波动。

角。现在，我们为了城市的“空间流动”[①]建设文化公共设施，朝着后现代的未来城市的理想进发。

更进一步，我们希望在中文语境下，以现代主义的当代视角详细阐述创意资本的相关概念，着重分析现代性和审美理想的历史争议，探讨这些争议如何作用于当代创意城市网络、机构关系和创意社群。由此，可勾勒出一个创意城市的轮廓。

（一）关系资本

关系资本是指身处密切联系的社会关系中的行动者因其所处的社会位置而获取的能力。某种程度上，关系资本可以促使行动者的位置发生移动，促使网络的中心位置发生变化，从而获得行动者预想的结果，该作用与“结构洞”（Structural Holes）相关——这也被 Fligstein 和 McAdam（2012）称为“战略性的行为主体”（Strategic Agency）[②]。如若行动者在社会网络中处于关键地位，则更能掌握权力，更有影响力，这一点可运用结构分析的相关理论印证（比如网络图论或复杂网络理论）。不过理论中的社会关系结构比较简单，只是给出了关系的一般定义。但是在现实中的社会关系结构十分复杂，并不好处理，因为同样的社会关系在不同的背景下所具备的意义不同且难以量化。

以下两种社会结构可具体展现关系资本的益处：人际的信任和区域协同。前者是社会共同体形成的基本条件。基于相互信任，社会成员在日常生活中分享交流空间、工作空间和生活空间，在这一过程中累积并维持关系资本。密切相连的关系资本体现为成员之间的“团结”，社会成员一起维护所在共同体利益，以免受投机的、不正当的或其他反社会的行为的侵害。基于人际关系，该共同体结构紧密，社会成员欲分享各自的文化资本。当代城市的文化和创意经济侧重于构建艺术家和商业团体及其他相关者之间的社群。比如，城市公共空间设计有意识地促进文化的公开透明性。文化创意经济受益于城市中关系资本的累积。跨越不同社会网络的中间人更易迸发创意（例如，跨区域协同或美第奇现象）。现代城市将文化置于城市未来发展的中心，致力于将城市建设成为复杂的社会网络空间，达成艺术和道德的双重理想。城市并不只是狭隘

① Castells，2004.

② Fligstein&McAdam，2012.

的交易市场、工业增长点，或是展现乡绅化和社会不平等的空间。①

在中文语境下，“关系”是复杂的、微妙的，要基于中国社会实情来解释，绝不能用普遍定义和已有的理论简单分析概括。②研究关系文化不是为了证实社会联系可以帮助个人和组织建立经济竞争优势，而是为了揭示中国有特定的社会规范、标准，有基于人际关系考量的文化情境，并由此形成关系资本，且在这一过程中精力时间消耗较少，相互间又联络了感情，维持了关系。现有的关于中国关系网络的研究多肯定关系文化的积极作用：由于人际的信任不断累积关系资本，又进一步促进了这一套社会规范。但是，他们没有意识到，无论是经验上还是理论上，关系文化会妨碍在中国场域下发展文化生产。

运用实证方法，可以去研究文化企业是如何在中国社会利用这一套社会规范调动关系资本的。可以在 Dimaggio 的研究中找到相关案例，他研究艺术消费者、社会阶层和美国文化企业形成的网络③，也可以参考 Mezias 和 Kuperman（2001）对 1895—1929 年美国电影产业的研究。后者解释了社会网络在好莱坞企业家社群中起到的关键作用，高风险的电影之所以能取得成功，依赖于艺术创意的质量和价值链的运作，这两者都深植于社会网络之中。

（二）文化资本

文化资本是指个人或团体如何在世俗和理论的层面解释与交流美学体验。文化资本的定义强调城市空间中的个人、组织和社群的潜在能力，不同于经济学家对资本的理解，④不是可以直接产生价值的有形或无形资产。拥有文化资产意味着文化企业家可以做到：①寻找新机遇或是给予那些缺乏美学认知能力的人以美学视角；②发展一套完善的艺术理论（以文章、演讲、采访、讲座等方式），让他人共享这一新奇、先验的美学体验。在《艺术世界》一文中，Danto 提出，艺术品的产生依赖于社会理论家、艺术批评家的

① Harvey，1992，2013.

② Luo，2008；Redding，2013.

③ Dimaggio&Useem，1978；Paul DiMaggio，2011；Paul DiMaggio，1982.

④ 著名文化经济学家 David Throsby（2010）把文化资本定义为“一种有形或无形的资产，代表或生产了某种文化价值，这种价值是非经济价值”。这种定义略显狭隘，以经济视角看待文化资本过于客观，忽略了历史的演进过程造成文化资本的累积、社会结构促使文化资本发展，这才是其真正价值所在。

观念及他们从物质客体中提取美学意义的方式。Danto[①] 以 Andy Warhol 的“布里洛的盒子”为例，强调“文化资本”、观念社群（关系资本）和艺术价值之间的关系：“布里洛的盒子和艺术作品之间的差别在于，布里洛的盒子是一种观念艺术……没有这种观念，人们不会把它视作艺术。但为了使之成为艺术世界的一部分，人必须掌握深厚的艺术理论，对整个纽约绘画的历史有相当了解……”

文化资本是天然形成的，可以被人们习得且可跨越时间和空间传递。紧密相连的社群中，艺术家、教育家、评论家和公众共产共享文化资本，并在这些艺术活动中获得身份认同。就像知识和技术那样，文化资本的发展需要时间、耐心，更为重要的是空间，有相同世界观和归属感的人们需要空间交流、实践。

获取文化资本是一个只可意会的过程，需要人际交互、社群学习。创意从创意场景（写作流派、电影风格、音乐表演等）中产生，文化理论和理论家的重要性显而易见。为了符合市场逻辑，他们要解释创意的作用机理，评估创意价值，以恰当的方式把握、再生和发掘其价值。上述要求促进了文化价值的再利用和再创造（即站在巨人的肩膀上），为企业发展提供更多机会（文化生产的边际效应、网络效应和长尾效应）。文化资本是创意企业的重要资源，同时也是个体层面、社群层面、地区（城市）层面的重要资源。在学习、探寻、联络、建立关系、分享知识等一系列动态过程中，文化资本逐渐累积。处于这一互动网络、教育网络、知识生产网络中的艺术家和艺术企业要找到合适的空间与其社会生活相适应，以完成上述过程。对空间的需求使得文化资本的动态累积成为可能——这一可能性的条件——在制造和技术创新领域并不新奇。[②] 近年来，对“创意城市”的研究也聚焦于文化企业的空间性，特别是美国的城市，[③] 不过对中国城市的创意空间倒是研究甚少。

（三）符号资本

符号资本是指个人、企业创造或重新构建符号与文化意义之间的新联系。原有的联系被大众理所应当地广泛接受、习以为常，甚至习惯成自然，带有一定的仪式性。人类学家早就提出，创造和解释符号是人类本能，人类社会就是

① 1964，p.581.

② Amin&Robins，1990；Cooke，Gomez Uranga，& Etxebarria，1997；Saxenian，1994.

③ Stolarick& Florida，2006；Throsby，2014.

由带有符号象征意义的历史层级（Historical Layer）构建而成。（比如，信仰、宗教、语言、艺术等）在文化生产领域，符号象征的重要性基本等同于社会地位，比如声誉、时尚品牌、思想派别、毕业院系，故而该领域的行动者对此相当重视。正如前文所述，与经济领域相比，艺术价值很难衡量，具有很大的不确定性。因为对艺术的价值评估取决于社会群体对文化资本的认知，这一认识基于普遍理论、历史共识。为解决价值的不确定性问题，经济行动者使用艺术社群的“社会结构”解释艺术品的潜在价值：一个艺术家或一件艺术品在该社群中地位、声名越高，越容易为人所关注，被赋予更高的艺术价值。符号资本的功能在于，以一种非平等的方式展现行动者的社会地位，以证明文化生产可以产生经济价值。

一方面，符号资本，作为代表文化资本和艺术创意的一种方式和符号，可以保证文化生产的经济效率和对外联结性（不仅仅指市场投资者，还指具备文化兴趣的公众）。因为人们参与、投入时间精力或者协同配合之前，无须完全理解文化（或文化产品）的意义。符号资本可以理解为一种功能性的认知工具（比如，学位、技能等级、资历），其传达的有关个人、创意项目，商业实体等的质量、可信任度、潜在风险等信息往往可以为商业决策提供依据。就个人和组织层面而言，符号资本的积累可带来品牌价值、获得社会的正面认可，而这些都可转化为经济利益。就地区的层面而言，上述内容可帮助构建文化遗产和文化认同。符号资本可被视为文化资本和经济资本的中介，即布尔迪厄所说的“无意识的利润”（Profits of Unconsciousness）。例如，旅游产业中那些受欢迎的旅游产品总是被赋予了某些象征价值，是历史遗迹、艺术博物馆、风景名胜的具体化呈现，展现了政治历史变迁和艺术品位的变化。

另一方面，因为符号资本具有自我复制的能力，一旦其包含的内涵被人们领会，它就进入了一个恶性循环。循环中，它自我观照、夸大其词地自我推销，从某种程度上而言，其传递出的符号信息已经与其本意相脱离。[①] 符

① 实际上，符号和意义的分离代表了后现代主义者的观点，虽然他们没有就艺术理论达成共识，却一致批判“现代性构想”及其和“元叙事”联结的谬误。（Bauman,1988；Habermas,1983；Harvey，1990）未来关于后现代的影响、创意资本的形式和功能的研究会与文化和未来城市的关系密切相关，超出本文的研究范畴。

号资本不是文化企业家空穴来风创造出来的，而是植根于文化资本的积累，文化资本在文化网络中被构建和维持。批评家常使用“符号暴力”的概念表达对现代社会种种不公正的担忧。社会的话语权被社会精英或某一阶层主导和控制，用以证明其社会权力的合法性。同样地，社会权力较弱、处于劣势的阶级也可以构建他们的符号意义，以此认识社会，力求社会公正，如同马克思主张的那样。[①] 从文化和创意的角度，上述内容可以解释为何文化企业和艺术家赋予美学体验以意义（写作、剧本、电影、绘画、摄影），创造新颖的商业模式（数字媒体、社会企业），这给大众理解和认知现实提供一条新路径，敢于用新的方式针砭当代社会的不公正。（例如，街头涂鸦艺术家都很崇尚 Banksy 的作品）总之，符号资本与社会权力及等级密切相连，行动者如何有意识地不受符号霸权的干扰，创造一套认知理解的方式极为重要。符号资本的生产也意味着文化企业和艺术家参与了社会的权力斗争，具备了解释象征意义的能力。

二、北京：一座创意城市

北京在文化创意经济的实践下，正经历新一轮的城市转型。根据创意资本的概念，我们可以评估开发北京城市创意空间的潜力，使用城市空间创意资本的三层次框架（日常生活、组织机构、现代/美学理论）加以分析，考察北京是如何利用那些植根于城市空间和历史语境中文化的、关系的、象征的文化遗产和资源的。从前，单纯从经济角度考察城市化，创意经济只是一个经济增长点。现在侧重美学传统的历史延续性和文化生产的社群，并试图将这些创意资本转化为未来城市改造、经济发展的优势。

近 10 年来，北京高度关注文化创意经济，致力于成为国际化城市。改革开放以来，北京广泛地开启了城市化进程并带动了周边地区的发展。如今，作为首都的北京已是中国的特大型城市，引领中国一线城市（上海、广州、深圳）的发展。但是，这些发展给城市生活空间的结构、文化遗产、社会福利和

① Harvey，1992，2013.

保障、环境（比如，沙漠化、极端天气、水资源短缺、空气问题等）增加了很大的压力。为了应对城市化问题带来的挑战，北京市政府采取了一系列措施，投资建水库和运河、进行基础设施建设、改造城市空间、制定相应政策限制人口迁入，等等。

2012年，党的十八大作出一系列关于北京发展的重要决定。北京的城市定位从经济中心转向文化创意中心，将其经济和工业功能疏解到周边地区，比如天津市、河北省。河北省虽然紧邻首都，但是发展较为落后。为实现可持续发展战略，北京城市规划的重要战略之一就是建设北京之外的未来城市——雄安。在雄安新区不仅要设立行政机构，还要探索一套标准，建设一座可持续发展、以人们美好生活为中心的未来城市。这一宏大战略还要求北京市政府从城市迁往郊区（重新确立京津冀地区的中心）。在此背景下，北京将在未来回归其原有文化、文明、创意的首都功能。

当北京被定位为文化创意之城后，周边地区（甚至是全国）的文化创意企业更加向北京的市中心集中。2015年以来，京津冀三地的文化产业协会加强合作、增进交流，合办了许多研讨会和一年一度的工业博览会。新时代地区协同发展的战略部署为文化创意经济的增长起到了推动作用，提供了政策支持，新兴产业园区的建设是一大亮点。以上宏大战略旨在为北京建构城市文化认同。

与相邻地区相比，北京拥有国际文化交流的基础设施（大学、博物馆、媒体），更利于与世界交流、与国际接轨。北京市有许多公共图书馆、博物馆、剧院等建筑遗产，也有丰富的文学、音乐、工艺美术、民间艺术等文化遗产。北京作为“设计之城”被联合国教科文组织邀请进入创意城市网络，因其能将中国文化遗产和当代城市的工业成果相结合。2008年奥运会之后，北京朝着文化创意之都的建设目标发展，重塑城市空间。奥林匹克公园（鸟巢、水立方）、国家大剧院等城市建筑增进了当代城市的文化认同。近年来，随着中国致力于全球化、可持续发展，北京也致力于成为文化交流和国际联结的中心，提出了全球发展议程。（如“一带一路”峰会、联合国教科文组织的创意可持续发展中心、亚洲投资发展银行、创意城市网络峰会等）

（一）从网络到现代性：在北京汇聚创意资本

那么，该如何运用“创意资本”帮助北京未来向文化、和谐、可持续的方向发展？根据表 12–1 中空间、历史的研究视角，可以发现北京蕴含着丰富的创意资本。北京成为中国首都已近 800 年，其成为中华文明的中心之一已近千年。面对政治动荡、外国入侵、文化冲击、人口流动、气候环境恶化，北京表现出极强的适应性。肇始于元代和明代（13—14 世纪）王朝对北京城进行的空间规划设计一直延续至今。近 800 年来，北京城作为帝王的财产被设计规划、维修重建，不仅是一个民族的象征，更是中华文明的象征，包容了不同的文化、种族、宗教。中华传统一贯坚持“天人合一”的思想，故而中国古代君王于居住之地举行祭天仪式，并成为一种传统。北京城也见证了上述文化信仰。

从现代性美学理论层面，北京城作为中华文明代表的国家和民族文化资本，见证了朝代更迭和外国入侵，具有强大的历史适应性，继承了文化传统并在当代城市生活中展现其哲学美学意涵。传统儒家思想重君臣社稷，故天之立君，本以为民。君主是统治者，统领教化士阶级和君子。儒道学派的滥觞可追溯到《周易》，国家的正统性在于统治者是否理解并践行“天道”。儒家学派不是以社会阶层、高低贵贱界定君子，而是以个人修为、独立思想为君子的标准，君主的责任在于选贤任能、从善如流、广纳谏言。中国的“士”阶级通过科举考试选拔而来，满怀自豪感来到天子脚下，求取仕途，工作生活。由此可知，中国精英阶级的社会流动深深植根于中国社会的文化传统中，而北京就是这一奇迹般社会流动的发生地之一。位于北京市东北的海淀区，高校云集，成为城市的思想、政治、人才中心。

值得注意的是，北京一部分文化遗产承载了 20 世纪初的知识分子应对世纪之变所探索的空间和制度模式，见证了中国的现代化进程。1911 年辛亥革命后，末代皇帝仍然居住在紫禁城，虽失去实权却还有着肃然起敬的符号权力。天翻地覆却又一切如常。中国开启了现代化吗？北大、清华的教授和学生经常开展公共论坛、公开辩论、私人沙龙、学术讨论。20 世纪初，在政治制度瘫痪、军阀混战、交替建立短期政权的背景下，保守派、改革派、保皇党与共和党、社会主义与反政府主义，各派势力争论交锋，最终重塑了中华文化、中国现代性的元叙事背景。

历史上，北京是重要的文化阵地，20 世纪初到 20 世纪 30 年代，北大、清华学者和教授举办文化讲座、出版图书、诗歌散文、报纸评论并兴办文化机构。许多文化学者立志于寻找中国文化认同的主体与理论（鲁迅、梁启超）、中国哲学（冯友兰、金岳霖）、西方的历史文明（王国维）、社会公平（李大钊、陈独秀）、诗词艺术（陈寅恪）、绘画（丰子恺）、现代文学（胡适）、建筑（梁思成）和大学教育（蔡元培）。该时期的理论成就提出了中国现代性的构想，促进了20世纪中国的社会转型。

历史学家将这场中国思想与文化的运动称为“新文化运动”，其明显标志是中国弃用文言文，改用白话文。现代艺术和美学理论就在北京当时动荡多变的社会环境中应运而生。其时涌现的美学理论建立在进步、公正、自尊等理念之上，而这些理念迄今仍然是中国现代美学的基石。当今对于北京未来城市和文化创意经济的畅想都无法绕过20世纪初的现代中国，其中蕴含着深厚的知识文化遗产。换言之，创意资本植根于当代北京人的日常生活，要研究他们如何从文化和符号上理解、概括、组织这些文化遗产，以获得创意资本的可持续性。

（二）创意网络：作为创意城市的北京创意空间

北京城市空间在历史进程中复杂多变，难以一言以蔽之，故而现在学界对中国现代性的概念尚未达成共识，仍就开放带来的可能性进行探讨。其一就是中国开放可以学习西方文化的典型案例，尤其是其制度结构和理性精神，这和传统儒家思想及其现代价值是大相径庭的。后者在20世纪70年代遭到极力批判。这里想强调的是，北京城中文化机构在文化冲突中要同时适应现代性和文化传统。文化机构也触碰了中国现代化的中枢，即Zygmunt Bauman提到的“现实政治”（Realpolitik）。[①] 换言之，北京的城市空间本身就携带着符号意义、文化意义、关系意义，以至它可以重新定义中国现代性的内涵，其本身也继承了20世纪中国进行国家构建时运用的文化概念。

在关系层面上，当代北京的文化创意网络和1910—1930年“新文化运动”时期的城市创意网络结构相似。网络的联结纽带都是大学、文化企业（传媒、出版、电影、古董、表演艺术等）、博物馆、国家研究院。这些创意网络达成

① Bauman，1988.

了艺术标准的共识：回答“什么是中国的现代性”及如何在现代城市中生活。艺术家、文化企业家、学生、官员都在同一个空间流通、评论，商业和政治利益服务于文化品位。

制度上，城市中兴办了许多大学、智库、国际组织。政府研究机构建构了这一套复杂的网络，掌握了其中信息的流动、知识的分享。在某种程度上，这一套网络以中国现代化的方式生活，能够收获强烈的地区认同感。比如，在国际化的视野中，将传统文化融入现代生活。后来，联合国教科文组织创意与可持续发展中心落户北京，这也是对北京的又一地区身份认同——传统和现代，东方和西方。

符号上，中国现代性理论的争论始于北京，在此发展，学者、艺术家、政党、外国文化在此汇聚、商议、沟通和联结。城市西边和西北边的顶尖高校、研究机构、智库，以及艺术家、知识精英、政府官员同时在此工作、学习、生活，在文化基础设施的支持下，创建了高层次的空间，表达思想、调和观点，影响大众。独属于这座城市的记忆静藏于故宫、博物馆、图书馆、剧院、学院，它们是静谧的背景和舞台，艺术的创新和实践在此登场、上演。对北京创意资本的深入分析可以延伸到创意生态系统的网络结构。有些组织机构塑造了北京的地区文化，分析还可延伸至这些创意生态系统如何被这些组织机构的结构限制或扩展。

通过对北京的创意资本研究，我们可从中汲取什么？首先，关键在于创意资本理论，它既关系到文化生产活动的内容，也关系到文化生产活动的形式。关于艺术生产内容的讨论，比如，文化/美学意涵、社会价值、经济价值等，总是和艺术形式（文学、电影、绘画、诗歌、设计、音乐等）割裂开，使得艺术管理的理论研究陷入一个两难境地：或是只关心文化意义（纯理论研究，为艺术而艺术），或是只关心文化生产的过程（企业管理层面、产业、知识产权及其相关的产业链、生态系统）。通过对北京创意资本的潜力研究，通过理解什么是现代性的哲学内涵，理解艺术如何从经济和产业的角度表达现代性内涵，我们可以顺利地处理艺术产品的形式问题。这也提出了对传统与现代的挑战，其遍布在创意城市的日常生活中，同时也给予我们机会，在 Danto 的“艺术世界”、Bourdieu 的“品位”“区隔”、Becker 的“艺术是一种集体活动”

等理论基础上构建“创意城市”理论。这一分析必须基于文化生产活动的多维框架：日常生活、机构组织联结、现代性沉思。

创意城市的发展不仅依靠政策上的物质激励，还要激励文化企业创值增值，发展新的经济增长点。创意城市理论实则着眼于城市生活的质量和满意度，这与学习的文化进程、网络社群的构建、社会发展及未来城市如何建造蕴含美学内涵的城市建筑息息相关。创意资本的理论给予城市规划者、政策制定者、从业者以机会：第一，通过挖掘艺术美学价值，提出关于城市重建的现实问题；第二，建立过去和未来的联系，以品味城市的文化历史遗产。创意资本的理论框架可看作是展现未来创意城市重要性的理论开端。

第二节　创意旅游：地方创生视野中文化和旅游融合的协同共生

文化和旅游的融合创新是新时代推动文化产业高质量发展和旅游产业优质升级的现实需要。旅游消费包括物质意义上的功能消费，也包括精神意义上的文化消费，而其根本上是一种文化消费。从某种程度来说，旅游模式就是一种文化模式，社会文明程度越高，就越关注休闲和旅游。[①] 文化与旅游息息相关，密不可分。1999 年 10 月，古迹遗址国际理事会（ICOMOS）在墨西哥通过了国际文化旅游宪章，指出“旅游本身已经成为一个日益复杂的现象，纵横政治、经济、生物、物理、生态和美学的各个领域”，“文化遗产被视为日常生活、社会进步和变化的一个生动的参照点……国内和国际的旅游是文化交流的最重要的途径之一……可以捕捉到文化资源带来的经济效益”[②]。文化和旅游的融合要坚持“宜融则融、能融尽融、因地制宜”的原则，“找准文化和旅游工作的最大公约数、最佳连接点”。[③] 文化资源是发展旅游产业的基础性资源，旅游产业是彰显文化内涵的重要载体。文化和旅游的融合发展，有利于推动城

① 于光远、马惠娣：《休闲·游戏·麻将》，北京：文化艺术出版社，2006 年版。

② 古迹遗址国际理事会（ICOMOS）：《国际文化旅游宪章》，1999 年版。

③ 雒树刚：《以习近平新时代中国特色社会主义思想为指导 努力开创文化和旅游工作新局面》，载于《时事报告（党委中心组学习）》2019 年第 1 期。

乡统筹、乡村振兴及地方发展的可持续增长。

一、地方创生与创意旅游

文化旅游的经验发生在一个特定的“地方”。作为一个人文地理学和文化社会学的概念，“地方”是一个被赋予特定意义和价值的地理空间，包括集体信仰、地方认同、文化想象、区域发展和产业开发等地方性感知和地方性生产范畴。地方创生（Place Making）是乡村振兴、城乡统筹和社区营造等社会行动进入新时代的新理念和新实践，包括了“人、文、地、景、产”等多维度的综合概念，是以实现资源节约、环境优化和绿色发展的新增长模式。“地方创生”源于2014年9月日本首相安倍晋三提出的“激励地方小经济圈再生”政策，以及2014年日本国会“地方创生国会”的主题定位。[①]2016年，中国台湾地区提出“设计翻转、地方创生”计划，并将2019年确定为“台湾地方创生元年”，希望通过整合设计人力资源、盘点区域特色资产、统合跨界合作平台和创生能量国际化等四项策略，“创意型创生计划、创新型创生计划、创业型创生计划和复合型创生计划”等4种地方创生计划，挖掘在地文化底蕴，培育地方性的特色产业。“地方创生”不仅要重视地方水利、交通等基础设施的硬件建设，也不能忽略文化艺术、生活美学、服务设计和活化地方产业等软件建设。

旅游业可以将地方极富特色的人文历史、地理地貌、特色农作、工艺传承等区域资源进行创意再生，以地方创生关注“地、产、人”的审视视角，通过地域、产业与人才的多元互动，以“创意、创新、创业”为创生手段，引导优质人才服务地方乡土，开拓独具特色的地方资源，发掘深具地方内涵的地方性产业。旅游产品也是一种象征产品，旅游业作为一种体验经济的产业形态，也是一种符号经济和文化经济形态。文化产业领域的创意转向推动了创意旅游的新兴发展。[②]

---

① ［日］神尾文彦、松林一裕：《地方创生2.0》，王榆琮译，中国台北：时报文化出版社，2018年版。

② Greg Richards. Creativity and Tourism：The State of the Art. *Annals of Tourism Research*，Vol.38，No.4pp.1225–1253，2011.

创意旅游（Creative Tourism）作为一种可持续的新型旅游形态，是文化和旅游融合的创新产物，其概念最早出现于20世纪90年代中期。新西兰学者格雷·理查德（Grey Richards）与克里斯宾·雷蒙德（Crispin Raymond）强调，旅游者在旅游过程中积极参与地方文化，主动学习地方手工技巧，体验地方文化氛围，激发自身创意潜能，实现自我的创新提升。[①]创意旅游是2004年联合国教科文组织发起的“创意城市网络”倡议的产业实践，希望旅游者积极参与地方文化，感受地方传统。2008年9月，首届创意旅游国际会议在圣达菲召开。创意旅游强调通过对艺术、遗产和地方特色的身心感知，营造出具有参与感和原真性的旅游体验。创意旅游是文化产业的“文化加值、创意赋能”等创意管理手段在文化旅游业中的综合应用。地方型创意旅游包括自然景观型、观光农业型、乡村度假型、生态教育型、民俗节庆型和文化旅游型等不同旅游形态，不同的旅游形态吸引了不同的旅游者，产生了不同的旅游体验。

二、审视地方资源：回归创意旅游的休闲本质与审美原则

于光远认为，休闲是现代人自由全面发展的本质体现，可以从观光、游戏与审美等多维视角来看待休闲。休闲起源于人的闲暇，这恰似哲学的起源，是人的一种自我支配行为。休闲使人感到愉悦，体现了人的主体性、自觉性和目的性。闲暇时间的长短与人类文明的发展是同步的，休闲产业是为人的全面发展和社会的整体进步而服务的。[②]文化旅游作为一种休闲产业，要回归休闲的本质属性，让旅游者在旅游过程感到愉悦，产生一种审美体验，进而实现人的自我实现。在这里，我们可以分别从创意旅游的内容、创意旅游的过程和创意旅游的结果来分析地方资源与创意旅游的关系。

创意旅游的内容强调文化旅游开发中对文化资源的开发、文化旅游产品研发中对文化内涵的挖掘。习近平总书记指出，“绿水青山就是金山银山”。我们要以创意旅游的休闲之眼和审美之镜来审视和观看地方资源。地方文化包括农业生产文化、农村生活文化和农民娱乐文化，地方作为生活空间、生产场域

① Richards G，Raymond C. Creative Tourism，*ATLAS News*，2000.
② 于光远：《论普遍有闲的社会》，载于《自然辩证法研究》2002年第1期。

和生态地景，既包括自然生态、地理景观、风土民俗、民间工艺、历史传说和人文遗迹等主体性旅游资源，也包括居家住宿、餐饮美食和车船交通等辅助性旅游资源。①

创意旅游开发的地方资源对象包含有形物质资源、非物质文化资源和人力资源，是一种综合资源总体开发观。其中，创意旅游应以地方文化为根本，其核心是文化价值的开发。创意旅游是文化和旅游融合的高级阶段，注重审美性文旅产品的消费体验。格雷·理查德指出，创意旅游推动了旅游资源从有形资源（历史建筑、博物馆、纪念物、海滩、山林）向无形资源（形象、符号、生活方式、氛围、故事叙事、创意和媒介）的转换。②文化资产可以展示地方文化，这是文化旅游重要的吸引力。象征经济已成为文化旅游消费的重要形式，创意旅游设法运用地方文化资产创造独特的地方文化风格，促进社会、经济和文化的发展。

创意旅游强调，文化旅游是一个体验性、参与性的互动过程。拉斯罗·普兹克（Laszlo Puczko）等认为，文化资源在创意旅游开发中具有独特的资源优势，文化资源的开发投资规模小，有利于旅游资源在时间和空间上的均匀分布，可以促进过去未妥善利用资源的有效开发，以满足特殊旅游者的特殊需求。③创意旅游促进了地方高雅文化旅游（以古迹、博物馆、艺术、音乐等为目的）向地方娱乐文化旅游（以娱乐、休闲、宗教、生态、节庆、活动等为目的）和地方日常文化旅游（以习俗、养生、生活方式、手工艺等为目的）的转变，增强了文化的体验价值，开拓了文化旅游的蓝海市场；旅游消费也从被动式消费转向主动型消费模式。创意旅游的形式也基于学习、任务、参观和购买等消费行为，以手艺工坊、开放性工作室、游学路线和画廊展示等体验型活动展开。④地方创生的创意旅游是一种深度旅游，其体验过程以地方为“舞台”，

---

① 陈灿、黄璜：《休闲农业与乡村旅游》，长沙：湖南科学技术出版社，2018 年版。

② Richards，G.（2010）. Creative Tourism and Local development. Creative Tourism: A Global Conversation: How to Provide Unique Creative Experiences for Travellers Worldwide. Santa Fe，USA.

③ Laszlo Puczko，Tamara Ratz，*Product Development and Diversification in Hungary*，In D and Hall，M. Smith &B. Marciszewska（Eds.），*Tourism in Europe: The Challenges and opportunities of EU Enlargement*（pp.116–126），Wallingford，UK，CABI.

④ 同②.

以文化旅游产品和服务为“载体”，经过独特的行为体验和精神体验，创造出鲍德里亚所谓“流动的私藏”的情感回忆。

创意旅游的结果强调旅游者对于地方价值的分享和情感的连接。创意旅游强化了旅游者的地方感，增强了旅游者对地方的主观理解、内心感受和心理描述，这是旅游者在文化旅游过程中与地方建立起的特殊联结，在此基础上形成一种独特的感受、信念、态度、行为、思维模式和生活方式，最终达成旅游者的地方认同、地方依恋、地方依附。[①] 创意旅游实现了旅游者自身的审美超越和精神升华，超越了日常生活经验的具体感知，在审美意义上体味人生的意义感、价值感和宇宙感。创意旅游所生发的审美活动，可以引导人们有高远的精神追求，进而提升他们的人生境界。[②]

三、培育地方意识：塑造创意旅游的文化记忆与价值共享

旅游者在创意旅游中表现出对其游憩之所的精神连接、情感敬重和行为忠诚，形塑了旅游者独特的地方意识，形成一种承载特殊经验的地方感。斯蒂尔（Steele）认为，地方感是人与地方相互作用的产物，是人以地方为中介产生的一种特殊的情感体验，经由这种体验，地方成为旅游者自我成长的一个有机组成部分。[③] 创意旅游是一种可供性（Affordance）的空间生产，旅游者创生了地方，地方形塑了旅游者。地方的意义在于旅游者的亲身参与，旅游者通过独特的生命体验，产生只属于旅游者与地方的情感连接。在这个意义上而言，地方正如玛西（Doreen Massey）所说，地方是一种路径（routes）而非根源（roots），地方不是稳固不变的，而是开放变动的。[④] 地方本身就处于“生生不息”的创生之中。

乔根申（Jorgensen B S）等认为，地方感应包括地方依恋（Place Attachment）、地方依赖（Place Dependence）和地方认同（Place Identity）等三个维

① 张丕万：《地方的文化意义与媒介地方社会建构》，载于《学习与实践》2018 年第 12 期。

② 叶朗：《提升人生境界》，载于《敦煌研究》2016 年第 6 期。

③ Fritz Steele. *The sense of place*，Boston，MA：CBI Publishing，1981.

④ Doreen Massey. *A Global Sense of Place*，from *Space, Place and Gender*，Minneapolis：University of Minnesota，Press,1994.

度。[①] 地方感知是有关情感、精神和信仰的地方想象。创意旅游的融合创生，就是要经由一种独特性、连续性、原真性和整体性的文化旅游过程，建立起一种旅游者与地方之间的情感依恋、忠实依赖和价值认同。在这里，地方已经不再是固有的“当地人”的地方，而是旅游者作为“在地人”的地方。在这里，“乡”与“土”、外来人与当地人、原住居民与旅游者之间的隔阂，以地方意识为文化中介，分享共同的地方故事和文化记忆，实现彼此的和解。

地方意识是旅游者与地方“地、产、人”的价值共享。土地景观、特色产业与人情故事成为文化媒介，连接了地方与旅游者。荣格认为，人类固有的集体无意识表现为原型与本能，构成了人类集体的文化记忆，“人同此心、心同此理”，人与人之间可以共享这种文化记忆。有地方意识的说书人就是这种文化记忆的传承者、叙述者和阐释者，而这种说书人既可以有固定的角色安排，也可以由每一位“当地人”兼任。旅游者随意进入田间地头、民宅乡居、村头巷尾、水道河边，在水井旁、老树下，不经意都可以遭遇这样的说书人，亲近自然，在日常闲谈中述说着地方的文化景观、地方意识、符号标识和历史过往。有条件的地方可以建设地方故事馆，但地方的文化展示一定要具有真实性和活态性，展示“我是谁，我从哪里来，到哪里去”的地方历程、地方风貌和地方想象。

地方品牌彰显了地方的人文精神和人格属性，地方品牌即地方人文品牌，其无形资产就是地方的意义资产。地方品牌内化了故事原型的特质，具有强大的象征意义。地方品牌直接与旅游者内心深处的心灵印记对话，唤起他们的文化认同、深化价值意义。地方品牌的塑造就是回归“在地人”。地方再生的诚挚初心和创业雄心，可以穿透地方事物表象、照见地方创生的本质，将在地人的生命体验、价值好恶或行事风格，忠实地反映于产品或服务的内涵，并将其提炼后形之于外。地方品牌是地方特别的外显样貌或心灵映照，是所有“在地人”可以感知、经验的自我延伸。[②]

① Jorgensen B S, Stedman R C., *Sense of place as an attitude: Lakeshore owners' attitudes toward their properties*, Journal of Environmental Psychology, 2001.

② 张庭庭：《人文品牌心法》，中国台北：大块文化出版社，2013 年版。

四、实施地方赋权：调和创意旅游的外来凝视与地方主导

地方创生的实施路径是地方赋权（Place Empowerment），即赋予当地人以自我发展、自我再生的能力和权力。齐默曼（Marc A. Zimmerman）等认为赋权是一种让人们有能力主宰环境和做决策的过程，也是一种获得更多自主权和参与感的结果。[①]地方创生网络中有两种力量在支配：自上而下的政府力量和自下而上的社会力量、地方创生的内生力量和外在力量。地方创生的利益相关者有在地居民、各级政府、外来旅游者、各类经营者等。其中，经营者包括个体经营者和团体经营者，而团体经营者具有营利企业、非营利组织和社会企业等不同形式。地方赋权是一个地方能量不断累积的过程，是地方创生的能力从无到有的动态过程。

地方创生的关键在于引导地方居民的自主性参与。作为日本地方创生的典范，越后妻有大地艺术节开创了一种地方赋权的艺术介入新模式，策展人、艺术家、地方官员充分调动自下而上的地方居民参与，让地方居民成为地方创生的主人。[②]创意旅游不仅让地方居民成为文化旅游产品和服务的供给者，而且要让在地居民重塑地方自信，建立地方生活的未来景象。因此，地方创生的主体力量需要在地养成，需要地方创生的专业团队对在地的主导力量进行一段时间的陪伴。

成都市浦江县明月村以生态旅游为导向，推动地方创生和乡村振兴，效果非常好，其主要原因正是作为地方陪伴的明月乡村研究社在其中发挥了重要作用。经历 4 年寒暑的在地陪伴，明月村乡研究社通过引进新村民，帮助老村民，不断悉心引导和创新示范，引导在地居民自觉参与，让他们感受地方生态保育、规模种植的景观效果和综合效益，慢慢养成涵养能力。明月村乡研究社将政府的公共设施建设和地方自发的生态营造融合，在地方政府和地方农户之

---

① Zimmerman M A. Taking Aim on Empowerment Research: on the Distinction Between Individual and Psychological Conceptions. *American Journal of Community Psychology*, 1990.

② 唐璐璐、向勇：《在地艺术的文化记忆重塑与权利话语重置——以日本越后妻有大地艺术节为例》，载于《福建论坛（人文社会科学版）》2019 年第 2 期。

间扮演恰当的中介者角色。地方居民只有建立起健康、优质、乐活的地方意识和生活自信，才能在地方创生和创意旅游发展中占据主导地方，主宰自己与地方的发展命运。

地方创生的运营组织逐渐从非营利组织过渡到社会企业。[①]社会企业因特色社会事业、特殊社会群体的现实需要，不同于在公益价值或商业盈利之间偏执一端的公益组织或盈利企业，避免政府失策或市场失灵，将使命感、利他精神和商业经营、永续发展融合起来，强调通过企业经营和商业模式的手段解决社会问题，旨在平衡好社会价值与经济价值之间的关系。社会企业的核心竞争力是一种社会资本，我们可以通过社会资本将经济资本和文化资本进行融合转化。创意旅游的社会企业追求“经营获利”和“社会公益”双重价值，是马克斯·韦伯所谓“工具理性”与“价值理性”的双重调和。

社会企业着眼于地方性产业。在中国企业和社会组织管理的法律框架下，推动地方创生、发展创意旅游的社会企业，可以表现为集体所有制、合作社组织和公益组织附属企业。社会企业经营的地方产业目标是建立“一地一品”（又称“一村一品”、“一镇一品”或“一区一品”，英文表述为“One Town, One Product”，简称 OTOP），包括食品加工、特色工艺、创意生活、节庆会展、休憩服务、在地美食等地方性特色产业。这些地方性产业一定要融合当地文化、民间艺术和历史背景等地方元素，提供独特、优质、特色、手工、限量的产品或服务。社会企业经营的地方性产业是小而美的，是富有人情味的。社会企业发展创意旅游，可以有效整合地方的乡土文物、民俗活动、地方物产、文化庆典、民间工艺等相关产业的活化创生。这些地方性产业具有社会公益性和商业微利性，符合社会企业的发展理念和经营模式。[②]当然，社会企业做了这样的目标设定，政府和社会对此都有更高的期待和更严的监督，这也加大了社会企业自身的经营风险。

① 李康化：《里山资本主义时代的地方创生》，载于《文化产业研究》2018 年第 1 期。
② 柳军亚：《台湾社会企业的美丽与哀愁——以地方创生发展地方产业为例》，硕士学位论文，中国台湾大学，2018 年。

五、协同地方治理：推进创意旅游的国家联结与社区共生

地方治理既不同于地方管制，也不同于地方自治，是对地方创生的各个主体平等关系的责任协调和利益平衡。[①] 地方之上有国家认同和全球想象，地方之间有社区纽带和生活日常。创意旅游的地方治理是一种协同共生的治理模式，其交汇点是创意旅游如何实现地方创生。

地方创生是一种可持续的地方发展策略，需要平衡经济、社区、文化和环境等不同方面的发展需求，需要平衡政府、居民、旅游者、经营者等不同主体的利益诉求。全球可持续旅游委员会制定的创意旅游可持续发展指标包括目的地可持续运营，当地社区经济利益最大化与负面影响最小化，社区特色性保护、游客体验、文化传承效益最大化与负面影响最小化，环境效益最大化与负面影响最小化等 4 个一级指标。其中，经济指标包括经济效益检测、当地居民就业机会、公众参与机制、当地社区满意、当地居民进入和访问的权利、旅游意识的宣传和教育、反对剥削、支持社区发展、扶持当地企业主与支持公平贸易等二级指标。[②] 创意旅游的发展需要尽可能平衡这些可持续发展指标，区分不同的文化旅游资源，优化不同的创意旅游发展模式。

面对互联网的技术冲击和社会变革，创意旅游驱动下的地方创生，关键在于如何调动地方治理的积极性和自主性，包括内部协同与外部共生。徐勇认为，中国的地方治理可部分借鉴日本模式，具体包括：中央政府将地方管理权下沉地方基层政府；基层政府转化为服务型政府，专注于地方公共产品的提供；地方非营利组织和社会企业发挥地方民居日常生活的服务功能，形成地方服务与地方治理的双重运行机制。[③] 这是一种互惠共生的地方治理机制，为地方创生的持续健康发展提供机制保障。

构建协同共生型地方治理模式，是一种基于个人主义和集体主义、地方

① 侯兵、黄震方：《文化旅游实施区域协同发展——现实诉求与路径选择》，载于《商业经济与管理》2015 年第 11 期。

② 全球可持续旅游委员会（GSTC）：《全球可持续旅游目的地标准》（2013 年）。

③ 徐勇：《以服务为重心——基层与地方治理的走向：以日本为例及其对中国的启示》，载于《深圳大学（哲学社会科学版）》2019 年第 1 期。

主义和国家主义、自由主义和福利主义之间的动态关系而实施的制度设计和平衡机制。站在现实主义的立场来看，这更像是一种理想主义的机制设计。地方创生是一个涉及主体多元、价值多元、利益多元等复杂要素的总体营造的生态系统，创意旅游需要在产业实践中对这些多元要素进行动态协同，追求“互为主体、资源共通、价值共创、利益共享”，实现地方主体的协同效率和多赢共生。

文化和旅游的融合发展是近年来文化产业和旅游产业超越独自发展现实的重大命题。文化旅游、文旅融合是这种超越发展的产业实践和政策引导，也是我国地方社会和经济发展的重要途径。地方创生作为更加综合、更加系统的地方发展策略，通过统筹“人、文、地、景、产”的地方元素，聚焦“地、产、人”的关键要素，将给文旅融合带来更大的发展机遇和想象空间。

创意旅游是推动文化和旅游融合发展的一种手段、一个模式、一套机制。创意旅游更加重视无形文化旅游资源的开发，更加强调文化价值的展示方式和体验模式，更加注重旅游者与地方建立情感连接和文化共享，构建一个关乎利益相关者的地方共同体。创意旅游作为一种主动、深度的文化旅游，是对大众旅游的创新超越，是文化创意融合创新的领域拓展。

创意旅游作为地方创生面对不确定发展环境的一种选项，体现了文化和旅游的密切关系。创意旅游遵从一种协同思维和共生逻辑，旨在实现地方创生的可持续增长。